SANJIN SHIHUA CONGSHU

《三晋史话》丛书

三晋史话·综合卷

主编　杜学文

山西出版传媒集团　三晋出版社　山西人民出版社

《三晋史话》丛书编委会

《三晋史话》丛书学术顾问

渠传福　山西博物院研究员

赵瑞民　山西大学历史文化学院教授

李书吉　山西大学历史文化学院教授

王灵善　山西出版传媒集团重点出版工程办公室主任、编审

降大任　山西省社科院研究员、三晋文化研究会特聘专家

高春平　山西省社科院历史研究所副所长、研究员

巨文辉　中共山西省委党史办公室副主任、研究员

《三晋史话·综合卷》编委会

主　编　杜学文

副主编　高春平　王灵善

编　委　崔　力　武献民　谢振中　高小勇

撰　稿　（以撰写章节先后为序）

杜学文　郭永琴　董永刚　朱林芳

王灵善　秦　艳　高春平　卫永红

陕劲松　赵俊明　刘晓丽　张文广

总 序

中共山西省委常委、宣传部长

胡苏平

近年来,越来越多的人走进山西,领略表里山河的壮美风光,感受一脉相承的历史文化。山西这块古老而厚重的土地,充满了神奇。如何为这些远道而来的客人们提供帮助,给他们留下一个简要、生动而又难忘的记忆,这就促使我们萌发了编撰一套介绍山西历史文化丛书的想法。

经过大家的努力,《三晋史话》丛书终于和读者见面了。这套书总体成套、分体成册,图文并茂,好看、好记、好用也好带,能够把山西最具历史文化价值、最想告知读者的精华展示出来,让朋友们能够在较短的时间里对山西的历史文化有一个大致的了解。

参与编撰的各位作者和专家以严谨认真的态度,对历史负责、对民族文化负责的精神,精心设计,反复研讨,认真修改,完成了这套12卷200余万字的丛书。这是我省文化建设的又一重要成果,也是向社会宣传介绍山西悠久历史与文化贡献的珍贵典藏。

在此，我向参与丛书编撰、出版工作的同志们表示由衷的感谢！

山西表里山河，物华天宝，历史悠久，人文荟萃，是中华文明的重要发祥地。省委书记王儒林同志将山西历史文化的特色概括为“三个一”：一是“一缕曙光”，即距今约 4500 万年前，山西垣曲就有被专家称之为“类人猿亚目黎明时的曙光”的曙猿存在，它不仅证实了人类远祖很有可能起源于中国，并且把类人猿出现的时间向前推进了 1000 多万年；二是“一堆圣火”，大家知道火的使用是人类历史的开端，而距今约 180 万年前，山西芮城西侯度就出现了古人类活动的身影，先民们在这里点燃了第一把圣火，留下了中国最早的人类用火遗迹；三是“一座都城”，近 40 年的考古探明，距今 4300 年左右，尧帝在山西襄汾陶寺建都，陶寺就是尧都，山西南部所在的“中土之国”是“最早的中国”，“古中国”正是从这里走来！

在中华文明发展的历史进程中，山西作为中原农耕文明的核心区域，早在人类揖别洪荒之初，神农炎帝就在晋东南高平羊头山一带播五谷、尝百草，实现了从渔猎到农耕、从游牧到定居的重大历史转折，开创了延续几千年灿烂的农耕文明。尧都平阳、舜都蒲坂、禹都安邑凸显出“古中国”的遥远和厚重；夏县及周边丰富的夏文化遗存、垣曲及周边确凿的商文化遗存，生动展示了夏商时期河东大地在文化演进中扮演的不可替代的角色。西周春秋时期，晋国延续 600 余年，对推进华夏文明的进程发挥了主导和引领作用。战国时期，韩、赵、魏都源出山西，胡服骑射、围魏救赵、长平之战等重大事件，都直接影响着中国的发展进程。秦汉以降，山西始终发挥着民族熔炉的作用，谱写了中华民族大融合的辉煌篇章。宋元时期，山西新的经济、文化发展元素不断滋生，杂剧演出繁荣兴旺，成为中华戏曲的摇篮。明清时期，晋商把山西人的智慧与勇气推向了极致，让世人认同了“无西不成商”的历史事实。抗日战争时期，党领导的八路军三大主力在山西创立晋察冀、晋绥、晋冀鲁豫三大敌后根据地，成为全国抗战的重要战略支点，为民族解放和新中国的诞生，建立了不朽功绩。

山西历朝历代的杰出人物灿若星辰，影响深远。炎黄二帝、尧舜禹等英雄先祖，奠定了中华民族的人文精神与基本价值体系。后世山西，名人辈出，诸如称霸中原的晋文公，胡服骑射的赵武灵王，抗击匈奴的卫青、霍去病，经营西域的班超，忠义仁勇的武圣关云长，推行改制的冯太后，杰出女皇武则天，再造大唐的郭子仪，精忠报国的杨家将……仅闻喜裴氏一门就有宰相59人，大将军59人，正史立传者600余人，名垂后世者不下千余人，七品以上官员多达3000余人。还有狄仁杰、司马光、杨继宗、傅山、于成龙、陈廷敬、栗毓美、祁寯藻、徐继畬等一大批廉吏能臣，卫夫人、法显、王通、王绩、王勃、王维、王之涣、王昌龄、王翰、柳宗元、白居易、卢纶、温庭筠、米芾、马远、元好问、关汉卿、郑光祖、罗贯中等名垂青史的文化名人。

山西多样性的历史文化具有不断变革和进步的鲜明特色，许多影响中华文明的改革，首先是在山西地区孕育、展开，进而推动了社会进步。著名的“曲沃代翼”，为晋国的全面发展掀开了崭新篇章；“郭偃之法”，为晋国称霸中原提供了思想源泉；三家分晋、李悝变法、魏文侯改革，顺应了历史潮流。以子夏、荀子为代表的儒家，以李悝、韩非子为代表的法家，以吴起、尉缭子为代表的兵家，以公孙龙、惠施为代表的名家，以苏秦、张仪为代表的纵横家，在中国思想史上写下了浓墨重彩的篇章。秦汉以后，均田制及全面“汉化”的政策，从根本上改变了天下政治的格局和发展方向。隋唐以后的一些著名政治人物如柳宗元、司马光等，致力于社会改革与改良运动，为中华文明进程的延续提供了动力，也为后人留下深刻印记。

山西这块土地上留存着多姿多彩的文化遗产，是观瞻 5000 年中华文明的“金色名片”。目前，山西境内已发现各类不可移动文物 5 万余处，其中有五台山、平遥古城、云冈石窟 3 处蜚声中外的世界文化遗产。全国重点文物保护单位有 452 处，数量居全国第一。旧石器文化遗址有 464 处，早、中、晚期自成序列，为全国仅有。新石器时期各种文化类型在我省都有发现。最值得注意的是，全省现存各类古建筑共计 28000 余处，时代连续，品类齐全，全国仅有的四座唐代木结构建筑都在山西，元以前的木结构建筑占到全国存量的 75%左右，素有“中国古代建筑博物馆”之称。全省现存古壁画 24000 余平方米，彩塑 12000 余尊，素有“东方艺术博物馆”美誉。全省现存大小石窟石刻 1112 处，东汉以来各类碑碣 5 万多通，在全国占有重要地位。全省现存古民居、古城池 9300 余处，高平中庄村元代姬氏民居是我国现存最早的民居实例，襄汾丁村民居、灵石王家大院、祁县乔家大院、太谷曹家大院及定襄阎锡山旧居等，集中反映了我国明、清和民国时期北方民居的建筑艺术特色。全省现存历代长城 1400 多公里，涉及战国、汉、北魏、东魏、北齐、隋、宋、元、明、清等多个朝代，是我国保存长城朝代跨度最大的省份，其中东魏、北齐、隋、宋 4 个朝代的长城为我省独有，雁门关、宁武关、偏头关、娘子关、平型关等关隘至今仍回荡着战争的声响。全省现存革命旧址和纪念建筑1466处,武乡八路军总部旧址、五台白求恩模范病室旧址、晋绥边区政府旧址、平型关战役旧址、百团大战旧址等承载着抗战胜利的伟大记忆。经国家有关部门认定,山西有国家级历史文化名城6座、历史文化名镇8个、历史文化名村32个。四大梆子、民间歌舞、锣鼓艺术等国家级非物质文化遗产116项,国家舞台艺术精品工程8部,均居全国前茅。山西荣获中国戏剧大小梅花奖的演员有217位,在全国遥遥领先。文化产业蓬勃发展,山西文博会已成为在全国具有很高美誉度的知名展会。

山西从北到南,根据各地文化遗产的禀赋和特点,分为五大特色文化区:北部(大同、朔州、忻州)边塞佛教文化区,通过充满沧桑的边关、长城,见证中华民族融合的历史风云;透过享誉世界的云冈石窟、应县木塔、悬空寺、五台山,体悟博大而深邃的佛学文化。中部(太原、晋中)晋商文化区,通过闻名遐迩的乔家大院、王家大院、曹家大院、渠家大院、常家庄园等晋商大院展示晋商的辉煌;透过一间间店铺、一座座票号、一本本字据等实物遗存展示诚信的魅力。南部(临汾、运城)根祖文化区,通过西侯度、匼河、丁村、陶寺等重要考古遗址,领略文明源头的震撼;透过德孝天下的尧舜文化、义薄云天的关帝文化和荡气回肠的大槐树文化,品味华夏血脉的传承。中西部(吕梁山脉及沿黄地带)黄河民俗文化区,通过悠悠的临县碛口古渡、河津龙门古渡、芮城风陵渡、永济蒲津渡等古镇、古渡口,追溯逝去的华章;透过娓娓的民歌、民舞和民间技艺等非物质文化遗产,倾听历史的回声。东南部(长治、晋城及阳泉)太行生态文化区,通过王莽岭、太行大峡谷、皇城相府、沁河古堡、娘子关等自然人文景观,见证迷人的太行风光;透过女娲补天、精卫填海、后羿射日、愚公移山、神农尝百草等神话传说领略历史的变迁。也正是依托这些厚重绚丽的文化,山西逐渐形成了华夏之根、黄河之魂、佛教圣地、晋商家园、边塞风情、关公故里、古建瑰宝、太行神韵八大文化品牌,立体式、全景观地展现了华夏文明看山西深厚的文化内涵。

行走在三晋大地,你随时随地都能感受到山西悠久的历史、灿烂的文化,也能感受到山西人民淳厚善良、忠义仁勇、坚韧执着、乐于奉献的优秀品格与崇高精神。回顾并梳理山西的历史文化,可以从一个极为重要的角度了解中华文明及其对人类文明的伟大贡献,找回民族文化之根,延续优秀文化之脉,增强我们创建现代文明的自信心与自豪感;特别是弘扬源远流长的法治文化、博大精深的廉政文化、光耀千秋的红色文化,能使我们从中汲取强大的精神动力与无穷智慧,对我们展示山西形象,促进富民强省,建设小康社会,具有十分重要的现实意义。

是为序。

2016 年 5 月于太原

概　论

在人类文明的发展进程中，世界各地不同民族、国家都做出了自己独特的贡献。但是，由于种种原因，许多曾经辉煌一时的文明消失了。只有那些具有强韧生命力的文明才能被传承下来，并产生重要影响。在追寻人类文明的发展进程时，根据古代典籍记载与现代考古发现，可以帮助我们走进远古人类的生活与精神世界。一般而言，许多重要的考古发现，往往呈现一种孤立的点式状态。仅就单个遗存来说，它们具有重要的文化价值。但如果考察其延续性，就比较困难。从这样的角度来分析，在世界文化版图内，中国的山西地区，历史上曾被称为“三晋”的区域，具有某种独特性。这种独特性就是，根据考古发现，可以清晰地描述出源于这一地区的绵延不断的人类发展脉络，使我们对人类持续发展的基本线索有了一个能够感受到的典型标本。因而，讨论三晋地区的文明发展史，就不仅具有区域性意义，而是非常充分地显现出人类文化形成发展的整体性意义。也就是说，对三晋历史及其文明现象的研究，已经超越了具体的地域。至少可以说，这是对中华文明进行整体全面研究的一个极为重要的切入点。甚至也可以说，是对人类文明进行讨论的一个完整标本。

以今天山西为主的三晋地区，位于太平洋西岸中国内陆，大约北纬40度左右的温带地区。在中国平原、高原、青藏高原三级台地中，山西处于其中的第二级——黄土高原。其东部是从华北平原突然隆起、南北走向、绵延八百余里的太行山。其西部、南部是蜿蜒数千里奔腾而下的黄河——中华民族的母亲河。她从北向南，又在晋陕豫金三角地带向东而去，奔向大海。依傍黄河的是从北至南的吕梁山脉。在太行山、吕梁山之间，是以汾河河谷为主的一连串平原、盆地。其间河道纵横，森林茂密。这些高山、丘陵、平原、盆地均被厚厚的黄土覆盖。深厚的黄土地下，储存有大量的煤炭、铜铁、铝矾土、煤层气等矿藏。大陆北部温带气候、深厚的黄土地及黄土高原，丰富的动植物及地下矿藏等形成了这一地区独特的自然地理环境，成为自远古以来最适宜人类生存的区域，也是粟作植物，即后来进化为谷的可食植物的发源地，是人类农耕文明最早形成的地区之一。农耕文明的形成及其进化，决定了这里的人们最基本的生产生活方式，如对土地的热爱，定居生活，重视自然与人的关系，讲究伦理秩序，尊老敬祖，开放包容等等。这种受自然条件影响而形成的生产生活方式及文明形态，与其他地区有很大的不同。其对人类文明的贡献具有非常独特的意义。

山西是华夏文明的主要发祥地。在黄河急转弯的晋陕豫金三角地区，特别是晋南一带为主形成的华夏文明，绵延五千余年，成为人类诸多古文明中罕见的没有中断的文明形态。随着现代考古学的发展，人们发现了越来越多的实证能够清晰地勾勒出华夏文明发展的基本脉络。在今天的山西垣曲县，中外考古工作者发现了距今约4500万年前的曙猿化石，被称为“世纪曙猿”。在芮城西侯度，发现了距今180万年前的丰富的旧石器遗存，如三棱大尖状器、石刀、石斧等等。特别引人注目的是烧骨化石的出现，似乎说明这时的古人类已经掌握了用火的技术。这一革命性技术的运用，对人类文明的形成具有极为重要的意义。之后的匼河遗址、丁村遗址、柿子滩遗址、西阴遗址等均发现了具有标志性意义的文化遗存。它们证明，在这块土地上曾经生成了具有传承意义的文化现象。古代典籍中记载的尧都平阳、舜都蒲坂、禹都安邑等，随着考古发现不断得到证实。特别是陶寺遗址的发掘研究，证明这不仅是尧时之都城，而且也能够说明，在距今4500年左右的历史时期，华夏文明已经在晋南一带形成。之后的夏、商、周三代均与山西有着极为重要的关系。在历史发展的长河中，华夏文明不断拓展其影响范围，融合了其他地区的文明，在周时终于蜕变为覆盖地域范围更广、人口更多、文化影响力更大的中华文明。从那时以来，由于独特的品格及其存在的地理人文环境，中华文明从未中断，并总是在历尽劫难后表现出空前的生命活力。

山西是人类农耕文明的重要发源地。独特的地理气候环境形成了与之相应的生物生存环境。据考古发现，在沁县下川遗址中已经有谷物的种子等遗存。此外，还有石磨残片、磨锤等出现。其时间在距今1.6万年至2.6万年左右。山西地区类似这样的考古发现不在少数。特别是把太行山东西两麓联系起来看，就会发现这里是粟作农业的发源地。至少在一万数千年的时候，就出现了原始采集农业向原始种植农业过渡的征兆，形成了先民以粟作种植为主的农业文明。这种生产生活方式深刻地影响了中华文明的发展，并达到农耕文明的顶峰。与这样的生产生活方式相联系，三晋地区的农业生产技术得到了较快的发展。在距今10000年至4000年左右的时期内，这里出现了长期定居的村落，开始出现陶器，人类农业实现了由采集向种植的转化。由农业而延伸的医药技术得到了较快的发展，养蚕与纺织技术出现。耒耜等新的耕作工具广泛使用。造井技术的出现也拓展了人类定居的生产生活范围。与此同时，天文学得到了快速发展。尧时已经有了规模庞大的观象台，能够确定“二分二至”，并测定一年有366天。与此相应的是三晋地区地理学的研究成果甚硕。从禹划九州，到法显的《佛国记》，再到裴矩的《西域图记》、中国第一部欧洲游记《身见录》，以及以山西人为代表的西北地理学派及徐继畬《瀛环志略》等，不仅对我们了解中国，而且对东亚的人们了解世界具有重大意义。商周时是青铜器广为使用的时代。三晋地区的青铜制造技术不仅出现得早，而且技术水平领先。标准化、规模化、批量化生产已经成为常态。晋系青铜器代表了中国最典型的青铜制造技术。这一时期，铁制农具也已出现，至战国中后期，主要的铁制农具已经基本成型，农业灌溉系统已经形成，“抛荒制”“轮作复种制”等耕作方法广泛使用。水利工程在山西得到快速发展，山西也出现了许多治水专家。除以上所言外，三晋地区在数学、物理、化学、医药、建筑等诸多方面都有非常重要的成果，成为中国科技发展进步的生动缩影。

山西是中华民族融合的大舞台。地处农耕文明与游牧文明的交汇地带，山西一直是这两大文明融合的重要地区。这种融合，不仅改变了特定历史时期的政治经济结构，也使不同文化之间的交流新变成为常态。山西地区是炎黄二帝的主要活动区域，是以农业为主的炎帝族群与以游牧为主的黄帝族群实现融合的重要地区。这一融合意义重大,奠定了华夏民族的人文基础。之后的尧、舜、禹三帝,均为炎黄二帝之族裔。不同的是,其中进入中原地区,接受农耕文化者成为“华夏”,而没有接受农耕文化,仍然从事游牧渔猎生产的则为“夷狄”。他们或共处一地,或相互分离;或通婚,或互市。周时“启以夏政,疆以戎索”、“魏绛和戎”;汉代开始的和亲政策、匈奴内迁,以及明清时期的茶马互市等,增强了不同民族之间的了解认同。除了这些“和平”的方式之外,战争也促进了融合。一般而言,地处北部的游牧民族在气候寒冷、干旱时,往往向南部迁徙,造成对内地农耕民族的冲击,引发战争。这些冲突、战争,往往由山西而起,由山西而终。期间,大量的匈奴、鲜卑、突厥、契丹、女真、蒙古等北方游牧民族人民进入山西腹地及中原地区,与内地农耕民族融合,血脉相通,文化新变。不同民族在山西一带的交往,包括战争,既促进了各民族之间的相互融合,也激活了文化的创新基因,从而实现了文化的融合与发展。

山西也是中外贸易的中心地带。丰富的自然资源,先进的生产技术,使这一地区的经济十分活跃。早在春秋时期,以猗顿为代表的晋地商人就已经从事着大规模的商业贸易活动。一般而言,丝绸之路是从汉代开始的,但中西方的经济贸易并不是从汉时才有。三晋地区是丝绸的主要生产地。20 世纪初在夏县西阴村发现的距今约 6000 年左右的蚕茧即可证明。一直至明清时期,山西的潞绸仍然行销四方。山西也是陶瓷、铁器的重要生产地,并源源不断销往各处。在晋中、晋北均发现了古罗马钱币,以及蜻蜓眼玻璃球等西域器皿,说明这一带是非常重要的国际商贸通道。特别是北魏时的平城(今大同)、东魏北齐时的晋阳(今太原)及隋唐明清时期的太原,均为国际化大都市,商贾云集,人口众多,经济繁荣,文化兴盛。不仅有大量的外来商人、工匠、教士等,还有专门管理外籍人士的政府机构与官员。从西安经太原北上,进入蒙古草原,再转道至欧洲成为一条连接中原与欧洲的重要商贸通道。明清时期,从西安过黄河,经太原,翻越太行山,至北京,成为西域商人的必经之路。另一方面,明清时期主要由晋地商人开通的连接欧亚的茶叶之路,南起福建武夷山,经河南,过山西,进入蒙古高原,至恰克图,再由恰克图进入俄罗斯乃至于西欧。这两条延续时间最为长久,对国际贸易影响巨大的贸易通道,均与山西关系密切。可以说,山西正处于这两条通道的交叉点上,是陆路国际贸易的中心支点,是经济全球化的重要动力源。

山西是中华文明核心价值体系形成及践行的重要地区。轴心时代，百家争鸣。诸子学说多与山西有关。儒家学说“祖述尧舜，宪章文武”，形成于孔子，却变革于荀子。卜子夏西河讲学，使儒学复兴，成为三晋儒学的创始人。他强调学以致用，是由儒入法的关键人物，直接影响了荀子、韩非子。他的学生李悝、吴起等人在魏国推行改革，成为早期法家代表人物。荀卿的儒学包含有浓郁的法家思想，也可以说是法家思想的肇始，是兼通儒法的关键性思想家。韩非是法家思想的集大成者，在总结早期法家实践及理论的基础上，完成了法家思想的重大建构，对中国社会影响甚深。晋国称霸数百年，与其法治传统密切相关。在列国称雄的战国时代，三晋地区最早开始变法，其动向对当时诸侯各国的分合影响至重，成为诸国竞相争雄的重要地区，是纵横家的重镇，是兵家的竞技场。一直以来，这一地区涌现出众多的在中国文化发展进程中产生重大影响的思想家。如隋唐之际的理学思潮代表人物王通，宋明理学的代表人物司马光，明代的理学大师薛瑄，明末清初的实学大师傅山等。受传统价值体系的影响，山西人民质朴、勤劳、忠厚、仁勇。山西也出现了许许多多爱民敬业、清正廉洁、担当有为、取义成仁的廉吏能臣、武将义士。三晋地区也是受外来思想影响较大的地区。诸如基督教、祆教、伊斯兰教等都在这一地区传播并产生影响。特别是佛教，在汉时已经进入山西。唐代，主要在山西地区兴盛的禅宗、净土宗，推动佛理的本土化，完成了佛教的中国化。西域地区的音乐、雕塑、绘画、工艺等在山西广为流行，影响深远。同时，出现了许许多多极为重要的作家、诗人、音乐家、画家、书法家及学界翘楚，可谓名家辈出，灿若繁星。

山西是中华文明中最富创新精神与进取精神的地区。炎黄时期，新的技术不断发明，社会管理体系显现雏形。至尧舜禹，随着生产力的进步，出现了阶级，社会分化，华夏文明形成，并得到发展。特别是大禹治水，改前人湮堵之法为疏导，使泛滥的洪水不再。春秋战国时期，晋国率先打破宗法制，起用士族中的有识之士治理国家，成就了数百年的霸业。韩赵魏三家分晋，变革当时不适应生产力发展要求的管理体系，列战国七雄。赵武灵王胡服骑射，改旧制为新规，增强了军事实力，拓展了疆域。北魏鲜卑拓跋氏推行汉化政策，改革土地、税收、文化制度，奠定了隋唐统一的基础。李渊、李世民父子晋阳起兵，建立大唐，开启了中国农耕文明的鼎盛时代。明清之际，山西成为边防重镇，由此而形成的边防供给体系带动了内地经济社会文化的发展。山西也是现代工业、交通、教育较早得到发展的地区。近代化的启动,要求中国人睁开眼睛看世界,学习新思潮,变革旧体制。张之洞、胡聘之等人在山西积极推进近代工业。更有杨深秀等献身戊戌变法。辛亥革命爆发,山西积极响应,是最早推翻帝制的北方省份,史称“南响北应”。马克思主义传入中国,山西是较早建立党团组织的北方省份,是为数不多的在北方地区建立红军,开展工人运动、学生运动、新文化运动的地区。尤为需要强调的是,抗日战争爆发后,山西是最早建立抗日民族统一战线的地区,是八路军总部及三大主力师的所在地,是共产党领导下的敌后抗战的主战场,为抗日战争的最后胜利发挥了战略支点、中流砥柱的作用。革命根据地的建设,为新中国建立打下了坚实的群众基础、干部基础、政策基础,以及社会管理基础。解放战争爆发后,刘邓大军等三大主力部队从以山西为主的根据地分头南下,风卷残云,摧枯拉朽。党中央从陕北经山西到达西柏坡,指挥全国人民打败了国民党的腐朽统治。一个充满活力,代表了人民利益的新中国终于建立。历史掀开了崭新的一页, 中国人民走上了快速实现工业化、现代化的道路。古老的中华文明显现出新的生命活力,将为实现民族复兴中国梦与人类文明的发展进步做出新的划时代的伟大贡献。

世界文化遗产五台山佛教文化的象征——大白塔

世界文化遗产——云冈石窟

目录

第二章 从方国到中原霸主

（殷商西周春秋时期）

第三章 三家分晋揭开历史新篇章

（战国时期）

第四章 大一统格局中的山西（秦汉三国时期）

第五章 民族融合的舞台（十六国北朝时期）

第六章 **盛世下的辉煌**

（隋唐时期）

第七章 多元文化的汇聚
（宋辽金元时期）

第八章　全球变局中的辉煌与衰落

（明清时期）

第九章 融入时代与世界的近代化步伐

（晚清与民国时期）

第十章 走向新中国

（从五四运动到解放战争）

第一章

华夏文明的摇篮

（远古至夏）

概述

在浩瀚苍茫的宇宙中，有一颗蔚蓝色的星球——我们人类的母亲——地球。大约距今45亿多年以来，她一直在这群星闪烁的宇宙里运行，在漫长的历史中孕育了各种各样的生命，包括大自然的精华——人类。在距今约4500万年前，山西南部的垣曲已经有最早的类人猿“世纪曙猿”出现。大约距今3500万年前，北非地区的法尤卡出现了高等灵长类动物。其中的类人猿被认为是当时最接近人类的动物。大约距今440万年前，南方古猿开始直立行走。虽然我们称之为“古猿”，但国际古生物学界认定其属于“人科”。也就是说，他们是将要成为人的古生物。在距今大约二百数十万年左右的时候，地球进入了新生代的第四纪。这是一个非常重要的时刻，人类即将出现，走上历史的舞台，并创造灿烂的文明。因而，这一时期也被称为“人类的时代”。距今约180万年前，山西芮城西侯度出现了目前我国发现的最早的古人类文化，与稍后的云南元谋人一起证明了在中国这块古老的土地上，有人类最早的祖先。大约距今五六十万年前，山西晋南匼河一带也有古人类生存。他们与差不多同时期的北京猿人共同见证了人类进一步发展的历史。在距今约10万年以上的山西南部汾河岸边，已经有丁村人在劳动、生活。他们的文化与前述西侯度、匼河等有着明显的关联性。山西丰富的新旧石器文化记录了远古人类探索、奋斗的踪迹。这里发现的古人类文化呈现出连续性、不间断性，证明这一地区是早期人类极其重要的活动区域。其典型性对我们了解人类的起源、形成及发展、进步具有其他地区难以替代的重要地位。

随着时光的流逝，在地球东方的黄河、长江流域逐渐形成了一个伟大的文明——华夏文明。黄河从青藏高原曲折向东，进入黄土高原。她奔腾咆哮，沿吕梁山脉南下，把黄土高原分成了东西两部，形成晋陕峡谷，至秦岭掉头，奔向大海。并环护着中条山脉、太行山脉，以及其间的平原、丘陵、山川，经过华北平原，与浩瀚的大海融为一体。这一河环护、两山相间，历史上被誉为“表里山河”之地的山西地区，就是华夏文明的主要发祥地。这里有众多新旧石器时代的遗存，有许多重大的考古发现，存留着人类发展进步的大量实证。我们的先人，在这里结绳捕鱼、刀耕火种，实现了从采摘农业到耕种农业的革命，形成了最为发达的农耕文明，创造了令人叹为观止的科学技术、生产方式、社会组织、文化艺术，以及直到今天仍然闪射着动人光辉的价值形态。这里，有人类最早的活动遗迹，记录了人类最早用火的历史，是华夏民族先祖炎、黄二帝的重要活动区域，也是尧、舜、禹三帝的建都之地。华夏文明在这里孳生、成长，并走向其辉煌的未来。山西，是一块依山傍水的肥沃厚土，是人类诸多起源地中最重要的发祥地之一，是华夏文明形成、生长的直根与摇篮。

“表里山河”的三晋大地

山西地处中国第二级台地黄土高原的东部，海拔在1000米至2000米左右。在其最东部是从东北方向延绵而来又向南延伸的太行山脉，西部是由北往南的吕梁山脉，被人们誉为“左手一指太行山，右手一指是吕梁”。在这两条山脉之间是一连串从东北向西南伸展的断陷盆地，其中以大同盆地、忻定盆地、太原盆地、临汾盆地、运城盆地等五大盆地为最。这些山脉及两山之间的众多盆地使山西形成了“两山夹一川”的独特地貌。而环护着这两山一川的即是从天而来奔腾汹涌的母亲河——黄河。

太原光社文化的代表性器物
灰陶绳纹卵腹三足瓮

黄河是中华民族的母亲河。从空中俯视，恰如一条巨龙蜿蜒腾升，在广袤的华夏大地飞动。黄河把晋陕黄土高原冲刷成一道雄伟壮观、变化万千的峡谷。其河道蜿蜒曲折、回环奔腾，一往无前。黄土高原与黄河流域是中华文明孳生成长的摇篮，是华夏民族的

航拍山西地势图

主要发祥之地。汾河是山西境内除黄河干流之外最大的一条河，也是黄河的第二大支流。它发源于宁武县管涔山，由北而南经太原、临汾两大盆地，至万荣入黄河，纵贯山西中部及南部，是山西的母亲河。此外，山西境内还流淌着沁河、桑干河、滹沱河、漳河等十分重要的河流。

今天的山西，地处我国中纬度地区，国土面积15.6万平方公里，约占全国总面积的1.6%，属温带大陆性季风气候。冬季长而寒冷干燥，夏季短而温热多雨，春秋气候温和，昼夜及南北温差较大，年平均降水量为510毫米，可谓四季分明，冷暖宜人。山西自北向南分属温带草原地带、暖温带森林草原地带和暖温带落叶阔叶林地带。主要粮食作物有小米、高粱、小麦、玉米、豆类、薯类及棉花、烟叶、甜菜等经济作物。矿产资源种类多、分布广、储量丰富。其中煤炭、煤层气、铝矾土及铜、铁等储量居全国前列。

山西具有孕育华夏文明发育成长的独特地理环境和区位优势。首先，黄土高原广袤深厚的黄土是农业发展的重要基础。特别是黄土具有强大的自肥功能，使人类在生产技术简陋的条件下，能够保持植物较好的生长状态。同时，温带气候冬暖夏凉，四季分明，有利于人类的生存。第二，大量的高山、丘陵、平原，能够适应气候的变化。在雨水丰盛的历史时期，人们可以迁移至地势较高的地区生存。在寒冷干旱的历史时期，人们可以逐渐南移或往平原地区生活。特别是其南部有天然的河东盐池，便于人们比较方便地采用食盐，增强了人的体质、智慧，有利于文明的延续传承。第三，山西处于农耕民族与游牧民族的交融地带，成为不同文化交流的通道，使单一文明停滞僵化的状态得到了改变。第四，山西位居高原，外有大河，内有高山，地势险要，易守难攻，可谓“控带山河，踞天下之肩背”，被誉为“表里山河”之地。虽然最早的“表里山河”指的是晋南一带，但实际上也反映了山西的地理特征。这种特殊的地势成为“京室之夹辅”①，被历代王朝视为腹里地区，有得山西者得天下之说。总之，山西拥有得天独厚的自然地理环境，是人类文明重要的孕育孳生之地。也正是这样的地理气候环境孕育了伟大的华夏文明。

①顾祖禹：《读史方舆纪要·山西方舆纪要序》，中华书局，2005年。

古人类智慧与最早的用火遗迹

在大约距今4500万年的时候，山西垣曲已经有曙猿活动。曙猿的意思是"类人猿亚目黎明时的曙光"，是低等灵长类动物向类人猿进化的过渡阶段。20世纪以来，中外科学家一直在山西南部垣曲盆地进行人类学考察，陆续发现了许多哺乳类动物化石，引起了世界学术界的广泛关注。1995年，科学家发现了一对带有几乎所有牙齿的曙猿下牙床，成为迄今世界上发现的最完整的曙猿生理材料。科学家把它命名为"世纪曙猿"，证明中国同样是人类重要的发祥地。

世纪曙猿化石

在20世纪50年代末，山西芮城县境内发现了距今约180万年前的西侯度旧石器文化遗址。芮城地处山西南部，是黄河由北向南然后转向东，与陕西、河南交界的三角地带。当地素有"背靠一座山，面临一条河，东西狭长，一面阳坡"之说。所谓背靠一座山，是指中条山；面临一条河，是指黄河。而一面阳坡则是指芮城等地位于中条山麓南部的黄土地区，呈由北向南向黄河倾斜的地势。这里背山面水，地势向阳，非常适宜生命的形成以及人类的居住。随着考古工作的不断深入，在这一带发现了许多古人类文化信息。一是与西侯度人共生的动物化石；二是以三棱大尖状器为代表的旧石器工具，显现出中国旧石器文化的主要特点，几乎贯穿了中国整个旧石器时代。三是被火烧过的动物化石。大部分为燃烧过的马牙、鹿角，以及哺乳动物的肋骨等。这表明当时的西侯度人已经能够运用火来加工食物。西侯

度文化的发现，不仅开启了山西180余万年的文化史，应该说也大大提早了人类用火的历史。

西侯度出土刮削器

在差不多相近的时间里，考古学家在芮城县匼河村发现了距今约五六十万年的旧石器文化遗存。这一遗存与北京猿人处于大致相近的历史时期。其中的三棱大尖状器是最有代表性的工具，与西侯度遗址的石器一脉相承。在匼河遗址中出土的石制品比旧石器早期的西侯度文化有了很大进步，是黄河流域早期石器文化向中期石器文化发展的一个重要环节。同时也说明当时的人们已经形成了采集、狩猎并举的生产生活模式。

20世纪50年代，科学家在汾河流域南部的襄汾县丁村进行考古发掘，有了非常重大的发现。其中距今十几万年前旧石器中期的大石片砍砸器、三棱大尖状器、斧状器、双阳面石刀、石球等典型石器组合，既有从西侯度以来至匼河向旧石器中期转化的文化特色，又表现得更为先进，且类型更趋稳定，广泛分布在汾河流域。特别是在进一步的发掘中，发现了被称为“丁村人”的化石，包括一个幼儿

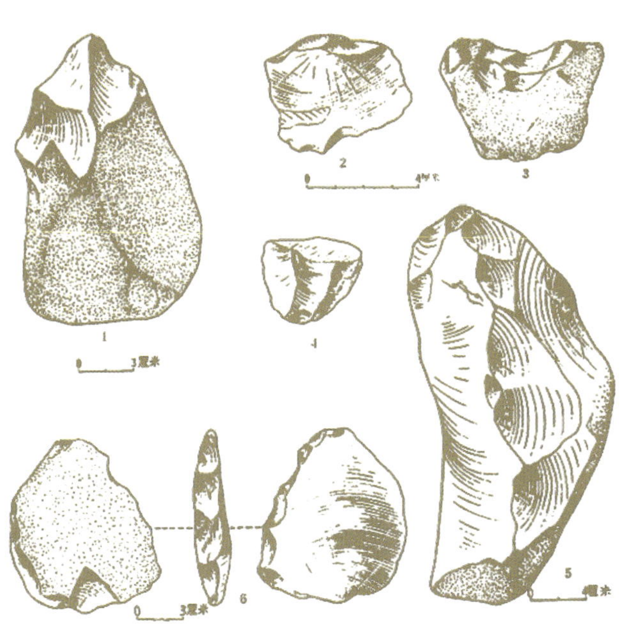
西侯度石器

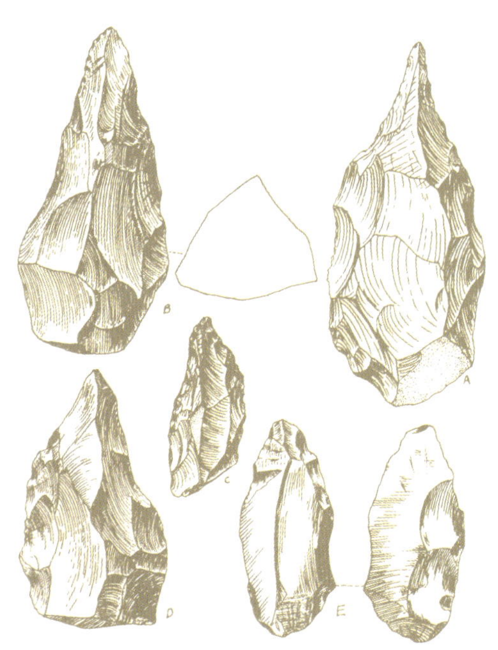

匼河三棱大尖状器

西侯度烧骨

丁村发现的一个十余岁少年的3颗牙齿化石，是中国最早发现的早期智人化石

的头骨化石残片和另一个十余岁少年的3颗牙齿化石。这是山西地区人类遗骸的首次发现，也是中国最早发现的早期智人化石。这些丰富的考古发现在汾河流域分布广泛，被命名为“丁村文化”，也称为“汾河文化”，在我国旧石器考古史中具有划时代意义。一是填补了我国旧石器时代中期人类化石和文化的空白。丁村人类化石的发现显示丁村人处于北京猿人向现代人过渡的中间环节。二是再次证明中国远古人类及其文化是在中国大陆本土产生和发展的这一不可争辩的事实。特别是其牙齿的粗壮结构、门齿的铲状形态及头后部印加骨的存在等具有现代黄种人的形态特点，与北京猿人较近，距西方白种人甚远，[①]所谓“中国人种西来说”是经不住考古学检验的。随后在山西北部阳高县许家窑发现了与丁村文化时代相

①杨子荣编著:《山西考古学文化与古代文明》,三晋出版社,2013年,第18页。

近，大约距今10万余年的人类文化信息。

大约在距今3万年前，作为许家窑人的后裔和文化传承者，桑干河流域的峙峪人走进历史。据考古发现，这里遗存有上万件精致的小石器和近万件野马、野驴化石，构成了峙峪文化最大的特色。其中的小尖状器、原始楔形石核、雕刻器，特别是石簇的发现，是旧石器时代考古的重大突破，标志着弓箭、投掷武器、穿孔和磨制技术的出现，以及细石器技术的即将诞生。在峙峪遗址中还出土了大量的以大型哺乳类动物为主的化石，其中马、驴类动物占极大的比重。这一发现在中国旧石器时代的考古史中实属罕见，也说明当时峙峪人已经与马等食草类动物有着密切的关系。也正因此，峙峪人被称为“猎马人”。著名考古学家贾兰坡先生认为，中国北方、东北亚、日本列岛、北美细石器的起源问题将有望在山西北部的桑干河流域得到解决。①这一论断说明，在人类文明发展的历程中，山西地区不仅生成了本土文化，而且对其他地区文明的形成发展也具有重要的影响。

襄汾县丁村遗址

①杜学文主编：《山西历史文化读本》，山西教育出版社，2013年，第28页。

农业文明的起源及革命性转折

在旧石器时代向新石器时代过渡时期，我们的祖先逐步掌握了采集植物以维系生命的技术，农业开始逐步走上人类文明的舞台。考古发现证实，山西是粟作农业的发源地。20 世纪 70 年代，考古工作者在沁水县下川发现了距今约 2.4 万年至 1.6 万年的文化遗存。出土器物主要包括细小石器与粗大石器两类。更为重要的是，在下川遗址中还发现了石磨、磨棒、砺石，以及锛刃状器。可以看出，当时的生产技术处于狩猎与采集共存的状态。锛状器是下川文化中最有代表性的石器之一。其形制较小，便于装柄，可称为“小手锛”，与东北亚的款式一致。这表明人类劳动工具有了新的发展。它既可用于屠宰、揉皮，也可用于挖土、砍伐、修正木材，既与建房定居生活相联系，也与农业生产活动密切相关。而石磨盘的出现更为具体地说明，当时的人们已经在使用石磨来加工粟

沁水县下川遗址

吉县柿子滩遗址出土旧石器时代石磨盘和石磨棒

沁水县下川遗址出土石磨盘

类植物，是高级采集经济的产物。在下川的早期发掘中，还没有发现可食植物的遗存。而在最近的发掘中，已经有了发现。虽然目前还没有确证这种植物具体是什么，但可以知道的是，这些发现证明当时的人们已经对可食植物进行加工。下川遗址所透露出的文化信息告诉我们，最少在距今1.6万年左右的时候，人们已经开始进行粮食加工，原始农业呈现出由采集向种植过渡的征兆。

20世纪80年代，在山西吉县清水河两岸发现了柿子滩遗址群，距今约2.5万年至1万年左右。这一遗址中发现了许多动物化石，其中有灰烬和烧骨等遗存，证明这里的人们对火的使用更加频繁。此外，还有岩棚之下的两幅岩画，是山西地区发现较少的岩画遗存。在大量的石器中，有10余件不同时期的石磨盘，形制与下川遗址中的磨盘类似。特别是其晚期的磨盘还有配套的石磨棒。根据专家对磨盘表面植物种子淀粉的鉴定，其中大部分为黍亚科、禾本科植物，还有少量块根或块茎类植物及豆科植物。这说明，当时的人们食用植物类食物占有较大比例，可用植物食物种类更加丰富。人类对植物资源的利用经历了单一采集向广谱化采集，再到集中采集的“万里长征”式演变。

20世纪60年代，由著名考古学家贾兰坡先生主持发现的山西北部怀仁县鹅毛口遗址中出土了新石器早期的石器制造厂。其中出现了砍砸器、刮削器等。特别是还有龟背斧形器、石斧、石锄、石镰等广泛用于农业生产的器具，证明农业已经成为其经济生活的重要内容。而20

世纪 70 年代在太行山东部河北武安县发现的磁山文化更直接证明了太行山为粟作农业的发源地。这一遗址距今约 7300 年以上,有大量的文化遗存。除发现了大量的新旧石器,包括磨盘、磨棒、石镰等外,还有最早的玉器、陶器及陶支架。此外还有房址、灰坑等人类定居遗址。更重要的是,在这里发现了大量的粟灰堆积层。其中大约有 10 个窖穴中的粮食堆积层达 2 米以上、13 万斤之多。这充分证明,至少在距今 8000 年左右的时期内,太行山地区的农业发展已经跨越了驯化、起源阶段,进入了大规模集中生产的成熟阶段。源于太行山地区的粟作农业的发展为人类文明的形成奠定了坚实的基础。

“西阴之花”与“华族”的拓展

山西地区已发现最早的新石器遗址在晋南翼城县的枣园一带。枣园遗址的时代与磁山遗址的时代基本一致,距今约 7000 年左右,主要是发掘出一批石磨盘、石磨棒、石刀、石斧、石铲等新石器器具。此外,还有许多陶器,以红陶为主,褐陶次之,间有少量灰、黑陶器。其中还残留着谷粒遗痕的陶铿,说明这时种植的粮食作物主要是粟和黍。陶器的出现是人类文明的一大进步,它改变了人的生活方式。枣园一带的文化被学界认为是庙底沟文化的渊源,她将在人类发展进步的历程中绽放出绚丽的花朵。

1926 年,考古学家李济先生与地质学家袁复礼先生等人根据“夏都安邑”的记载,来到山西晋南,寻找传说中的夏墟。他们在夏县西阴村发现了史前陶片,并组织了发掘。这次考古发掘具有划时代意义,是由中国学者独立进行的第一次田野考古,也标志着中国现代考古学的正式诞生。在 20 世纪 90 年代,山西省考古研究所又对西阴遗址进行了第二次发掘。两次发掘,收获颇丰。研究发现,西阴人已经进入成熟的新石器时代。他们制作生产工具和生活用具的技术已经相当高超,器物的种

庙底沟文化的代表性器物彩陶盆

类也十分丰富，可以视为典型的庙底沟文化。一是发现了大量的石器，主要有研磨棒、磨石、石刀、石铲、石斧、石簇等，表明存在较为发达的农业生产。同时，狩猎仍然是非常重要的生产活动。二是发现了许多骨、蚌类的器物遗存，如骨簇、骨锥等，说明制作工具的材料在扩大。此外还发现了兽骨，特别是猪骨头、鸡骨料等。应该说动物的驯化已经出现了重大的进步。三是发现了房址、壕沟、泄水沟、灰坑等居住设施遗迹。可以看出，西阴人已经有了比较完整配套的建筑规划。四是发现了半个人工养殖切割过的蚕茧。还有石纺轮、陶纺轮等纺织用具。这似乎可以印证“黄帝之妃”嫘祖发明养蚕缫丝的传说是有根据的。这些发现也可以证明西阴村一带是蚕茧养殖的重要地区，当时已经有了比较发达的纺织业。这是目前发现的中国最早的养茧缫丝的证明。

具有重大文化意义的发现是西阴的陶器。这是典型的仰韶文化庙底沟类型。其器形更加多样丰富，制作技术更加先进。已经能够用泥条筑盘后再经慢轮修整，并在器具上面彩绘各式花卉图案、几何图案、纹饰图案及动物图案等后再行烧制。陶器的颜色主要是红色，并用黑色、白色进行彩绘，其装饰也表现出惊人的艺术性。其中双唇小口尖底瓶和玫瑰花图案的彩陶盆是最具文化特色的代表器物。这种红色为底绘以玫瑰花图案的彩陶是西阴文化的主体。其中的玫瑰花不是写实意义的表现，而是将玫瑰花的主要特征浓缩成弧线、钩叶、三角等母题，并配以斜线、直线、圆点连缀，构成一种具有抽象意义的构图严谨、线条流畅的

庙底沟文化的代表性器物
小口平底瓶

彩陶图案，成为日常生活器皿上最常见、最具代表性的装饰图形。这种色彩鲜艳、构图明快的“花”被称为“西阴之花”。以“西阴之花”为标志的文化表现出积极地向各个方向移动拓展的趋向。其分布之广泛、延续之长久、内涵之丰富、影响之深远成为中国史前社会文化史中的一支主干，展现了中国母系氏族制度从繁荣到衰落时期的社会结构和文化成就，形成了华夏民族原始文化的核心部分。苏秉琦先生认为，仰韶文化庙底沟类型，可能就是“华族”核心的人们的文化遗存。庙底沟类型主要特征的花卉图案彩陶可能就是“华族”得名的由来。以“花”为图腾的地区，其文化发展与其他地区相比更为先进。所以，距今六千年到四五千年间的中华大地如满天星斗的诸文明火花，在以“花”为中心的地带汇聚，是文明火花升起最早最亮的，是中国文化总根系中一个最重要的直根。而“华族”，由于其文化发展程度高于当时其他地区，将成为一个伟大民族及其文明的雏形，在人类发展历史进程中产生至为重大的影响。

炎黄二帝的主要活动区域

我们说中华民族是炎黄子孙，乃是因为炎黄二帝是华夏民族的始祖。而山西地区，特别是晋东南、晋西南是炎黄二帝重要的活动区域。

在距今大约 6000 多年之前至 5000 余年的时候，也就是考古学中所说的仰韶文化时期，以“西阴之花”为标志的部族占据了发展的自然环境优势。他们是以农耕为主的群体。这时的农业已经走出了采集时代，进化为耕作时代。这里的自然环境、生产技术及生活条件均高于其他地区，成为当时先进文明的聚集之地。其主体即为以炎帝神农氏为代表的族群。而生活在西北地带的黄帝族群仍然处于渔猎游牧时期。而钱穆认为黄帝部族本身即是游牧民族。为了寻找更适宜的发展空间，他们向东、南迁徙，进入河东地区。最后均聚集在以盐池为中心的晋南一带。在这里，首先是“阪泉”，黄帝部族与已经在此生活的炎帝部族发生了战略资源的争夺战。其目的是控制盐池，进而控制河东。

战争进行得非常激烈。双方都投入了最大的力量。经过多次大的战役，黄帝部族才取得了胜利。但是，属于炎帝部族的另一支势力，即被称为蚩尤的部族不愿屈从，起来反抗黄帝的统领。据史籍记载，联合炎帝之后的黄帝族群与蚩尤的战争更加惨烈。被称为“战神”的蚩尤已经掌握了金属冷兵器，所谓“铜头铁额”，并动用了“风伯、雨师”，也就是说他们作为本地人，更熟悉当地的自然气候，因而利用气候条件的变化攻击了对方。但是，黄帝族也拥有先进的兵器，就是所谓的“弓矢”，可以远距离进攻。双方在涿鹿之野多次大战，黄帝族取得了最终的胜利。于是，诸侯咸尊轩辕为天子，代神农氏，是为黄帝。这时黄帝才真正取代了炎帝，成为天下的共主。炎帝部族的人民或者与黄帝部族融合，完成了华夏民族新的蜕变；或者向中原之外的偏远地区迁徙，长期保留了本民族的生产生活方式，直至今天。

高平炎帝文化广场炎帝神农氏塑像

炎黄之战对华夏文明的发展具有十分重大的意义。首先是对当时人们发展战略空间的一种控制。炎帝部族因为长期据有以山西南部为代表的中原地带,得天时地利之势,发展较为先进。黄帝部族几经苦战,终于控制了这一地区,取得了进一步发展的战略优势。其次是实现了民族的大融合。除了不同民族之间的融合之外,更主要的是由于黄帝部族的进入，对既有的炎帝部族生成的文化产生了强刺激。在那一历史时期，游牧民族的文化与原有的农耕民族的文化在撞击中融为新的具有更强生命力的文化。同时，也奠定了古河东地区文明发祥地的历史地位。

据史籍与民间传说，炎帝神农氏对人类文明最主要的贡献有这样几个方面。首先是掌握了种植五谷的种子,知道了什么样的物种可以耕种。其次是发明了许多农耕生产工具,如耒耜、斤斧等。更重要的是发明了陶器。这些发明使人类走出了“茹毛饮血”的时代。再次是发现了可以医治病痛的草药,使人们的疾病得到治疗,提高了人们的健康水平。还有一个非常重要的贡献是建立了最早的交易市场。最令人钦佩的是为寻找谷种与草药,炎帝神农氏的一家人都作出了巨大的牺牲。炎帝自己也因为尝食了“百足虫”而中毒身亡。

另一位人文先祖黄帝在中华民族的发展进程中产生了更加巨大的影响。成为天下共主之后,由于其治理得当,人们的生产生活条件得到了重大的改善。游牧文明实现了向农耕文明的转化,人们大面积地开辟山林,兴建农田,建筑房舍。据传说,黄帝还发明了舟车,开筑了道路,生产得到了发展。黄帝时期社会文化生活出现了飞跃。出现了文字,制作出乐律,数学的雏形也基本形成;在首山,也就是中条山铸铜,研发铜铁兵器;开始养蚕,并能够缫丝制衣;掌握了打井技术,特别是天文历法有了重大进步,对农业生产的发展具有更加重要的意义。再次是社会管理的雏形出现。划分了不同部落的疆域,设置了管理社会事务、指导农事及祭祀天地的官员,出现了刑法的雏形。而黄帝本人则寡欲节用,无为而治。在黄帝的统领下,天下太平,人民安乐。民不引而来,不推而往,不使而成,不禁而止。可以说,在黄帝时期,初步形成了以农耕为主,科技文化得到极大发展,社会管理比较进步的社会体系。

陶寺文化——华夏文明的形成

据考古研究，襄汾县陶寺遗址距今大约4500年至4100年左右。其发掘面积约400余万平方米。在这里，人们发现了大量的具有极为重要意义的历史遗存，证明一个具有辉煌文明的都城曾经矗立在晋南平原。而这个辉煌的都城应该就是文献记载的“尧都”。它是可以确认的中国最早的都城，是历史长河中一座高耸的里程碑。由于她的存在，把野蛮与文明两个历史时期清楚地区分开来。中国历史从此掀开了崭新的篇章。

陶寺观象台遗址

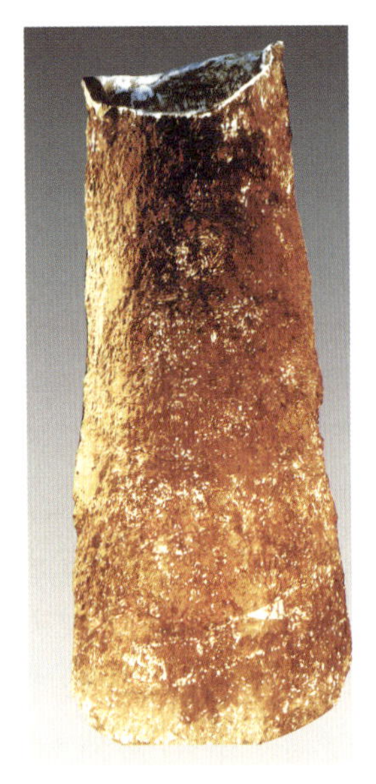

鼍鼓

龙盘

土鼓

彩绘陶壶

玉琮

陶寺文化的代表性器物

在陶寺遗址，首先是发现了陶寺不同历史时期的城址。其中有早期小城、中期大城及中期小城。这些建于不同时期的城已经具有非常完善的规划及城市设施。城内有贵族居住区及宫殿区，还有平民区。从其功能来看，比较健全。特别是其规模，更是目前史前考古发现

的古城中最大的。可以说,陶寺古城是史前城市发展的顶峰之作,也是可以确认的中国最早的都城。其次是发现了王级大墓。在大墓中发现了大量的礼器,如包括土鼓、鼍鼓、石磬等配套的礼乐器物。这些均显示出墓主人有崇高的社会地位,是当时执掌祭祀、军政大权,具有王者地位的人物。特别要强调的是在陶寺遗址中还发现了彩绘龙盘。这种龙盘在红色的彩陶器形上以黑色绘制了卷曲欲飞的龙。龙的口中有嘉禾。其绘制手法与庙底沟类型的花形彩陶如出一辙, 这些大墓与其他的中小型墓葬形成鲜明对比,显示当时的社会已经有明显的阶级分化。第三是发现了中国历史上能够确认的最早的文字与最早的青铜器。在陶寺遗址中的一件扁壶上,人们发现了朱书文字。其中一个可辨认为今之“文”字。另一个有多种解读,或认为是“易”“尧”,或认为是两个字的组合。这一组文字应该是对当时统治者的赞颂之词。这些文字的出现,也证明在陶寺时,毛笔已经是重要的书写工具。应该说,这一历史时期,文字已经应用在一些非常重要的仪式及场合之中,作为权威的象征,或作为某种具有实用意义的记录表意工具。从毛笔的使用来看,文字应该已经比较广泛地得到运用。另一个非常重要的发现是青铜器。最引人注目的是一件在丝麻包裹中的红铜铃。这件铜器在中国青铜发展史上具有重要的地位。从音乐发展的角度来看,它是中国历史上迄今所见的第一件金属乐器,标志着构成中国音乐“金石时代”的来临。第四是发现了大型天文观象台及祭祀中心。在陶寺中期小城内有一处呈半圆形的大型建筑基址。它有 11 个夯土柱基础,由北向南排列成圆弧形。考古学家与天文学家在此进行了模拟观测,认为这应该是原始先民观象授时的地方,时间大约距今 4100 年左右。因此,这是一处集祭祀与观象功能于一体的具有重大意义的建筑。它不仅证明了中国拥有目前发现的世界上最早的天文观象台,中国在天文学等领域具有当时最为领先的研究成果,也为证明文献中所记载的尧及其时代找到了实证。

陶寺遗址的发现, 对我们研究当时社会经济文化的发展具有十分重要的价值。我们可以看出,当时的社会结构已经比较完善,有了相应的管理系统。社会阶层的分化更加典型。阶级和国家的出现是文明产生的根本标志。陶寺文化所反映的文化信息证明,在那一历史时期,一种辉煌的文明已经完全形成,并产生了重大的影响。

临汾尧都区尧庙

最早的"中国"与尧舜禹建都晋南

陶寺为尧都平阳时期的"尧都"。尧,祁姓,名放勋。他先被封于陶地,后又封于唐,是一位拥有圣德的伟人。由于尧仁慈爱民,治理有方,受到了各部落人们的拥戴,纷纷归附,成为天下共主,在平阳建都。爱民是尧帝最为突出的品格。他一生最大的愿望就是为民服务,而不是享受民力。他认为如果有一个人挨饿,就是自己使人饿;如果有一个人受冻,就是自己使人冻。他住的是茅草之屋,吃的是粗茶淡饭,所用之物均不加修饰,简陋至极。为减轻人民负担,他轻徭薄赋,让利于民。为让普通百姓能够对国家大事发表意见,他树立谤木,设立谏鼓,广求民意,让人民批评自己。同时,他广泛搜罗人才,让那些有德有能的人为民办事。在帝尧时期,国家治理形态初具规模。尧最大的贡献是制订天文历法。当

时，农业生产已经完成了从采集向种植的革命性转化。但是，要提高农业生产效率，必须进一步掌握大自然运行的规律。于是，尧派人到四方对日月运行的规律进行观测研究，明确了年、月、日等自然变化的规律，发现并制订了历法，使人民能够根据四季的变化适时进行生产。天文历法的进步极大地发展了生产力，使尧统领区域的社会文化得到了快速发展，成为当时生产力水平最高的地区，吸引了四面八方的人们，成为当时九族既睦之地，可以协和万邦，使各地最先进的文明元素在这里聚集。

但是尧感到自己日见年老，必须找到新的德才兼备、统领四方的人才。经过考察，尧决定把帝位禅让给舜。可是舜在尧去世后坚辞不就，要把帝位让给尧的长子丹朱，自己避让到“南河之南”。然而，诸侯与各地官员们不去丹朱那里请示汇报，却去舜那里；老百姓有了诉讼之类的事也不找丹朱而是去找舜；人们也不去赞美丹朱，而是歌颂舜。三年后，舜感到这是天意，才“之中国践天子位焉，是为帝舜”，正式担当起天下共主的职责。

那么，最早的“中国”在哪里？在陶寺遗址，人们发现了大量的考古实证，证明这里是一个大型的都市城址，同时也具备了国家的形态，是帝尧所在之都，所以是当时的“中国”，也是我们民族最早的“中国”。苏秉琦先生说过，夏以前的尧舜禹，活动中心在晋南一带，“中国”一词的出现也正在此时。尧舜时代万邦林立，各邦的“诉讼”“朝贺”，由四面八方“之中国”，出现了最初的“中国”概念。那么，舜的所谓“之中国”就是从自己避居的地方回到当时的尧都平阳。正是古之所谓“帝王之都为中国”所说的“中国”的意思。

舜姓姚，名重华。继尧帝之位后，他广施德政，深受人民拥戴。首先是重用那些德才兼备的能人，其次是非常注重法治的建立健全，再次是舜非常重视对民众的教化。舜时，出现了《九招》《六列》《六英》，以及流传至今的《南风》等乐曲。舜最为后人称道的是他的德孝情怀与勤政品格。传说他的父亲瞽叟是个瞎子，娶了后妻。后母对舜很不好，曾经多次设计，要把舜埋到井底，或者烧死在房顶。但是由于舜的智慧及娥皇、女英的帮助，都能够安然无恙。尽管如此，舜仍敬爱父母，孝顺如初。舜继帝位后，体察民情，勤政重贤，把具体的政务交由德才兼备的官员办理，自己则观天象、祭山川，巡行四方。所谓“舜都蒲坂”，在今之永济。

历山舜王坪——传说中的舜耕地

盐湖区舜帝陵

尧舜时期，洪水泛滥。尧曾命鲧治水，九年而不成。舜在征求了四岳的意见后，命鲧的儿子禹任司空，继续治水。禹为姒姓，夏后氏，名文命。他受命治水，主要采用了疏导的方法，疏孟门，开灵石口，凿龙门，北通滹沱河，西开河、渭、汉水，南疏淮、泗，把能够疏通的河水全部疏通，不能疏通的都围起来形成湖泊。经过13年的努力，终于使洪水消退，陆地显露，人民能够耕种生活。据说他新婚后只在家里住了三天就出去治水。其中曾经三次路过家门而不入。为了治水，他竭力尽心，劳身焦思，常常亲自到治水工地拿着锄头、刀斧干活。他的衣服、饮食都是最简单的，住处也非常简陋。所到之处，总是拿着准绳、规矩，时刻准备测量。在四方各地治水期间，禹进行了非常细致的考察，对各地的地形水势、山川田地了解颇细。于是，他划分天下为九州，又制定了五服，形成了一个由中央集权并向四方展开的行政系统，使国家的管理更加完善。

禹正式成为天下共主，继帝位后都安邑，即今之山西夏县。传说他东巡时逝于途中，被葬于会稽。他的葬礼也非常简单，只有“衣衾三领，桐棺三寸”，且墓葬“下毋及泉，上毋通臭”。禹去世后，他的儿子启继位，禅让制也由此终结，开启了帝位传子的世袭制时代。

创世神话及治水英雄

中国文化中有非常丰富的神话与传说，记录了先人们筚路蓝缕、奉献牺牲、创造文明的伟业。而山西则是一个神话与传说流传甚广且比较集中的地区。其中，有关中华人文始祖伏羲与女娲的神话在山西极为丰富。

伏羲又名宓牺、庖牺等。传说他与女娲是兄妹，或者就是夫妻[①]。最重要的传说与洪水有关，说他们是大洪水时期躲在葫芦中幸存下来的夫妻，也因此成为人类的始祖。在山西吕梁山、太行山地区有许多关于他们的传说。洪洞县有宋代钦定的女娲陵墓，似可看出女娲与这一带的密切关系。太行山古名女娲山，在这些地方旧时有大量的女娲庙。可见这一带对女娲的崇拜。在创世神话中，一个非常重要的内容是女娲抟土造人与补天。传说女娲看到天地已开，山川草木、鸟兽鱼虫具备，唯独没有人烟。于是，女娲就用黄土捏出各种各样的人来，后来，干脆用藤绳把泥浆甩到地上，造出了众多的人群，形成了人类，因此她被后人视为生殖之神。在创世神话中，关于炎黄二帝及尧舜禹的内容也非常丰富。这些内容我们在前面的相关部分中已有介绍。与他们有关的人物在神话中也多有表现。传说尧使羿诛凿齿，射十日。其实这一神话背后隐含的是当时气温较高、天下大旱的问题。后羿射日发生在山西屯留县。

在山西地区流传的大量神话中，有许多是表现普通民众生活的。愚公移山即是其中最具代表性的。另一充满了浪漫主义色彩的神话是牛郎织女的传说，在山西太行山地区也多有流播。

在古代神话中，治水是一个非常重要的内容。女娲补天，实际上就是人类与大洪水的一种斗争。不过，我们一般认为女娲是人文始祖。正是因为她的努力，人类才出现。所以女娲应该是非常早期的神，与后面

---

①袁珂：《中国古代神话》，华夏出版社，2013年，第27页。

襄垣仙堂山娲皇宫

以大禹为中心的治水活动不是同一历史时期。同时，她与被视为炎帝之女的女娃不是同一个神。据《山海经·北次三经》记载，发鸠山上有一种鸟叫精卫鸟，“是炎帝之少女，名曰女娃”。女娃溺死在东海，化为精卫，“常衔西山木石，以堙于东海”。发鸠山位于今长子县西 25 公里，处太行山脉。而女娃所填的东海，应该是出现大洪水之后的太行山东部平原。

炎帝神农氏的一支起源于陕西之邰亭，叫有邰氏，后来东迁到了汾水的下游定居。这就是时代稍后将要出现的帝喾之元妃姜嫄所在的部落。在汾河一带定居的有邰氏亦被称为台邰。《左传》昭公元年记有“台邰能业其官，宣汾、洮，障大泽，以处太原。帝嘉之，封诸汾川”。从这一记载来看，台邰受命开通了汾水、洮水，挡住了大泽之水，开辟出了广大的平原地带，受到了嘉奖，被封在汾水之川。台邰也正因为治水的功绩，被后人称为“汾水之神”。

夏族与夏墟

在中国文明发展的进程中，夏是一个非常重要的历史阶段。据文献记载，夏朝开启了中国的世袭制，是第一个世袭的氏族王朝，具有非常高的地位。但是，夏与夏朝并不是同一个概念。禹是夏朝的奠基者。在禹之前，夏早已作为部族存在着。

"夏"字最早在殷商甲骨文中出现，其字形为站立着的人。可以认其本意为"人"。《尔雅》解释，"夏，大也"，就是说，夏也具有广大的含义，是一种赞美之词。当然，夏也是一个部族，其源起学者们的说法不同。有的说夏从西北来，有的认为夏就是在汾水下游生活成长的部族。还有人认为夏族就是前面提到的以"西阴之花"为标志的华族。如果作为一种文明现象来看，夏指的是文明程度比较高的地区，而华指的是文化高的人或族群。华、夏实指当时文明程度较高的地区与族群，故人们常"华""夏"并称，华与夏是互文同义。不论作为地区或者族群，华与夏在文明程度上走在了其他地区与族群的前面，是引领文明发展潮流的。

那么，夏，或者华夏地区在什么地方，她的族群又是由什么人组成的呢？我们已经知道，炎帝部族与黄帝部族融合后，形成了以黄帝部族为核心的新的文化。炎帝、黄帝部族融合后，原来孳生于河东地区的"华族"得到了新的发展，出现了吸纳各地文化元素的新的文化，即陶寺文化。而陶寺文化又是蕴育发展出从尧、舜至禹的文化。从这一分析我们看出，陶寺是华夏文明发展进程中一个非常重要的关节点。夏的出现与华具有非常重要的渊源，

陶寺遗址出土的彩绘双耳罐

或者也可以说，他们是一脉相承的，以至于后人视华、夏为一，或华夏并称。夏不仅承续了华的文明并得到了进一步的发展，同时也承续了华所生存的地域，也就是被称为“中国”的河东地区，并有所变化。所以又有“夏谓中国也”的说法。

20 世纪 50 年代，山西夏县东下冯遗址被发现，并于 70 年代开始发掘。东下冯遗址的年代为公元前 1900 年至 1500 年左右。大致在夏纪年期间，主要反映了夏早期的文化。一直以来，人们都认为所谓的夏墟在山西晋南。20 世纪 20 年代中期，李济先生等来山西南部进行田野考古，就是希望能够找到夏墟的确切地点。现在的夏县，古称安邑，是禹都安邑之处。目前，在这一带已经发现了 30 余座遗址。可以说，其分布密度之大、范围之集中，足以证明这一带是夏文化的重要分布区域，也是夏人活动的中心地带。而稍后于东下冯类型的以晋中地区为主的东太堡类型的夏文化遗存，不仅证明今太原、晋中一带是夏的重要区域，也证明了夏的发展、扩张是从晋南向晋中推进的。

与夏文化向北方的扩张相比，其向南的扩张更具有典型性。这一点我们从河南偃师二里头遗址的发现中可以得到证明。从已发现的遗存来看，能够有力地证明这是夏时中晚期、并一直延伸至商早期的一处大型城都遗址。通过对出土文物的年代测定，二里头文化应在公元前 1880 年至公元前 1540 年。我们可以看到，二里头是一处比东下冯更先进的文化遗址。它不仅以辉煌的宫殿建筑及完备的城市设施令人瞩目，而且在文化传承上也具有东下冯及陶寺的某种影响。我们可以肯定地说，夏文化首先活跃在晋南地区，而后逐渐到达南、北各地，包括豫北地区。东下冯是夏之早期或前段文化，而二里头是夏之中后期文化。

总之，无论作为一个氏族，或者一种文化，夏首先在黄河之北，即今山西晋南地区发展，然后又以此为基点向南北拓展。在山西这块古老而神奇的土地上，孳生出华夏文明最初的萌芽，上演了民族融合、发展、进步的大合唱。不仅炎、黄二族在这里融合，催生出新的文明，而且尧、舜、禹均在此建都，使这一地区的文明得到了快速发展，成为当时的文明中心地带。同时，夏、商、周等中国历史的早期形态都与山西有着非常密切的关系。从华夏文明的萌芽、成形，到其发展、壮大，融合成伟大的中华文明，以至于五千余年生生不息，都与这块古老的土地有着非常紧密的关系。

第二章

从方国到中原霸主

（殷商西周春秋时期）

概述

经历了文明的初曙，中华历史进入殷商时代。这时商人虽然深入晋南夏人腹地，颠覆了夏王朝，但是商人的步伐并未走得更远，而是在晋南戛然而止，修建垣曲商城作为王畿的军事防御基地。山西优越的自然环境和沟通南北的地理位置为众多部族在此生存创造了条件。经过多年的发展，这些部族也开始进入文明时代，他们与商王朝彼此交流、冲突，在互动中造就了山西地区璀璨的方国文化。其中最耀眼的标志便是兼容中原文化因素和北方草原文化因素，又有自身特点的青铜文化。

周人灭商，建立起强大的周王朝。鉴于山西境内的复杂形势，周在分封晋国的同时，命晋君实施“启以夏政，疆以戎索”的国策。晋国也在发展过程中认真实施，并积极吸收戎狄文化，最早打破西周宗法制的束缚。宗法制被打破后，晋国的政治文明进入了鼎盛时期。曲沃小宗在与晋公室的斗争中取胜，为晋国迈向强盛注入了新鲜血液。晋献公重整晋国内政，并积极向外开疆拓土。后发生骊姬之乱，使晋国一度陷入混乱状态。晋文公历经 19 年流亡之后，回国执政。他积极进行改革，短期内使晋国成为军事和经济强国。在此基础上，讨逆勤王，赢得周王室的支持，后在城濮与楚军决战，最终实现霸业。晋文公去世后，卿大夫与公室的对立及卿大夫之间的争权夺利立刻爆发出来，严重影响了晋国的霸业。幸而晋悼公即位后励精图治，选贤任能，奖励耕织，整顿吏治、军务，重新制定法律，外和诸戎，实施联合吴国的“疲楚”政策，使晋国霸业重新走向辉煌。但是自晋献公以来形成的公族弱、异姓贵族强大的态势已难以改变。晋国的执政体系由最初公族卿大夫和异姓卿大夫联合执政的六卿制最终发展为完全是异姓的韩、赵、魏、中行、范、智六卿执政。六卿执政后，彼此都想兼并对方，最终韩、赵、魏战胜中行、范、智，晋国终被韩、赵、魏三家瓜分。

回顾晋国的历史不难发现，晋国霸业的成就与其打破宗法制，实施正确的戎狄政策息息相关。“启以夏政，疆以戎索”的国策是晋国生存的基础。而在晋国逐步强盛之后，又采取“和戎”的政策，扩大了疆土，增强了国力，为实现晋国的霸业复兴提供了条件。这些都充分反映了晋国政治文明的进步，显示了晋人的政治智慧。

先秦时期是中国的青铜时代。晋系青铜器不仅代表了山西区域文明中青铜艺术的最高水准，同时也是春秋时代中国青铜文化的杰出代表。它和楚系青铜器是汇成秦汉统一的中华文化洪流的南北两大主流。而侯马铸铜遗址不仅是当时世界上最大的青铜器冶铸工场，而且其青铜器生产技术在当时也独占鳌头。侯马铸铜遗址发现的青铜器不仅有礼乐器，还有相当多的生产生活工具及钱币等。其中青铜农业生产工具是铁制农具诞生之前最先进的生产工具，不仅表明晋国农业生产力的提高，同时也深刻地影响了山西区域文明的整体构成和发展，有力地推动了华夏文明的进步。以青铜铸造业为龙头，晋国的其他手工业生产分工更加细致，种类更加丰富，工艺更加精湛。在农业、手工业发展的基础上，凭借不断加强的政治优势，晋国的许多产品垄断了中原市场，不仅为其商业发展奠定了基础，而且反过来对晋国霸业的成就和持续，发挥了极其重要的作用。

在这千余年的历史发展进程中，这片土地上涌现出了诸如傅说、箕子、介之推、程婴、公孙杵臼等众多的治世良才、贤者隐士、仁人志士。他们务实创新，宽厚忍耐，忠肝义胆。在他们身上表现出的这些中华民族的美德，正是山西历史文化的思想内涵所在，也是中华民族价值取向的集中体现。

殷商时期山西地区的方国及其青铜文化

殷商时期，商人虽然建立了强大的中央王朝，但是其直接控制的地理区域有限。在此之外，还存在着大量的方国（方与国在上古时代是通用的）。当时的山西地区不仅居住着众多的土著居民，同时由于其沟通南北的重要地理位置，也促成了多部族迁徙交融于此。因此，在殷商时期，山西境内方国林立。当时的方国主要有𢀛方（今山西石楼到陕西绥德一带）、鬼方（黄河沿岸的山西、陕西境内）、亘方（今山西垣曲境内）、土方（今山西省北部）、基方（今山西太谷境内）、唐方（今山西临汾、运城一带）、缶方（今山西运城境内）、戉方（今山西石楼、永和以东）、子方（今山西太原一带）、辔方（今山西石楼、永和以西）、巴方（今山西石楼以东）、马方（今山西灵石一带）、莞方（今陕西、山西交界处）、𢦏方（今山西中部）、井方（今山西灵石往西到陕西延安、榆林间）、祭方（今山西东南部到河南西部）、鬲方（活动中心在今山西灵石一带）、沚方（今山西太原西北，起初曾是商的敌对方国，后成为商的封国）等。这些方国与商王朝的关系随着其实力的消长不断发生变化。

商前期这些方国都一度臣服于商王朝。到了商后期，殷商王朝实力下降，这些方国大都与商王朝处于敌对状态。只有处于晋南、晋中一带的鬲（丙）方还一直与商王朝保持友好关系。此外，商代后期，商王朝为了对抗敌对方国，在介于王畿与敌对方国之间的山西广大区域大量分封，这些封国有侯除（今太原一带）、犬侯（今山西西部）、匽侯（今山西石楼县南）、侯商（今山西中北部）、微伯（今山西西部）、易伯（今山西西部）、亚启（今山西中部）、亚戈（今山西中部）、亚万（今山西南部）、亚奚（今太原一带）、子商（今山西中北部）等。在诸多的方国当中，位于晋南曲沃、绛县、翼城之间有一个小国，最为古老，它就是唐方。其地东临太岳山脉西麓，北、东、南三面地形偏高，向西倾斜，浍水由东北向西南缓

平陆县前庄村出土商代饕餮纹圆鼎

山西出土商代青铜器

乳钉纹青铜簋·右玉大川
饕餮纹青铜壶·长治市
鸮卣·石楼二狼坡
兽形觥·灵石旌介
龙形觥·石楼桃花者

石楼曹家垣出土
商代舞铙

缓流去，注入汾河。唐国的历史悠久，最早可追溯到传说中的唐虞时代。

商代是中华文明史上的青铜时代。青铜器是这一时期文明的重要标志。在山西地区发掘的众多商代遗址中出土了大量的青铜器。其中最有代表性的商早期的青铜器是在山西平陆县坡底乡崖底村前庄村发现的。其中有饕餮纹大方鼎、饕餮纹大圆鼎、饕餮纹青铜罍等。这些青铜器形体高大，浑厚凝重。到了商代晚期，山西地区出土的青铜器表现出更加丰富多样的特点。其中第一类型为长治、长子、屯留、潞城、武乡一带出土的青铜器，其形制和纹饰与殷墟青铜器完全一致。第二种类型是出土于灵石旌介的青铜器，其器形虽有少见或不见于殷墟的，但绝大部分在组合、形制和纹饰方面都与殷墟青铜器大同小异。第三种类型是石楼类型青铜器和保德类型青铜器，主要出土地点皆在吕梁，具有浓郁的北方草原青铜文化特色。其中保德类型青铜器中“铃首剑＋管銎斧＋带环勺形器”的组合十分常见，表现出了浓厚的尚武气息。从商代不同类型的青铜器及其分布可看出，山西是一个农牧交杂、多民族互动频繁的大熔炉。因此，商王朝非常重视对山西地区众多方国的防御。他们在驱逐夏人的过程中，步步为营，广修城池，今已发掘的垣曲商城和东下冯商城可视为代表。

垣曲商城位于山西垣曲古城镇南洪庆观旁，介于晋南与豫西两个夏人活动中心之间，是其间重要的连接枢纽。商城平面呈梯形，南宽北窄，总面积13万余平方米。城内中部偏东是宫殿区，城东南为一般居住区，是方圆百里的政治、经济、军事中心。垣曲西南黄河北岸的夏县东下冯村也发现了一座商城，位于青龙河东西岸的东北部和西南部之间的中区。现已发掘探明了城址的南城墙、东城墙和西城墙南段，以及仓储建筑遗址。这两座商城，既是对夏人及其他敌对势力防范和监管的需要，也是商人从晋南向京畿地区输送物资的可靠保证。

傅说、箕子对华夏文明的影响和传播

商代的山西地区不仅创造了灿烂的方国文化，同时还为华夏文明贡献了许多的杰出人才。傅说和箕子便是其中的佼佼者。

傅说是殷商时期著名的贤臣，武丁时期的三公之一。商王武丁是继盘庚之后一位比较有作为的君主。一天夜里，他梦到天帝赐予他一个贤人。醒来之后，便令人摹画贤人的像，然后四处寻找。有人在傅岩发现了傅说很像画像上的人，将他进献给武丁。武丁任命他担任三公之职，辅佐自己治理百姓。

《古文尚书》“说命”三篇集中反映了傅说的治国思想。其中包括君王的修养、胸襟、韬略等。如：官吏选拔要选贤任能，君王言语、决策、用兵、发令必须谨慎，军政大事实施之前要有充分的准备，祭祀等礼仪活动应当简化、节制等。武丁从谏如流，接受了傅说的进谏，促成了商王朝的复兴。傅说作为起自下层的商代中兴名相，在当时做出了巨大的历史贡献。他还是版筑技术的实践者和发展者，是中华民族尚贤传统的传布者，是德治思想的倡导者，更是地位低下的人经过艰苦环境磨炼成为大才的成功范例。

箕子，本名胥余，殷纣王的叔父，与微子、比干齐名，史称“殷末三仁”。其封国在今山西陵川境内。因反对殷纣王的荒淫与暴虐，箕子曾被纣王囚禁。商被周灭后，箕子耻于“一身事二主”，遂退隐山林，后被周封于朝鲜，被认为是古朝鲜的开国第一人。

傅说画像

箕子善卜筮，是商末有名的卜筮家。《韩非子·说林》记载，纣王不分昼

阳城郭峪汤帝庙

夜寻欢作乐，弄得连日子也搞不清了，就去问箕子。为什么偏偏要去问箕子？因为箕子善卜筮，谙熟阴阳四时之事。商被周灭后，周武王寻访箕子，求问治国安民之道，箕子为其大谈阴阳五行卜筮之理。此事见于《尚书·洪范》。所以《后汉书》的作者范晔把卜筮之学又称作"箕子之术"。卜筮之术与围棋的发明也有着密切联系。因此，有学者认为他很可能是围棋的发明者。

箕子到朝鲜后积极传播华夏文明。首先，他以礼仪为治国之本，以礼仪教化民众，纯化民风。其次，他组织民众修建都邑，颁布八条法令，将朝鲜带入有成文法的文明时代。再次，他还制定田制，教授朝鲜民众各种农业技术，以及医疗、巫、阴阳卜筮之术、百工技艺。在他的治理下，朝鲜半岛民风大变，出现夜不闭户、女人守贞不淫、男婚女嫁不争聘礼、民众节俭敬睦、社会和谐安定的局面。他将先进的华夏文明传播到朝鲜，促进了朝鲜半岛的文明开化，使朝鲜社会发生了质的飞越。

叔虞封唐与晋国登上历史舞台

周人灭商后，为了巩固统治，进行分封。晋国所处的汾河谷地与西周心脏渭河谷地之间紧密的地缘关系，以及该地区在商代已形成的方国林立的现实，都使得周王朝对山西地区的分封特别重视。

关于晋国的开国历史，《史记·晋世家》记载："（周）成王与叔虞戏，削桐叶为珪以与叔虞，曰：'以此封若。'史佚因请择日立叔虞。成王曰：'吾与之戏耳。'史佚曰：'天子无戏言，言则史书之，礼成之，乐歌之。'于是遂封叔虞于唐。"所谓唐就是原先陶唐氏居住并在商末建立的古唐国故地。古唐国在周初因参加管蔡之乱而被灭，其遗民被迁移到周王畿附

叔虞封唐图

近的杜。

古唐国遗民西迁后，山西境内的局势仍然动荡不安，存在多支与西周敌对的势力。在武王灭商时已相继消灭了虞国（今平陆）和芮国（今芮城），并将同姓的虞仲封为虞君，同时迁芮于陕西省朝邑县的芮乡，而在芮国的故墟上又建立同姓的魏国。另外，为了抵御敌对方国，商末在山西境内分封了不少国家。这些封国和方国虽然在周初暂时臣服于周王朝，但是他们在矛盾激化的时候仍然会向周王朝发难。这使得在叛乱者盘踞的地方建立军事据点显得非常必要。于是，为了对新附周室而心怀异志的夏后氏国族以及商的残存封国和原有方国等实行有效的控制，成王的弟弟叔虞被分封在古唐国的故地。叔虞封唐时，成王为其举行过隆重的授土授民仪式，并且命叔虞要“启以夏政，疆以戎索”。

叔虞去世后，他的儿子燮父继位，改称晋侯，同时把唐国改称晋国。这一国号一直沿用了六百年左右，到公元前 5 世纪，三家分晋，由韩、赵、魏取而代之。晋侯燮父之后，一直到穆侯费王时期，晋国都保持了相对平稳的发展，但是其政治影响力有限。真正使晋国走向历史前台的是

太原晋祠叔虞祠

晋文侯。

公元前785年，晋穆侯去世。晋国的嫡长子继承制首次被打破，穆侯弟殇叔以“兄终弟及”成为晋国的统治者。而晋穆侯太子仇未能继为国君，只好避难出奔。太子仇在外四年，积蓄力量，终于在公元前781年率家徒卷土重来，袭杀了叔父殇叔，夺取政权。太子仇就是晋文侯。晋文侯是晋国历史上一位杰出的君主。在他统治晋国期间，西周王室昏庸，濒临亡国，在关中立国已不可能。于是平王遂东徙成周。此时晋文侯率军入陕，与郑武公、秦襄公合力勤王，从而开创了东周政权，成为再造周王朝的功臣。正因如此，春秋时晋人总是以“继文绍武”来自勉，而周人则总是对晋、郑挟辅王室之功念念不忘。

晋国的改革与称霸中原

公元前746年，晋文侯去世，昭侯即位。当时国内矛盾重重。为巩固自己的地位，昭侯封叔父成师于曲沃，称曲沃桓叔，以为辅佐。桓叔大刀阔斧地进行改革，网罗人才，收买人心。《史记·晋世家》记载他“好德，晋国之众皆附焉”。这样，晋国就形成了曲沃桓叔与晋侯公室之间的公开对立，晋国实际上已经分裂。公元前732年，桓叔去世，其子庄伯继承了他的领地和爵位，并继续与晋侯较量。公元前716年，庄伯忧患而死，其子武公当政。武公积极发展自己的势力，借机吞并周围的小国，终于在公元前678年一举消灭苟延残喘的晋公室，尽掠晋国的青铜礼器和珍宝，并用其贿赂周王，换取了周王室的认可，晋国也实现了统一。这就是历史上有名的曲沃代翼。

晋武公去世后，其子诡诸即位，是为献公。晋献公是晋国迈向强盛的一位重要的君主。他吸取晋国小宗取代大宗的教训，发兵诛杀诸公子于聚邑。从此，晋国成为一个不立公族的诸侯国。异姓贵族开始成为晋国的主要政治力量。在尽灭公族之后，晋献公即命士蔿为大司空，扩建

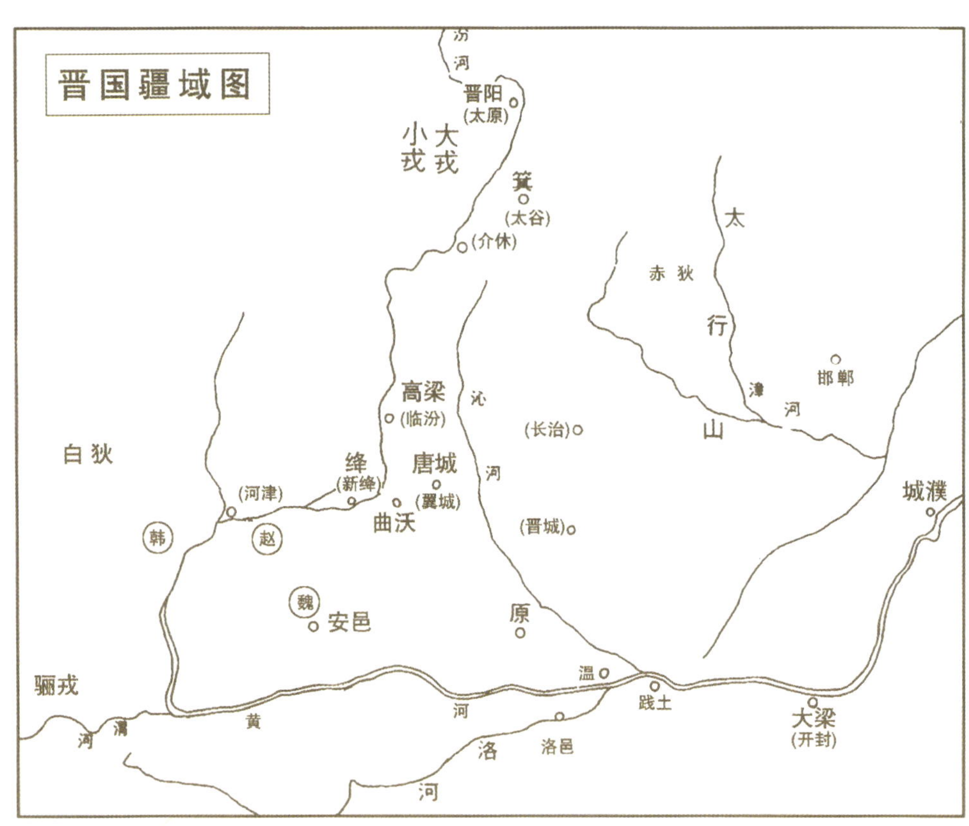

晋国疆域图

翼都，使其无论在城垣规模上，还是宫殿高度上，都远远超过曲沃。同时将晋国的宗庙和公墓地都建在曲沃，强调翼作为晋国国都的唯一性和曲沃的补充作用。通过一系列的措施，晋献公巩固了自己的统治地位，为此后兼并周围小国奠定了基础。晋献公在位时期，先后消灭了虞、虢、董、荀、郇、韩、冀、魏、芮、耿、贾、杨等晋国周围的小国。但是到了晚年，他宠信骊姬，逼死太子申生，又迫使公子重耳和夷吾出走，晋国一度陷入混乱之中，史称“骊姬之乱”。

经过骊姬之乱和十九年的颠沛流离，重耳在秦的支持下，回国执政，是为晋文公。晋文公实施了一系列改革。首先在经济上废除了许多不合时宜的法令，实行轻赋薄税、鼓励生产的发展经济新政策；同时严惩盗贼，保证道路通畅；对国民大众宣明德教，整肃民风，提倡互相帮助、互相救济的新礼俗。任用一大批功臣和多年受排挤打击的旧贵族。

在政治上明确提倡选贤任能、照章办事、功过赏罚分明,规定了社会各阶层的俸禄制度,即公室享用赋贡,大夫享受采邑,士靠公田,庶人靠农耕渔猎生活,百工皂隶和家臣也都有所作、有所食。国之上下,皆要节约费用,积蓄粮物,以备急用。经过这些改革,晋国强大起来,成为当时的经济强国。公元前636年,周王子带第二次发动叛乱,迫使周襄王出逃,晋文公借机收留了周襄王并亲率左、右二师火速平息叛乱。经过这次勤王行动,晋国获得了周王畿内的樊、温、原、州、陉、絺、鉏、欑矛八个城邑,从而拥有了一条进军中原的通道。晋国的政治地位显著提高。但与确立其霸主地位还有很大距离。此时的霸主齐国已经衰落,而楚国最有实力争霸。因此要想争霸,就必须先征服楚国。于是晋文公改革军制,并任命旧贵族统兵,形成了最初的六卿执政格局。公元前632年,楚国在城濮与晋国决战。晋国在这次大战中巧妙地运用了避实击虚,诱敌深入,集中优势兵力各个击破的战术,大获全胜。城濮之战后,楚的盟国纷纷主动背楚加入晋盟。晋从此成为真正的盟主,开创了晋国的霸业。同年五月,晋文公又请周襄王到践土(今河南荥阳)大会诸侯,建立以晋国为中心的新秩序,进一步巩固了晋国"挟天子以令诸侯"的霸主地位。

晋文公去世后,晋国内部上下争权夺利,极大地损害了其霸主的地位。在此危难之时,晋襄公的庶子孙周被拥立为君,即晋悼公。他是晋文公之后,真正能够延续晋国霸业的一代明君。

公元前573年正月,晋悼公在新田即位。面对内忧外患,晋悼公展开了一系列的改革。首先他驱逐了晋厉公之乱的肇事者,恢复起用魏、赵、韩、范等家出任卿大夫。从此异姓公族出现并成为晋国的制度,在各诸侯国中是一个特例。晋悼公选贤任能,减轻赋税,免除公私旧债,救济人民,奖励农耕,发展生产,缩减公室私家开支,禁止奢侈浪费,放宽山川林泽的禁入条例。同时,对军制和法律进行改革,重修法令。在整顿内政卓有成效之后,晋悼公开始调整对外政策,谋求延续晋国的霸业,实现中兴。首先是巩固晋宋联盟,平定宋国内乱。然后是逼迫齐国与晋国结盟。同时发展吴国入盟,牵制楚国。再后迫使郑国臣服,最后孤立楚国。对于其他小国,晋悼公待之以礼,扶危济困,赢得了小诸侯国的拥戴。他积极支持魏绛和戎,对周围的戎狄部落分化安抚,维持了和平共处的周边环境。晋悼公在国内的一系列改革,增强了晋国的经济和军事实力，改善了民生；对外灵活的外交政策，使得除楚、秦之外的诸侯皆与晋会盟。晋国的霸业重新走向了辉煌。

晋国从弱到强最终实现霸业，无不得益于根据局势变化而进行的各项改革。正是通过改革，晋国实现了政治上的团结、经济上的发展、军事上的强大和外交上的强势。

魏绛和戎及晋国时期的民族融合

周灭商后，山西地区错杂居处着很多戎狄部族。如赤狄分布在东南部太行山麓，北部有犬戎、山戎、代戎，南部有伊洛之戎等。因此，晋国在叔虞封唐时，周王室便为其制定了“启以夏政，疆以戎索”的国策。

早在周初，晋国就与戎狄有了往来。到晋献公时，晋国与戎族之大戎狐氏家族关系更为密切。晋献公娶狐突之女狐姬为如意夫人，生公子重耳；娶小戎之女小戎子为夫人，生公子夷吾；娶骊戎之女骊姬，生奚齐。重耳出奔狄时，狄人赐予廧咎如二女，曰叔隗、季隗。后叔隗嫁与赵衰，生赵盾。同时，姬姓诸侯和卿大夫之女也有嫁与戎狄之人的，如晋景公之妹嫁与赤狄潞子婴儿为妻，赵襄子的姐姐嫁与北狄代王为妻等。这种以政治为基础的华戎联姻，主观上满足了不同统治集团各自的利益，客观上起到了促进晋与诸戎间的政治文化交流，加快了戎狄与诸夏的民族融合。

春秋时期，伴随着晋国社会变革的深入和疆域版图的扩大，从政治、军事到思想观念、风情婚俗各个领域，展开了全方位的民族文化交流。其中，晋悼公时与山戎无终部缔约结盟的“魏绛和戎”就是典型的例子。

魏绛是魏武子之孙。晋悼公即位之初，先任中军司马，后任新军佐。在如何对待晋国北地的戎狄等族的问题上，魏绛从时局着眼，提出“和戎”主张。当时与晋国相邻的北方民族，时常与晋发生战争。悼公认为，

戎狄既不念亲情而且还非常贪婪,对其用兵讨伐更有效果。魏绛恳切地向他陈述了“和戎”的“五利”:第一,可以利用游牧民族轻视土地,重视财货的习俗,发展对戎狄的贸易,拓展疆土;第二,没有战争,人民安居乐业,利于发展农业生产;第三,戎狄事晋,四邻震动,在诸侯争霸中有威慑作用;第四,维持和平局面,军队得到休息,军备物资不须消耗,可以保存晋国的实力;第五,借鉴历史的经验,只有采用以德服人的办法,才能保持长久的安宁和睦局面。他详细地解释“和戎”的益处,终于说服了晋悼公。魏绛从国家大局出发,积极主张“和戎”,开创了我国历史上华夏族争取、团结少数民族的先例。在说服晋悼公后,魏绛受命亲赴北地和戎。所到之处,皆以签订盟约之策使诸戎朝晋。到晋悼公十二年(前561),用了短短的八年时间,晋国便通过与戎狄和睦相处,扩大了疆土、增强了国力,成为当时中原地区强大的诸侯国。晋悼公看到“和戎”确实给晋国带来了巨大的利益,对魏绛之功甚为感佩,赐予其乐师、乐器,并感慨地说:我采用魏绛的“和戎”策略,使得晋国在八年之中实现了九合诸侯的伟业。

与此同时,在经济发展方面,晋人掌握了畜牧业技术,戎狄学会了先进的农耕技术,定居生活成为众多部落的常态。春秋时,晋国的农业生产在列国中最为发达。当时不仅有夏熟,也有秋收,并实行轮作制。晋侯在周正六月都要举行“尝麦”之礼。晋国实行“启土”政策,开拓疆域,把大量的土地开垦为农田。由于晋人和少数民族杂居在一起,晋人建设都邑的技术也带给了少数民族,使其一改“无城郭,逐水草”的生活,戎狄所建的城邑、所盖的房子,“与华夏无异”。同时,戎狄部族的文化对于中原文化也有积极的影响。在与戎狄的战争中,三晋诸国由车兵为主转变为以步兵和骑兵为主,实现了战争形式的巨大转变。晋人的文字、青铜冶炼技术、制陶技术也为戎狄接受。戎狄的刀具和骑马技术被晋人习得。列鼎制度、棺椁制度、随葬制等,周族以外的人也在仿效。

魏绛的“和戎”思想对后世影响很大。他将戎狄部族与华夏族等同视之,揭示了团结其他民族的重要作用。这也是我国历史上首次提出各民族团结的问题,对中国多民族国家的形成具有不可磨灭的历史贡献。

晋侯墓地与侯马盟书

晋国在中国历史的长河中具有重要的地位，因此在《左传》《国语》《竹书纪年》《史记》等典籍中，有关晋国的历史，言之颇详。1992年，考古工作者在位于曲沃县东部和翼城县西部的天马—曲村遗址发现了晋侯墓地，证明了晋国历史的真实性，为确认西周时期晋国的始封地以及晋侯世系提供了重要的证据，也为研究周代墓葬制度及其演变规律提供了重要资料。

晋侯墓地处于天马—曲村遗址中部偏北，北依崇山，南临滏河，整个地势由北而南逐步降低，正在史书记载的唐尧故地和夏人的主要聚居区范围之内，显示出晋国与唐、夏的传承关系。该墓地是一处西周早期晋国公室墓葬群。其埋葬时代几乎贯穿整个西周时期。现已发现晋侯及其夫人墓葬9组19座、陪葬墓4座、祭祀坑数十座，并探明车马坑5处。墓位依时代先后依次排列，附属有车马坑，其中8号墓的车马坑最大，陪葬有至少105匹马，还有48辆车。

晋侯墓出土了大量精美的青铜器和玉器，还有部分原始瓷器、漆器、陶器、象牙器等。从青铜器铭文中我们已知道了若干晋侯的名字，与《史记》所载有差异。从出土青铜器组合数量可知，晋国的用鼎制度早已存在，并发生过变化，晋侯对西周的礼制自始至终都严格遵从。随葬动物造型器物中凤鸟尊、猪尊、兔尊尤为特别，颇能反映晋国统治者与西周统治者一致的宗教理念和因地而别的差异性。晋侯墓地出土玉器

曲沃北赵村晋侯墓出土青铜猪尊

曲沃北赵村晋侯墓出土青铜鸟尊

伫立回首的凤鸟，凤尾下弯成一象首，与双腿形成稳定的三点支撑。造型写实、生动，构思奇特、巧妙，装饰精致、豪华。这件罕见的艺术珍品，是晋国青铜艺术的代表作。

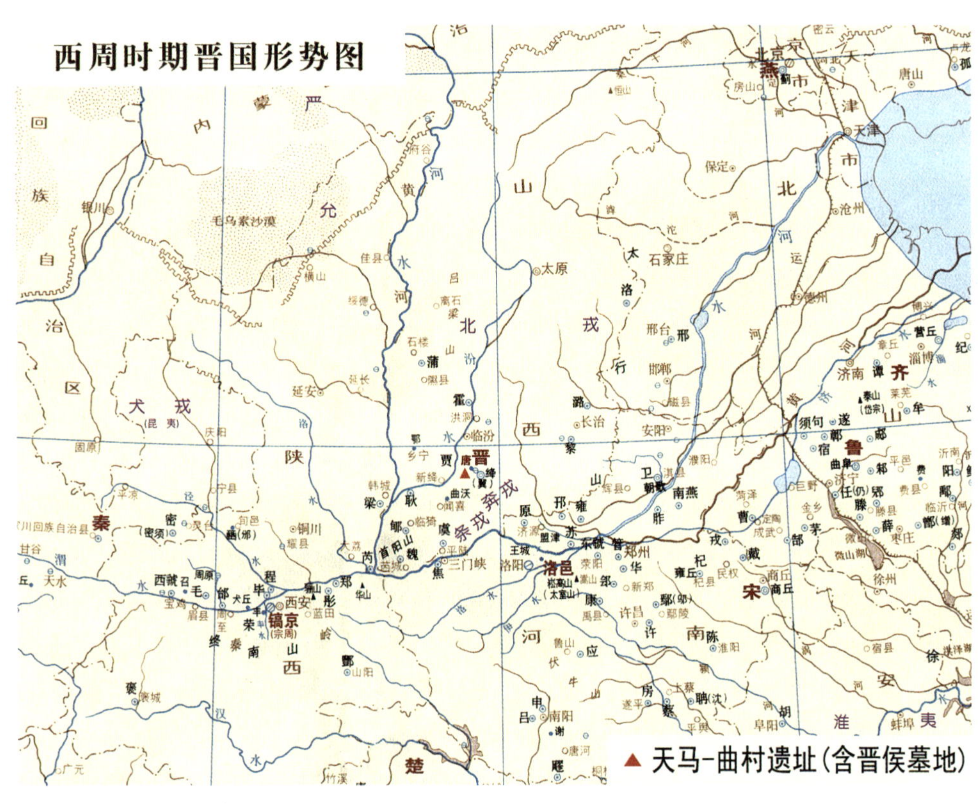

西周时期晋国形势图

用琳琅满目形容一点都不为过。仅第四次发掘出的63号墓中就出土了800件玉器。这些玉器构图细腻，线条多变，既有浅浮雕效果的平面作品，也有造型逼真、比例准确的圆雕作品。前者如所出的玉戈，其怪兽头上细如蛛丝的须发，可视作战国两汉“游丝刻”的源头。而圆雕作品玉马、玉牛的解剖比例非常准确。可以说，西周晚期晋国玉器制作在继承传统的同时，已经发展出自身的工艺特点，为后世晋国，乃至中国古代艺术的发展提供了丰富的营养。①不仅如此，63号晋侯夫人墓还发现了放在一个铜匣中的玉器，显然已不是用于装饰之用，而是把玩之物。可见，时人的用玉观念已发生变化，这也直接影响了玉器工艺的发展。

从晋侯墓地可以看出，周人的礼制思想、价值观念在这里仍占据主

①北京大学考古学系、山西省考古研究所：《天马—曲村遗址北赵晋侯墓地第四次发掘》，《文物》1994年第8期，第21页。

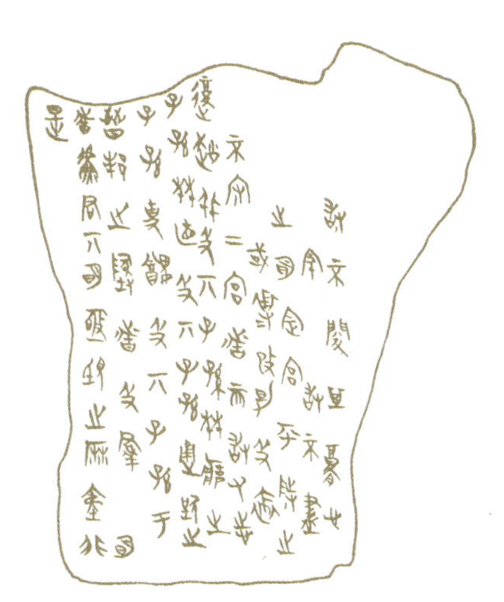

侯马晋国遗址出土玉石片侯马盟书及其摹本一种

导地位，但是晋地的地理环境、文化传统对于晋国高级贵族也产生了相应的影响。二者在潜移默化中塑造了与众不同的晋文化。

20 世纪 60 年代，在山西侯马西的晋国都城新田故地发现了当时的盟誓遗址，共有 400 多个竖坑，埋有盟书的竖坑约 40 个，集中分布在遗址的西北部，出土盟书约 5000 余件，其中形体基本完整、字迹清楚的有 600 余件，每件少者 10 余字，最多的达 200 余字。这就是著名的侯马盟书。侯马盟书的发现为研究春秋晚期晋国的历史、制度、文字、宗族都提供了极其可贵的实物资料。对于历史学、考古学和古文字学的价值也是不言而喻的。

侯马盟书记载了赵简子一系在与中行氏、范氏的战争中是如何团结赵氏宗族，驱逐宗族中的敌对分子，巩固自己宗主地位的史实。从侯马盟书记载的时间看，当在公元前 496 年，恰逢赵简子返回晋都执政不久，与文献记载吻合。

侯马盟书主盟者相继为赵氏宗主赵孟和赵嘉等。赵孟就是赵鞅。[①] 参盟者则多系赵氏的族人和家臣。他们向主盟人赵孟宣誓，承认赵孟的地位，服从他的指挥，保卫他的宗庙，诛讨已被驱逐在外的敌对宗族并

①山西省文物工作委员会：《侯马盟书》，文物出版社，1976 年，第 2 页。

防止其重返晋邦。这些宗族之人有相当一部分是从邯郸赵氏中分化出来的。除了宣誓之外，他们还要以己身或亲子委质，发誓与流亡在外的旧主君赵尼彻底断绝关系，制止其重返晋邦。此外，盟誓者还约定禁止纳室，对同宗族其他人的纳室行为也要反对和声讨，否则甘愿受罚。

侯马盟书也反映出了当时的经济和意识形态领域的变化。如侯马盟书有“纳室类”。室是当时的经济计量单位，统指劳动人手、土地、财产的总和。平时是卿大夫家的经济收入，战时则可能转化为装备和供应军队的开支。因此在盟书中，赵简子特别强调同盟者不准私自纳室。如果知道其宗族兄弟有纳室行为而不加拘捕或不上缴其室的，要受神明诛灭的制裁。“委质类”盟书也表明参盟者将全家族的性命和财产都投入到了赵简子集团，支持他的战争行为。

辉煌的晋系青铜器与侯马铸铜遗址

春秋时期，由于周王室衰微，诸侯竞起，原先统一的青铜文化走上了各国相对独立发展的道路。到春秋中晚期，形成了几支风格各异的地域类型青铜文化，主要有晋、楚、齐燕、吴越、秦等。其中晋系青铜器和楚系青铜器影响最大。它们的覆盖范围广，文化成就最高，是汇成秦汉统一的中华文化洪流的南北两大主流。同时它的发展演变，集中反映了晋国的兴衰历程。

晋系青铜器肇始于西周早期。早期晋国的青铜器多效仿王室，神化动物纹饰大都蜕变为各种几何形纹，但是商式青铜器的特征还没有消失，从而呈现出商周文化相互交流的特点。随着晋国统治的加强，周文化的渗透加深，到西周中期，青铜器中的晋国特色开始显现。其代表为晋侯墓地出土的青铜器。

晋侯墓地青铜器在纹饰上，繁缛与简约并行，除西周常见的几何形的波曲纹、重环纹、垂麟纹外，还有变形龙纹、兽面纹占相当数量。在为

曲沃北赵晋侯墓出土青铜晋侯断壶

壶盖内铭文中出现晋献侯“断”的名字，这是晋侯墓地中唯一能与《史记·晋世家》记载姓名相吻合的一位晋侯。

数众多的铜器中，有铭器物相当丰富。这些珍贵的铭文，具有证经补史之作用。其中有六位未见诸史册的晋侯名字，一批有研究价值的西周人名，多种前所少见的时历，特别是晋侯苏钟，记载了周厉王三十三年，晋侯苏率部参与厉王亲自指挥的征讨东夷的战争，以及西周时期晋国辅佐周室、勤王图强的史实。晋侯墓地的青铜器也表现出晋国夏夷相融的文化习俗。其中以其特立独出的鸟兽形青铜器最有代表性。如立鸟尊，器身为高冠回首凤鸟形，背盖上有小的立鸟形盖钮，尾部呈象鼻状下弯，与双足构成了三点支撑。

春秋中晚期和战国早期，是晋国繁荣鼎盛和三晋初露锋芒的时期，也是晋系青铜器发展的鼎盛阶段。这一时期的晋系青铜器无论是从形制、纹饰还是铸造工艺等各个方面都成为春秋青铜器发展的典范。在装饰题材方面，各种神化动物都一扫以往的神秘感和恐怖感，显得有血有肉，活灵活现。其中活力四射的群龙或群凤飞腾纠结的造型，是春秋战国之际晋系青铜器的典型艺术风格。晋系青铜器上的龙凤神化动物的身躯都像蟒蛇一样呈阔带状，被称为“宽身动物纹”。其中多体式饕餮吞噬其他动物的造型仅见于晋国青铜器，是春秋晚期和战国早期晋国铜器上最具特色的纹样，它多用复层浮雕式技法加以雕琢，极富动态感和韵律感。晋式夔龙各式各样，且以写实为主，突破了呆板的模式，极富生

侯马晋国遗址出土凤鸟陶模、饕餮纹钟舞模

曲沃出土晋侯温鼎

曲沃出土饕餮纹尊

气和动感，它是中国龙形象由低级向高级、由抽象向写实发展道路上重要的里程碑。

在各种写实动物也以极为生动传神的造型间或出现的同时，一向少见的人物形象也纷纷闪亮登场。现存于世的东周动物纹形铜尊（又称鸟兽尊），绝大多数为晋制，其制作格外精美。写实动物相搏相食造型为晋以外列国所罕见，却与北方草原青铜器造型有许多相似之处。长治分水岭出土一件战国前期的铜质琴轸钥，其上装饰一只非常写实的山羊，同类器物在美国私家收藏中也有一件，只是羊身上有一个“深目高鼻”的大胡子人头。这些都说明，山西地区的北方草原民族为中华民族注入了活力与生命，它所带来的欧亚大陆北方草原民族文化和各种信息，在中西文化交流上发挥了重要的作用。除了图像纹人物外，晋国铜器上还有不少圆雕人物，其原型来自社会各个阶层。他们的登场破除了魑魅魍魉长期霸占中国青铜艺术的局面，在中国艺术发展史上具有划时代的意义。①

精美绝伦的晋系青铜器是晋国手工业发展水平的集中体现。侯马铸铜遗址就向我们展示了春秋晚期晋系青铜器铸造的繁荣场面。这是

①李夏廷：《晋国青铜器艺术》，山西春秋电子音像出版社，2005年。

当时世界上最大的青铜冶铸工场。这一铸铜遗址位于山西侯马晋国遗址牛村古城之南，是东周时期晋国铸造青铜器的手工作坊。遗址内发现的遗迹和遗物众多。遗迹包括居住址、窖穴、水井、道路、陶窑、熔铜炉、墓葬等，分布非常密集。出土遗物包括日常生活用的鼎、釜、豆、壶、罐、瓮等陶器和社会生产用的各种骨、石、铜、蚌制的各类工具。这些遗物大多与铸铜手工业有关。其中陶范的数量最多，达 5 万余块。有 1000 余块陶范可辨认器形，成组配套能复原的器形有 100 余套，包含了礼器、乐器、工具、兵器、车马器、装饰品和货币等。

侯马铸铜遗址不仅铸造当时高级的礼乐器，而且同时铸造青铜农具和其他生产生活用具，甚至兵器、钱币，且数量巨大。这表明，伴随着生产技术的进步，大量的青铜原料不仅用来铸造礼乐器，也开始向铸造用于商品交换的生产、生活用具转变。其中大量空首布的铸造，也反映出当时的商业非常发达。

晋国文化的遗产：寒食节与“赵氏孤儿”

春秋时期，诸侯竞起，相互交攻。虽说春秋无义战，但忠心爱国、忠义为本的思想在这一时期的晋人中不断得到彰显。

在中华民族的传统节日中，清明节是备受重视的一个节日。它的前身叫寒食节，又叫“禁烟节”，源于晋国时期一个凄婉的故事。春秋时期，晋国发生骊姬之乱，晋公子重耳出奔，在外流亡十九年。介子推随重耳过卫国，出五鹿，饥寒交迫，乞食于野。在曹国，遭到曹共公及夫人的羞辱。后来，重耳太过饥饿，不能走路，但又咽不下野菜。此时，介子推坚信天不绝晋，毅然割下自己股上之肉，给重耳煮汤。主仆在外流亡期间，尝尽人情冷暖。同时在流亡过程中，介子推也发现同伴中有的人喜欢逢场作戏，有的人喜欢邀功献媚，甚至有的人在归国途中就要挟公子重耳。他不愿回国之后与这伙贪天之功者为伍，打定主意回国后过退隐的生

介休绵山介子推塑像

活。重耳即位后，大封重臣，介子推却与母亲到绵山归隐。有人为他鸣不平，晋文公便访寻介子推到绵上，为逼介子推母子出山而放火烧山。没想到介子推与母亲初衷不改，抱树而死。文公追悔莫及，将绵上田封为介推田。后来，晋文公为悼念介子推，禁止国人在其死日生火煮食，只准吃冷食。以后相沿成俗，将此日定为“寒食禁火节”。

其实，寒食节起源于远古人类对火神的崇拜，由来已久。但是，史料典籍多记载说寒食节是专为介子推所设。到隋唐以后，寒食习俗基本固定在清明期间。久而久之，寒食节的名称逐渐被清明节代替。

介子推虽为春秋晋国的普通大夫，然国人却将之视为偶像，用一座山（绵山）、一个县（介休）、一个传统节日来铭记他。庄子对其有“介子推至忠”之说，屈子有“因缟素而哭”之祭，孔子有“不援上”“不忘亲”“贤不遇时”之叹，曹孟德有“闻介子推避晋封，未尝不舍书而叹”之赞等等。介

盂县藏山藏孤胜境

子推忠、清、孝、烈的精神，已经融入了中华民族的血液当中。

“赵氏孤儿”是中华民族另一个流传千年的忠义故事。据《左传》《史记》等文献记载，赵盾任执政卿时，权力很大。晋灵公想杀死他，却被赵穿所杀。赵盾死后，赵朔袭职辅佐晋景公。屠岸贾以“灵公之难”为由发动对赵氏的攻击，杀死赵朔，并且尽灭其族。在这场大灾难中，赵朔已怀孕的夫人侥幸活了下来。为保护赵氏血脉，程婴与公孙杵臼设计用自己的孩子换取了赵氏孤儿赵武的性命，并历经千辛万苦将赵武养大。赵武最终复兴赵氏。元时，纪君祥将程婴保存赵孤的忠义故事写成了著名的杂剧《赵氏孤儿》。他肯定了为正义而自我牺牲和向邪恶势力复仇的精神，借以表达在元灭宋的历史条件下，广大人民群众在元初的现实情怀——对爱国者的怀念、信赖和崇敬之情，以及驱除元朝统治者、恢复河山的坚定信念。可以说《赵氏孤儿》对于抒发民族情绪、激励民族意识、弘扬爱国精神意义重大。

赵氏孤儿的故事在欧洲产生了非常重大的影响。17 世纪至 18 世纪初，欧洲剧场里的“中国戏”流行不衰。1735 年，元杂剧《赵氏孤儿》由法国传教士马若瑟翻译的法译本刊行后，又被翻译成英、德、意、俄等几种语言，在欧洲广为流传，被很多人改编排演。法国启蒙思想家伏尔泰也将其改编为五幕剧本，将剧名改成《中国孤儿》，于1755年8月开始在巴黎各家剧院上演，盛况空前，被赞为“来自东方之神”。

《赵氏孤儿》以悲剧的形式表现了正义胜利的来之不易，极为典型生动地反映了中华民族尚忠义、重然诺的民族精神。这是晋文化对中华民族传统文化在精神领域的重大贡献，同时更是中华传统文化对世界文明的特殊影响和杰出贡献。

六卿专政与赵简子铸刑鼎、营建晋阳

晋国是最早打破宗法制的诸侯国。宗法制被打破，使得公室的力量削弱。晋国的国君大量起用异姓贵族，为他们登上政治舞台并主导晋国政治的发展奠定了基础。

晋献公灭公族之后，晋国的公室庶支力量薄弱，而异姓贵族的力量却越来越强大。晋文公在城濮之战前始作三军，设立六卿。三军的将佐，均为卿，故合称六卿。当时的六卿（即三军将佐）以掌控军队将领的身份产生，其职能主要局限于军事方面，还没有掌握行政权，尚未进入晋国政治权力的核心。

赵盾为政时，六卿开始进入晋国的权力中心。六卿之首的赵盾已经掌握了立法、刑狱、财务、人事等重要权力，成为决策者。而太师、太傅等职则下降到执行者的行列。到晋灵公十四年（前607），赵盾弑灵公，派赵穿迎立公子黑臀为成公。从此晋国卿大夫执政制度得以正式确立。

在晋公室和卿大夫三十多年的斗争中，有两个国君死于非命，卿大夫中狐、箕、伯、先、郤五家彻底灭亡，赵氏仅存赵武一脉，胥氏几乎沦亡，董、籍两家降为庶民。晋平公即位时，原先的公室旧族只剩栾、祁、羊舌氏三支。能列入卿位的只有栾氏一家。但是栾氏继承人骄横暴虐，树

毡帐顶

匏壶

夔凤纹罍

高柄小方壶

虎形灶

太原金胜村赵卿墓出土青铜器

太原金胜村赵卿墓出土青铜鸟尊

古晋阳城为晋国六卿之一的赵氏所建。晋阳优越的条件支撑着赵家从晋国的卿大夫走向战国七雄，成就了一方霸业。往事越千年，古城已成废墟。1988 年在晋阳古城遗址区内的金胜村发现的赵卿大墓，让世人清晰地看到了当年赵氏的显赫，印证了那段历史的辉煌。

太原金胜村赵卿墓出土编镈

敌甚多。不久，栾氏之族被灭，晋国大的卿族还剩下六家，即范氏、中行氏、智氏、韩氏、赵氏、魏氏。此后，晋国的执政卿完全被六家垄断，开启了六卿专政的历史。当时，晋公室对六卿家族已无力约束。

六卿之间为了相互约束，一方面是相互盟誓，另一方面是公布成文法，并铸于铜鼎。公元前 513 年，赵简子和荀寅把“范宣子刑书”铸在铜鼎上，公之于众。其核心是倡导“法治”，以法作为社会的行为规范，具有明显的进步意义。这部刑书是晋国法制史上第一部从国家总法中分离出来的刑事法规。赵简子铸刑鼎，将罪与非罪的标准明确公示，等于否定了以前的秘密法的形式，体现了社会进步的要求，有利于法律在全社会范围内得到贯彻，直接影响了法家学派思想的形成。此外，六卿还不断地通过相互盟誓的形式缓和矛盾。

但是，由于利益冲突日烈，六卿之间的兼并战争不可避免。为此，他们纷纷建立自己的根据地。尽管当时赵氏的领地范围最大，但是赵简子为巩固赵氏实力，于公元前 6 世纪末先后令尹铎、董安于修建晋阳城，将其建为赵氏家族的战略“保障”。晋阳城城址选在今太原市南郊的古城营一带，西依龙山，地形险要，而且地处晋国北部，远离晋都核心区。当时赵氏的领地皆在晋南豫北、冀西南一带，只有晋阳处于晋中，远离

其最大的敌人智氏。尹铎和董安于到晋阳后，严格按赵简子之托办事，把晋阳城建得城高墙厚，固若金汤。除了营建坚固的城墙外，赵氏更将笼络人心放在首位。当时负责修建晋阳城的尹铎曾请示赵简子："你准备把晋阳作为提供赋税的城呢，还是要作为自我保护的屏障？"赵简子很肯定地表示："要建成自我保护的屏障。"尹铎立即裁减各户的税赋以争取民心。赵简子还告诫自己的儿子说："晋国如果有了祸难，你不要认为尹铎年轻，不要嫌晋阳路远，一定要到那里避难。"

公元前 497 年，赵简子与赵氏另一支邯郸午（即赵午）因卫国 500 家奴隶归属问题而关系破裂。当年 6 月，赵简子（鞅）作为执政的正卿，命令上军司马围攻邯郸。作为上军将佐的范氏和中行氏拒绝出兵，与邯郸赵氏联合围攻赵简子官邸。赵简子不得已到晋阳避难，并且以此为基地静观时变。一年后，赵简子在韩、魏、智诸卿支持下，返回晋都。公元前 493 年，赵简子取得了与邯郸午战争的胜利。之后，范氏和中行氏被灭。晋阳在此次战争中发挥了重要作用，成为赵氏发展最为稳固的战略基地和大本营，并且成为赵氏联络韩、魏消灭智氏，最终实现三家分晋的依托。这也充分显示了赵简子长远的战略眼光。

最早的诗歌与《诗经》中的晋

在古代文学作品中，最早涉及晋地人民社会生活的当推《击壤歌》与《南风歌》。然而能全面展现当时社会风貌的则是其后《诗经》中的《唐风》与《魏风》。

《诗经》是我国第一部诗歌总集，具有极高的艺术价值，对后世产生了重大影响。《诗经》的内容反映了周朝社会生活的各个方面，堪称周时的百科全书，同时也是反映当时晋地社会文化的一部真实史料。而在"十五国风"里，晋地就占有其二，成为后世考察西周到春秋时期晋文化风采，探寻晋人生活最早、最有力的依据。其中《唐风》和《魏风》19 篇不仅反映了唐国和魏国的政治经济状况和民生、民情、民风，更保留了唐国和魏国独特的历史文化风貌。

《诗经》中的《魏风》之“魏”并非三家分晋后的魏国，而是在西周就已受封立国的魏国，在今山西芮城县境。唐，帝尧旧都，在《禹贡》冀州之域。周成王以唐地封弟叔虞，史称唐叔虞，后因南有晋水，改国号曰晋。“唐风”产生的地域，大约在今山西省晋南地区。

《诗经》中的《唐风》《魏风》，很多内容涉及三晋名物及晋人的生存状态，透露出晋地的自然生态状况。其最突出的特点是贴近生活，表现了以晋地为代表的周时期的社会风情。“风”是在民间流传的歌谣，更能表达当时人们的生活与愿望。《魏风》开篇的《葛履》是最古老的一篇缝衣曲，描写了缝衣女工之辛劳，寄托了她们的无限惆怅。在男耕女织的古代社会，采桑养蚕是女性生活的重要内容，又是女性走上田野、展示风采的时机。《十亩之间》就是一首采桑者之歌。歌中唱道：“十亩之间兮，桑者闲闲兮，行与子还兮。”妇女采桑，且劳且歌，其乐融融。在《汾沮洳》中，也有对妇女采桑的描写，“彼汾一方，言采其桑”。通过对采桑的多方叙说，表现了她们热爱劳动、热爱生活的传统美德。类似的劳动场景还有像“坎坎伐檀兮，置之河之干兮，河水清且涟漪”的伐木歌等等。

《魏风》和《唐风》所描述的多是劳动和生活场景，但其中也透露出社会的不公与黑暗，表现了劳动者的勤俭淳朴和对美好生活的向往。《园有桃》：“心之忧矣，我歌且谣。”“心之忧之，其谁知之。”“心之忧之，聊以行国。”体现了“知识阶层”对自身生活状况的不满和对社会前景的担忧。《伐檀》中寓骂于笑的忍耐乐观，《硕鼠》里愤怒呼喊之中还要“适彼乐土”的殷殷期盼均表达了一种人生追求。《鸨羽》大呼“悠悠苍天，曷其有极”，反映出人们勇于突破束缚、向权威挑战的思想。《唐风》和《魏风》中还有一些作品描写美好的田园风光，表现人们对生活的热爱和对劳动的赞美，有的则歌颂爱情、婚姻和家庭，如《十亩之间》《椒聊》《绸缪》《无衣》等。

《诗经》中的《唐风》《魏风》不仅是我们了解先秦时期三晋地区社会生活、物产风貌的重要典籍，更是中国古代诗歌中最具有代表性的光辉篇章。其现实主义的创作思想，大量运用赋、比、兴的表现手法，大胆清丽的语言风格等开创了中国诗歌发展的独特道路。

第三章

三家分晋 揭开历史新篇章

（战国时期）

概述

春秋末期，晋国国君的权力衰落，实权由韩、赵、魏、智、范、中行六家大夫及郤、栾等大家族把持。他们各有各的地盘和武装，相互攻伐，郤、栾、范、中行等相继败落，剩下智、赵、韩、魏四家。其中以智氏的势力最大。专擅晋国国政的智伯瑶想侵占其他三家的土地，以公家的名义向韩康子和魏桓子索得土地，而赵襄子则坚决抵制。于是智伯瑶胁迫韩、魏两家于公元前 455 年发兵攻打赵氏。赵襄子退守晋阳（今山西太原市西南），三家联军围困晋阳两年不能得手。于是智伯想出水淹晋阳的主意。危急中赵襄子派遣张孟谈乘夜潜出城外，会见韩康子和魏桓子，用唇亡齿寒的道理说服韩、魏两家暗中倒戈，放水倒灌智伯军营，大破智伯军，擒杀智伯瑶。三家乘胜进击，尽灭智氏宗族，瓜分其土地，为日后“三家分晋”奠定了坚实的基础。前 438 年，晋哀公死，晋幽公即位。韩、赵、魏瓜分晋国剩余土地，只有绛与曲沃两地留给晋幽公。前 403 年，周王室正式承认韩、赵、魏三家为诸侯，史称“三家分晋”，中国历史进入战国时代。

三家分晋后，韩、赵、魏各自对本国的领土进行了有效的扩张。

魏占领了今山西的西南部、陕西东边沿河一带及山东的东南部、黄河以南一部分土地,都城在安邑(今山西夏县西北)。魏惠王时,为了向中原发展,迁都大梁(今河南开封)。韩占领了今山西省的东南部和河南省的中部以及山西南部。它的疆土与魏交错,初都平阳(今山西临汾西南),到公元前 375 年韩灭郑后,又迁都于郑(今河南新郑)。赵在韩、魏的西北,与林胡、楼烦等游牧部落接壤,另外还有一部分土地位于山东东南部,与燕、中山和齐接壤。先都于晋阳(今山西太原),后来迁于邯郸(今河北邯郸)。

从疆域分割上看,战国时期,韩、魏、赵三国之间的界限并不是整齐划一、十分清楚的。他们是"你中有我,我中有你"。但从"三晋"这一宏观层面上看,当时三国领土约占了全国的四分之一强, 面积相当于今天四个山西省, 地域包括今山西省全省、河北省西南部、河南省大部、陕西省北部和中东部、山东省西部、安徽西北部及内蒙古中南部的广大地域。可见,鼎盛时期的韩、赵、魏三国,无论从疆域上、军事上还是政治影响力上,在战国七雄中都具有极为重要的位置。

三晋诸国在魏国的带动下,先后展开轰轰烈烈的变法革新运动。如魏国的李悝变法、韩国的申不害改革以及赵武灵王推行的胡服骑射。一系列的改革在推动三晋地区历史进步的同时,对秦、楚及齐国的发展也起到了积极的引领和带动作用。变法不仅在政治上加快了各国的封建化进程,而且为当时的经济、军事、思想、文化等各方面的发展提供了舞台。而无论思想上的演进、政治上的变革,还是经济上的发展等,在《诗经》等各种典籍中都体现得淋漓尽致。由于这一时期思想勃发,三晋地区人才辈出,涌现出一大批社会精英,如以子夏、荀子和韩非为代表的思想家;以李悝、申不害为代表的政治改革家;以苏秦、张仪等为代表的纵横家;以吴起、尉缭为代表的兵家,及以猗顿为代表的商界奇才等等。他们纵横捭阖、革新进取,加快了三晋地区文明进程的步伐。

到战国后期,三晋国家政治环境逐渐恶化,人才大量外流,致使"楚才晋用"的盛世不再。而秦国经过商鞅变法后社会经济得到迅速发展,国力逐渐强大。在秦灭六国的进程中,长平之战具有决定性意义。这一战役是我国历史上最早、规模最大的包围歼灭战,使赵国遭受了毁灭性打击,令秦国国力大幅度超越于同时代各国,极大地加速了秦统一中国的进程。公元前 221 年,秦国灭掉六国中最后一个国家齐国,建立了中国历史上第一个多民族的中央集权国家,把中国推向大一统时代,为建立专制主义中央集权制度开创了新局面。

韩赵魏三家分晋的划时代意义

晋文公掌政时，晋国朝中的卿大夫已有不轨之心。虽然晋文公在改革施政中刻意扶持一些姬姓旧族以牵制他们，但收效甚微。文公去世后，卿大夫间的斗争更为激烈。从公元前557年晋平公即位，到公元前453年这百余年间，是从六卿专政到三家分晋的过渡时期。其前期为六卿轮流执政时期。此时他们的力量大致相当，维持着一种相对均衡的政治局面。但是各自在暗中都加紧增强经济军事实力，建设牢固的根据地，为下一步更大的兼并做准备。后期则是六卿兼并的高潮。其结果是韩、赵、魏三家分晋。

第一次极为重要的六卿之间的兼并战争，以范氏、中行氏和邯郸赵午为一方，以赵氏、韩氏、魏氏与智氏为另一方。双方的攻伐进行了六七年，一直到公元前490年，赵鞅率大军全力反攻，范氏和中行氏被灭，战争结束。从此赵鞅（赵简子）"名为晋卿，实专晋权，奉邑侔于诸侯"（《史记·赵世家》）。

从公元前490年范氏和中行氏被灭到公元前458年智瑶代赵鞅为政，此间的30多年四卿维持了一种相对均衡的局面。智瑶掌政不久，便灭了晋东戎狄仇由国（今盂县东北），并向河北定县一带拓展势力范围。公元前458年，赵襄子灭代。公元前454年，智瑶伙同韩虔、魏驹、赵无恤瓜分了30多年前范氏和中行氏的全部封邑，引起晋出公的强烈不满，欲借齐、鲁之师驱逐四卿。于是四卿联合起来围攻晋出公，出公匆忙逃往齐国，却半路身亡。智瑶另立晋昭公的曾孙姬骄为国君，是为晋哀公。此时，智瑶借机向韩、赵、魏三家索取领地。韩、魏都惧怕智氏，割地给智瑶，只有赵襄子拒绝。于是，智瑶联合韩、魏进攻赵氏，赵襄子奔保晋阳，从而揭开了晋卿第二次极为重要的兼并战争。

智瑶率韩、魏联军追至晋阳，连续三个月攻城不下，就引汾水淹晋

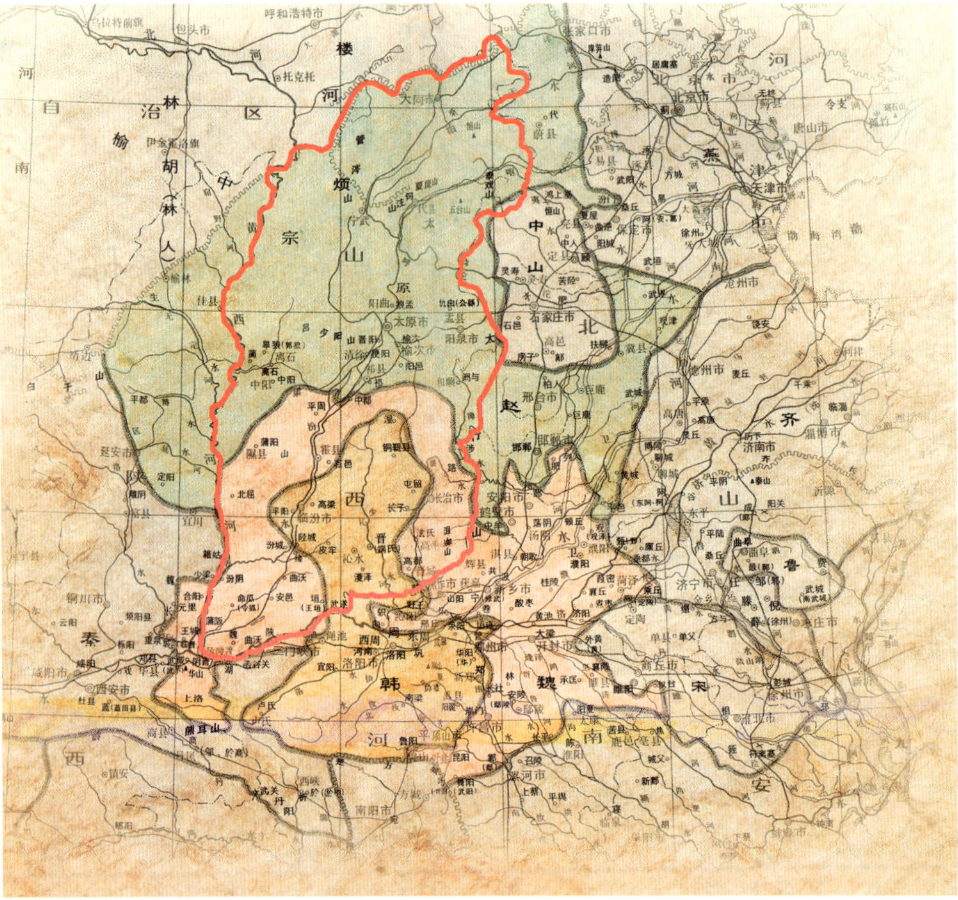

韩赵魏形势图

阳。“城不浸者三版。城中悬釜而炊，易子而食”(《史记·赵世家》)，危在旦夕。赵氏谋臣张孟谈冒着生命危险去见韩康子、魏桓子，向其陈述利害。终于使韩、魏倒戈，引晋水反灌智伯之师，并趁乱从侧翼袭击，赵襄子率晋阳之师从正面攻击。智军大溃。韩、赵、魏联军遂擒杀智伯，并尽分其邑。至此，晋公室已是名存实亡，晋国大部分领土为韩、赵、魏三家所有。公元前 403 年，周威烈王正式承认三家的诸侯地位，晋国最后一位国君晋静公被废为庶人，史称“三家分晋”。

春秋五霸之一的晋国灭亡了，继之是韩、赵、魏三国的雄起。霸权政治结束，兼并的序幕得以开启。“三家分晋”作为春秋与战国时代的分界点，具有划时代意义，它是当时社会发生翻天覆地变化的标志。首先，在政治上新兴地主阶级要求建立和强化集权专制统治，废除世卿世禄，选贤举能，奖励军功，实行俸禄制，由君主贵族联合执政变为中央集权制；其次，在经济上，新的生产关系产生，土地私有得以确立，出现了新兴的地主阶级和自耕农；再次，军事上以富国强兵为改革动力，积极推行军事改革，发展军事力量；第四，文化上，法家学说成为各国推行变法运动的思想理论武器，促使思想领域出现“百家争鸣”的新局面。社会、政治、经济、军事、文化的大发展为日后“大一统”的到来准备了条件。

三晋变法推动历史进步

战国时期，群雄逐鹿，相互攻伐，兼并愈演愈烈。为了富国强兵，在乱世中立于不败之地，各国纷纷兴起变法运动。而三晋地区的变法极为重要，特别是将“法”的思想贯穿到了整个变革当中。

关于三晋的立法，可追溯到西周初年“启以夏政，疆以戎索”的叔虞之法。此后又出现了士蔿之法、被庐之法、夷蒐之法等。公元前513年，赵鞅、荀寅在修筑城池的时候，将范宣子所作的刑书铸在了铜鼎之上，并将其公布于众。由此可见，三晋立法传统久远，也为三家分晋后各国的立法和变法奠定了基础。

三晋法家，是战国时期一个集农家、兵家、纵横家于一身的思想流派。它以富国强兵为目的，以通过一定的规范和秩序经世致用为思想核心。从某种意义上来说，法家代表了当时希望通过各种

赵卿墓出土春秋盖鼎

李悝塑像

手段达到富国强兵的政治家们的思想，实用性是其最大的特点。

公元前445年，魏文侯即位，任用法家李悝为相，在魏国进行变法。李悝是战国初期法家的代表人物。其变法的内容主要包括“尽地力之教”、平籴法及《法经》等。“尽地力之教”是李悝为魏文侯制定的促进农业发展的政策和规定。他要求农民在播种的时候必须同时杂种五谷，强调要督促农民及时耕耘、除草、收获。同时，还主张在住宅周围广种桑麻，增加农副产品收入。主张实行不违农时、与民休息的政策，保护农业生产。平籴法则是国家宏观调控粮价的办法。主要是收成好时，国家大量买进粮食作为储备，遭受灾害农业歉收时，国家以平价卖出粮食，防止奸商哄抬物价，从而稳定社会。李悝颁布的《法经》包括《盗法》《贼法》《囚法》《捕法》《杂法》和《具法》六篇，从法律上把农民牢固束缚在某一块土地上，不准随意迁徙，更不允许逃亡。这在政治上打破了世卿世禄的旧体制，又用法律保护了地主阶级的新体制。在魏文侯的支持下，法家吴起和西门豹还分别在军事和移风易俗方面进行了比较成功的改革。

与魏文侯同时的赵烈侯也在赵国任用法家公仲连为相，推行类似魏国的一系列变法活动。公仲连推行奖励农耕、重赏军功、把爵位与军功相联系的改革措施，并且推荐名士——儒家牛富、法家荀欣和徐越给赵烈侯，赵国走上了以儒法结合来治理国家的道路。百年之后，赵武灵王又一次进行了改革，在军事方面实行胡服骑射，组建更加强大的骑兵，实现了赵国国威的重振。

公元前355年，韩昭侯任用申不害为相，在韩国实行变法。首先是削弱强族，收回其特权，摧毁其城堡，清理其府库，由此国库充盈。其次是整顿吏治，对官吏加强考核和监督，见功而与赏，因能而授官，有效提高了国家政权的行政效率。随后，又整肃军队，将贵族私家亲兵收编为国家军队，进行严酷的军事训练，使韩军的战斗力大为提高。申不害相韩十五年，“内修政教，外应诸侯”，以“术”治吏，使韩国君主专制得到加

强，贵族特权受到限制，国内政局稳定，百姓生活渐趋富裕。

三晋的变法使各国国力增强。但因变革的深度与广度不同，其成效也大不相同。魏国的变法最为彻底，深入到社会经济基础，成效最为显著。战国初期，魏国率先独霸中原。文侯、武侯甚至惠王时期，魏国一直称雄于天下。韩、赵两国的改革仅限于浅表局部层面，特别是在改变社会经济结构和提高生产力水平方面稍逊一筹，其国力就不可能得到特别显著的加强。“三晋变法”作为战国时期的光辉篇章，不仅引领了时代的进步，而且在各国的改革过程中展现了积极的价值内涵，成为中华民族不断进步的重要思想基础。

赵武灵王“胡服骑射”及其历史意义

战国前期，赵国地处戎狄与华夏民族交汇处的北方，其有效控制的疆域限于今河北中南部和山西北部，在战国七雄中力量偏弱。

赵武灵王（约前 340—前 295），名雍，“三家分晋”后赵国的第六代国君。其在位时，由于军事力量较弱，备受林胡、中山等游牧民族的欺凌。发展军备、提高军队战斗力就成为赵国改革的首选之策。春秋至战国前期，战车是军队主力，其冲击力和速度超过步兵。但因受道路的限制，与胡人的骑兵相比较，机动性较差。同时，华夏民族的传统服装是长袍宽袖，与胡人穿短衣

灵丘赵武灵王塑像

灵丘赵武灵王墓

长裤相比,不便于骑马射箭。赵武灵王决心改变军制,实行由车战向骑战的转变。公元前 307 年,赵武灵王下达易服令,让男人改穿胡人式的紧袖短衣和长裤,选择靠近河套的草原训练骑兵,并让国内作坊制作马具,聘请擅长骑射的胡人充当教练,推广了养马、制革、设兽医和筹办草料等完整配套的制度,很快训练出一万名装备精良、射术高超的骑兵,建立起华夏民族最早的骑兵部队。

赵武灵王"胡服骑射"不仅在战国七雄中开军事变革之先河,而且推动了中原农耕文明的发展和北移。赵军灭中山国后,又南抑魏齐,北逐三胡,开疆千里,设置云中、雁门、代郡三个新的行政区,管辖范围到达今河套地区,奠定了雁北和河套一带农业开发的根基。此外,还占领了如今的陕北一带,对秦都咸阳构成直接威胁。赵国新建骑兵在战争中显示出巨大的优越性,很快刺激了其他列国也发展这一全新兵种,使骑兵这一灵活的新兵种取代了笨重的车兵。中国古代战争的兵种从此有了根本性变化。马拉战车就此在战场上被淘汰而改为运输工具,中国军事史进入了骑兵起决定作用的新时代。胡服骑射的实行,不仅使华夏民族建立起能够同匈奴相抗衡的骑兵, 在社会上也培养起彪悍骁勇的尚武风气。也正因此,汉武帝时代才能创造出世界军事史上农耕民族以骑兵击败游牧民族的奇迹。

合纵连横中的三晋纵横家

战国中期，随着秦国国力增强，齐、秦成为当时最为强大的两国，二者彼此东西对峙，互相争取盟国，以图击败对方。韩、赵、魏、燕、楚五国也不甘示弱，与齐、秦两国时而对抗，时而联合。大国间冲突加剧，外交活动也更为频繁。于是各大国之间在军事和外交方面出现了合纵和连横运动。

最初，合纵与连横变化无常。合纵就是“合众弱以攻一强”，在战国中期，主要是南北纵列的国家联合起来，共同对付强国，阻止齐、秦两国兼并弱国；连横即“事一强以攻众弱”，就是秦或齐拉拢一些国家，共同进攻另外一些国家。合纵的目的在于联合许多弱国抵抗一个强国，以防止强国的兼并。连横的目的在于侍奉一个强国为靠山从而进攻另外一些弱国，达到兼并和扩展土地的目的。

随着合纵和连横运动的展开，风云际会，纵横家们纷纷亮相。他们鼓吹依靠合纵、连横的活动来建功立业。纵横家虽然重视依靠外力，不像法家中的改革家那样从改革政治、经济和谋求富国强兵入手，但他们的目的与法家的致用思想殊途同归。据统计，当时三晋纵横家有 72 位之多，占当时纵横家总数的六成以上。《史记》太史公曰：“三晋多权变之士，夫言纵横强秦者，大抵皆三晋之人也。”像后世影响巨大的张仪、公孙衍和苏秦等几位纵横家，多为三晋人士，或与三晋渊源极深。公孙衍和苏秦以主张合纵闻名，张仪以主张连横闻名。

河南淇县鬼谷子塑像

苏秦，字季子，生年不详，卒于公元前

张仪画像

284 年，东周洛邑（今河南洛阳）人，师从鬼谷子，先后出游燕、赵、韩、魏、齐、楚等国，以合纵之策使六国达成联盟，曾任六国国相，佩六国相印。公孙衍，魏之阴晋（今陕西华阴东）人，曾仕魏，任犀首一职；入秦国为官，拜大良造。张仪，魏国安邑（今山西夏县西北）人，魏国贵族后裔。公孙衍与张仪在政治上是真正的对手。当张仪入秦推行连横策略不久，公孙衍就离开秦国入魏为将，拉拢别国，与魏国等一起联合出击。

战国中期的合纵连横，从地域上看，当时那些弱国以三晋为主，北连燕，南连楚为纵；东连齐或西连秦为横。随着兼并战争形势的变化，合纵连横的具体内容也相应有了一些变化和发展。战国后期，秦赵抗衡局面明朗，秦数次攻魏皆因赵国相助，未能如愿。公元前 269 年，秦军进攻赵的阏与（今晋中和顺），为赵奢所败。秦东进的势头放缓。直到公元前 262 年秦赵长平之战，赵国因用人不当而一败涂地。秦国击败了其他诸侯国中最为强大的赵国，使赵国从此一蹶不振，整个战略格局发生了转变。

长平之战后，秦乘势急攻赵，直达邯郸，幸得魏国相助，赵国方得幸存。邯郸之战后，各国合纵抗秦的局势形成，但是这种联盟并不牢固。公元前 242 年，秦国的东部边界延伸到齐国，并在东部设东郡。公元前 238 年，秦国再次大举攻打魏国，使自己的东部疆域进一步扩大。至此，秦国东郡东北与燕国相接，东与齐相接，北面包围了赵，南面包围了韩、魏。对山东各国形成分割包围之势。合纵连横终结。公元前 221 年，秦灭六国完成了统一大业。

猗顿与战国时代工商业的发展

猗顿，战国时著名的手工业者和商人，原籍鲁国。他在生计艰难时，听到范蠡弃官经商很快致富的消息，便“往而问术”。范蠡告诉他：“子欲速富，当畜五牸（母畜）。”猗顿千里迢迢来到西河（今晋南一带），在猗氏（今运城临猗境）南部大畜牛羊，规模日渐扩大。“十年之间，其息不可计，赀拟王公，驰名天下。”因起家于猗氏，遂号猗顿，成为与陶朱公范蠡齐名的巨富。猗顿在贩卖牛羊时，注意到猗氏之南的河东池盐，便用牲畜驮运一些池盐，连同牲畜一起卖掉。在靠畜牧积累了雄厚的资本后，猗顿便着意开发河东池盐，从事池盐生产和贸易，成为一个手工业者兼商人。据说，猗顿为了更加有效地经营池盐，加快贩运速度，还试行改变驴驮车运的落后的运输方式。他开凿了山西地区第一条人工运河，采取舟运。据乾隆《临晋县志》记载，这条运河从河东盐池起至蒲坂（今运城永济市）之孟明桥入黄河，全长百里左右。在经营池盐的同时，猗顿还兼做珠宝生意，并积累了相当丰富的经验。《尸子·治天下篇》说：“智之道，莫如因贤。譬之相马而借伯乐也，相玉而借猗顿也，亦必不过矣。”《淮南

临猗县猗顿塑像

子·氾论训》也说："玉工眩玉之似碧卢（一种美玉）者，唯猗顿不失其情。"这些史料虽未直接记载猗顿如何做珠宝生意，但从一个侧面透露出他对珠宝有着相当高的鉴赏能力，是一个经验丰富的珠宝商。

猗顿通过多方经营，终成倾国巨富，在当时影响很大。特别是他对山西南部地区的畜牧业和河东池盐的开发都起了非常重要的作用，在中国商业发展史上占有重要的地位。猗顿是山西地区最早见于史载的畜牧业主和大商人，是中国经济史上十分重要的人物。

长平之战改变了历史演进的方向

长平之战是战国时期发生在秦赵之间的一场大规模战役，前后持续了 3 年，最终以秦胜赵败而终。从此，其他的诸侯国都无力与秦军抗衡。可以说，长平之战改变了历史发展的方向，是中国走向秦汉大一统的一个关键转折点。

高平长平之战尸骨坑

秦要统一六国，首先就要扫除三晋，打通东进的道路。赵孝成王四年（前 262），秦军攻伐韩国野王，将韩国拦腰截为两段。韩国上党太守冯亭献上党之地与赵，意在转移秦军锋芒，促成赵、韩携手，联合起来共同抵御强大的

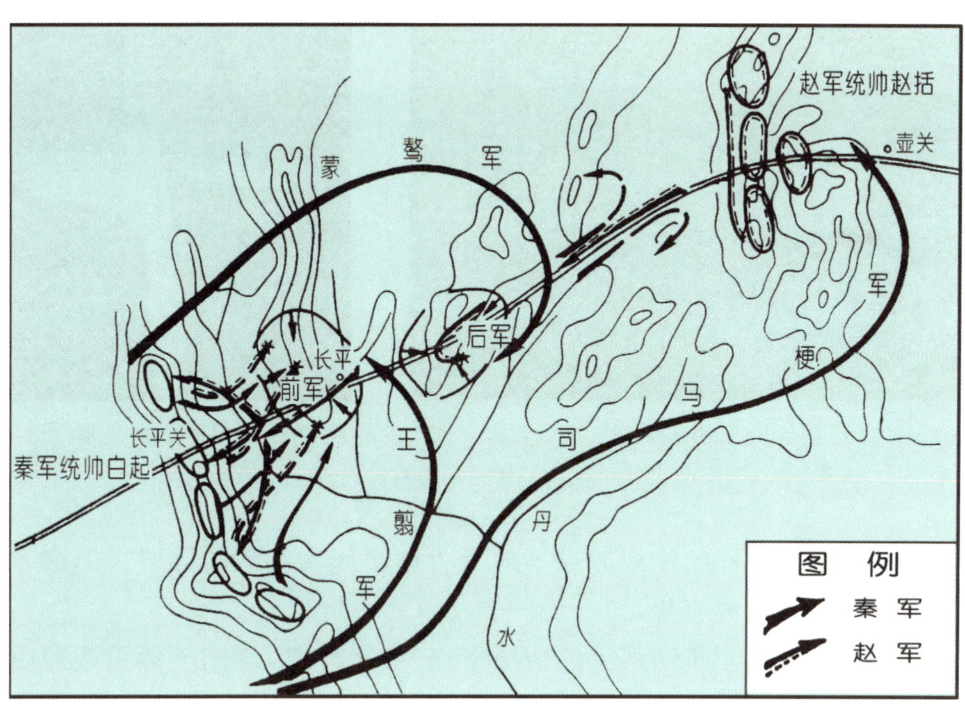

长平之战示意图

秦国。

秦君命左庶长王龁率军进攻上党。赵国命大将廉颇率军赴援，与秦军相持于长平。由于老将廉颇作战英勇，经验丰富且善于用兵，秦军一时不能取得实质性进展。秦国为了打破双方对峙的局面，使用了离间计，终于借赵王之手，把廉颇从赵军主帅的位置上拉了下来，命赵括为赵军主帅。赵括缺乏实战经验，只善“纸上谈兵”。他上任后，一反廉颇所为，更换将佐，改变廉颇的战略防御方针，积极筹划进攻，企图一战而胜。赵括的所作所为正中秦国下怀。

秦国听说赵国任赵括为帅，立刻调整军事部署，增加军队，征调骁勇善战的武安君白起为上将军，代替王龁统率秦军。为了避免引起赵军的注意，秦王下令军中严守这一机密，“有敢泄武安君为将者斩。”白起是战国时期最杰出的军事将领，久经沙场，曾大战伊阙，斩杀韩、魏联军24万；南破楚国，入鄢、郢，焚夷陵，令楚人闻风丧胆。白起到任后，针对赵括没有实战经验、求胜心切、鲁莽轻敌等弱点，采取了诱敌入伏、分割

长平之战尸骨坑出土的长平箭

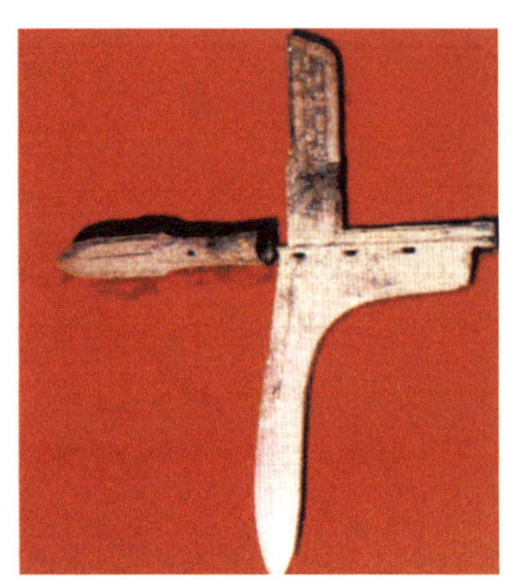
高平出土长平之战兵器

包围而后予以聚歼的作战方针，对兵力作了周密细致的部署，形成了“以石击卵”的强大态势。

赵括在对秦军所知甚少的情况下，轻率指挥主力出击。秦军按照白起的将令，接战不久后便诈败，沿着直通长平城的大道逃跑，把追击的赵军主力引诱到预设战场。赵括浑然不知秦军的诡计，指挥全军猛攻秦军阵地。此时，预伏的2.5万秦军突然出击，切断了赵军的退路。赵军被完全分为两段，出击的主力失去了后勤保障；留守的部队空守着粮草辎重却无法增援决战。秦军抓住有利态势，派出部队从两翼攻击。赵军分兵作战，不能取胜，被秦军压缩在了一条狭长的地带。得到合围赵军主力的消息后，秦昭襄王亲自从咸阳赶到临近前线的河内地区（今河南焦作一带），给所有的郡民赐爵一级，命令郡内十五岁以上男丁悉数出征，前往支援长平前线。被围的赵军无法得到援助和补给。在被困46天后，赵括突围时被秦军射杀。赵军全体投降了秦军，并在毫无防备的情况下，遭到秦军坑杀。唯有二百余名年纪幼小的赵人被秦军放归了赵国。长平之战以赵军的惨败、秦军的全面胜利结束。

作为长平之战的交战双方，秦、赵都是最具实力一统天下的大国。然而，赵国的兵败为秦国的统一提供了契机。长平一役后，秦国国力大幅度超越同时代其他各国，由其统一天下的大势已不可逆转。长平之战，标志着以列国林立、兼并战争频仍为特征的战国时代行将终结，一个大一统中央集权帝国即将产生。

子夏、荀子对儒家思想的丰富与发展

孔子是儒家的创始人，其思想基础是“祖述尧舜，宪章文武”（《中庸》），即上溯尧、舜先王，效法周文王、周武王之道。可见，孔子儒学思想的渊源来自尧舜和周文王、周武王。而尧、舜居于晋南，先周文化也与山西地区有着千丝万缕的联系。[①]

三晋儒家以卜子夏和荀子为代表。子夏姓卜名商，出生在春秋末期的晋国，年轻时曾就学于孔子。后因与鲁国“缙绅之儒”的思想产生分歧，在魏文侯的邀请下到魏国西河传授儒学。他的思想中有很多法家观念。受其影响，其弟子后来多为法家代表人物。子夏之学对三晋思想产生了深刻的影响，对儒学的演变传播，以及春秋战国时期的社会思潮都有非常重要的影响。

安泽荀子塑像

子夏儒学的突出特点是在以德治国的前提下，强调经世致用。他曾得到孔子的推荐，到鲁国莒父作邑宰，从而有了一定的从政经历，对于现实政治有着切实的体会和深入的思考。其后半生又用自己的政治思想指导魏国等三晋国家的政治。所以他在政治方面拥有一套完整的思想体系。子夏结合三晋的实际情况，在强调发展经济、注重实用方面提出了自己的明确主张。重视“学”是孔子一门的特点。子夏将孔子“学”的定义进一步宽泛化。子夏认为，即使是最

①邹衡：《夏商周考古学论文集》，文物出版社，1980年。

河津卜子夏墓地

纯粹的知识分子，也不应该只以内省为本务。无论是知识的增长，还是道德水平的提高，仅求之于内是不够的。“学”不能为学而学，而要学以致用，通过学来改进自己的言行，进而影响全社会的发展进程。子夏提出“学而优则仕，仕而优则学”。子夏弟子李悝、吴起等人都是做官之后，慕名来向子夏学习的。这正实践了子夏关于学术思想要经世致用的主张。

荀子是继子夏之后，三晋儒学的又一大师，也可以说是儒家的一个异类。荀子(约前 313—前 238)，名况，字卿，战国末期赵国人，著名思想家和文学家，儒家代表人物之一，时人尊称“荀卿”。他曾三次出任齐国稷下学宫的祭酒，还曾西游秦国，最后终老楚国的兰陵(今山东兰陵)。这些活动对于他的学术思想有着重要的影响，最终著成《荀子》32 篇。

荀子独崇孔子思想，以孔子的继承人自居。他批判地总结和吸收了前人的理论主张，形成了富有特色的“明于天人之分”的自然观、“化性起伪”的道德观、“礼仪之治”的社会历史观，并在此基础上，对先秦哲学进行了较为全面的总结。荀子以其性恶论为基础，在正名问题上，提出

“依实而制名”的原则和“以礼为则”“以仁为用”的思辨方法，归纳了辨析奸言的“破惑三法”，强调名实相符是构成社会共识、实现天下一统的基础；在天人关系上，提出“天人有分，人明分而自强”的观点；在社会思想上，提出“王道社会”的治国理念，阐述了王道社会的内容和规范；在学习和修养上，全面接受了孔子对学习的看法，汲取了老子的辩证思想，总结出了一系列教学规律和学习方法。

荀子虽为儒家一代宗师，但并不拘泥于儒家一派。他总结了先秦学术的成就，是战国时期学术思想的集大成者。荀子的思想以儒学为主，兼收道、法、名诸家之精华，开启了此后由众家学说纷纭向兼容汇通方向发展的学术潮流，对中国历史，尤其是思想史产生了深远的影响。

法家思想的集大成者韩非

法家的发展经历了两个阶段。第一个阶段是它的初创和发展期。这个时期三晋法家的一些代表人物从三晋儒学中脱离出来，在政治领域施展才干。他们的代表是李悝、吴起、段干木、田子方、申不害、商鞅、慎到、翟璜、西门豹、公叔痤。他们继承了子夏经世致用的思想，但还没有形成完整的理论体系，只是从政治实践中反映出一些法家的思想特点和政治主张。他们的政治举措主要就是“富国强兵”。之后的商鞅重“法”，申不害重“术”，而慎到则强调“势”。到了战国晚期，经过百余年的发展，法家进入了一个新的阶段。它的标志就是法家思想的最高峰——韩非子法家思想的出现。

韩非画像

韩非（约前280—前233）为韩国公子，战国末期韩国人。他虽然师从荀卿，但思想观念却与荀卿大不相同，“喜刑名法术之学”，成为战国末年法家之集大成者。《韩非子》是韩非思想的集中与总结，存文55篇。韩非对以往法家思想进行了综合，提出统治者必须兼用法、术、势的观点，又吸收道家思想，将法治理论系统化。对于政治，韩非主张改革和实行法治，要求“废先王之教”，“以法为教”。他强调制定了法就要严格执行，任何人也不能例外，做到“法不阿贵”。他主张加强君主专制统治，提出了君主专制中央集权的理论。对于民众，他吸收了荀子的“性恶”理论，认为民众的本性是“恶劳而好逸”，要以法来约束民众，施刑于民，才可“禁奸于未萌”。他的治国思想总结起来就是重赏、重罚、重农、重战。这些主张，反映了新兴社会阶层的利益和要求，为结束诸侯割据、建立统一的中央集权国家提供了理论依据。秦始皇统一中国后采取的许多措施，就是对韩非理论的应用和发展。

三晋的兵家与名家

兵家作为春秋战国“百家”中的一个重要学派，以研究作战、用兵为其主要宗旨。三晋法家中的兵家在战国之世具有举足轻重的作用。其中活跃在魏国的乐羊、尉缭、吴起等为主要代表人物。

乐羊，中山国人，战国时魏国的大将，初为魏相国翟璜门客，后中山国发兵犯魏，经翟璜举荐领兵御敌，并用缓兵之计最终打败了中山国。尉缭，战国魏人，是兵家另一位代表人物，著有《尉缭子》。该书不仅关注军事学中的微观方面，而且注重对军事与政治等关系的发掘，反对单纯军事的观点。其战争观对后世影响深远，在中国军事史上占有重要地位，乃兵家必读之书。

吴起（前440—前381），卫国左氏（今山东定陶）人，是战国时期著名的政治家、改革家、军事家，兵家代表人物。吴起曾拜子夏为师，一生

吴起画像

历仕鲁、魏、楚三国，在内政、军事上都有极高的成就。吴起在鲁，为鲁打退齐的入侵；在魏，秦兵不敢东向；为楚相，南平百越，北并陈、蔡，退三晋，向西伐秦，成就楚国在战国时期的盛世。后世把他和孙武并称为“孙吴”，著有《吴子》。《吴子》与《孙子》又合称《孙吴兵法》，在中国古代军事典籍中占有极为重要的地位。

吴起的“战争观”是其政治思想的闪光点。他认为战争是一种社会现象。在世界军事史上，这是最早对战争根源进行的探索。吴起从战争实践中认识到，只有一支训练有素的军队还不够，还必须要有安定的后方。他说：“必先教百姓而亲万民。”只有国内人民和前方军队团结一致，才能打胜仗。人心向背是军事上取得胜败的关键，政治决定军事。吴起一方面看到了战争的重大作用，同时也看到了战争给人民带来的痛苦和灾难。他认为对待战争要持慎重态度，反对轻率发动战争。吴起在战略上很重视战争的准备。对于军队，吴起主张“教戒为先”，注意平时训练。强调指挥作战时要摒弃主观臆断，十分重视了解敌方的情况，“用兵必须审敌虚实而趋其危”。这些思想反映了吴起为建立和巩固新兴政权而具备的积极进取精神。他进步的战争观、朴素的唯物主义和辩证的战略战术思想，在我国军事史上占有重要地位。

中国古代的名辩之学是世界三大逻辑体系之一，而名辩之学的根就在三晋。三晋名家作为三晋法家的侧翼，为了在礼法之争的名实之辩中阐明名实关系，应运而生，登上了历史舞台。三晋名家以惠施和公孙龙为首。

孙武画像

公孙龙画像

惠施政治上具有明显的法家倾向，他利用自己丰富的自然科学知识，围绕“物之意”的十个命题展开辩论，把理论问题上升到逻辑问题探讨。公孙龙则以正名实为根本宗旨，力辩“白马非马”“坚白石”“二无一”。后人总结三晋名家的学说，认为有三大特点，即政治伦理性、叛逆性、技巧性。[①]

三晋名家首开谈辩之风，推动了辩说的发展，冲破了传统思维的束缚。在中国古代思维方法的形成与发展中，他们也以其不同于其他学派的特点，丰富了我国古代逻辑思想的内容，其中“两可论”中融入的辩证思维是我国最早的辩证思维法则理论认识成果之一。同时“正名”问题也促进了我国古代认识论的发展。三晋名家的思想是当时社会急剧变化，众多新生事物出现，诸多社会矛盾尖锐化环境下的产物。他们的思想主要集中在逻辑学领域。通过分析概念的属性差异入手，研究概念的规定性和运动过程，从而揭示概念的矛盾的逻辑分析方法，对于人们认识事物非常有帮助。

①山西省史志研究院编:《山西通史·先秦卷》,山西人民出版社,2001 年。

第四章

大一统格局中的山西

（秦汉三国时期）

概述

公元前221年，秦始皇嬴政统一全国，建立了我国第一个中央集权制国家，奠定了大一统王朝制度的基础，对此后两千多年的中国政治与社会产生了重要影响。秦朝建立的中央集权制为以后的历代封建王朝所效仿，尤其秦统一后所采取的巩固统一的一系列措施，真正完成了从行政体系的弱控制向行政体系及思想文化等精神领域均实施强控制的转变，为之后中华民族发展为有“共同地域”“共同语言”“共同经济”及“共同文化”的伟大民族奠定了坚实的基础，是中华民族发展史上的重要里程碑。秦朝仅传三代，享国14年，没能像始皇所期望的那样千万代地传承下去，但作为中国历史上第一个统一的中央集权制国家，其政权建制以及统一文字、货币、度量衡等，在众多领域开历史之先河，为后世所因袭，在中国历史上有着举足轻重的划时代地位。秦在三晋旧地设置的郡县，在防御匈奴、镇压旧贵族叛乱中维护了新建的中央政权，奠定了三晋地区在集权政体下成为地方军事重地的特殊地位。

秦始皇虽统一全国，但其横征暴敛又激起众多反抗。三晋故地各自推举赵、魏、韩国之遗族复国称王，掀起了一系列的反秦复国战争。随之而来的是全国各地各路人马纵横交错的权利争夺,其中最强大的是汉王刘邦和楚王项羽率领的两个军事集团。公元前 202 年,刘邦灭项羽称帝,建西汉。到公元 8 年,王莽灭汉建新。西汉共存国 210 年,传 10 代,11 帝。

从陈胜吴广起义至汉高祖灭韩信,十多年的战乱,使山西遭受重创,人口骤减,百业萧条。西汉王朝建立后,经过文景之治、汉武帝时代,社会得到了不断发展。但历史总会出现跌宕起伏,王莽篡汉使得政局再度陷入混乱,激起全国人民大起义,战乱波及河东、上党、太原诸郡。直到刘秀称帝建立东汉后,才使山西又进入一个政治经济相对安定的历史阶段。从西汉灭亡到公元 25 年刘秀称帝的 17 年间,先后出现过新莽和更始等众多政权。东汉从建立到董卓之乱共传 8 代,14 帝,存国 165 年。两汉在承袭秦制的基础上,对政治、经济、社会等诸多方面进行了改革,较之前代有突飞猛进的发展,在历史的画卷上留下了一抹重彩。

东汉末年,外戚、宦官专权严重,政治腐败至极,加之天灾不断,百姓无法生存,灵帝中平元年(184),黄巾起义爆发,从此开始了近一百年的战乱时期。东汉政权再无复起之势,天下三分为魏、蜀、吴。

山西地处京师附近,汉时山西政区基本上沿袭秦郡县制。到汉武帝元封五年(前 106),设置 13 州刺史部,山西属并州刺史部,分监太原、上党、代、朔方、五原、云中、定襄、雁门和上郡 9 郡。此时的州刺史部还不是一级政权。到东汉以后,州的建制才被列为地方行政机构。秦汉时期,由于少数民族对中原地区的侵扰,山西尤其是山西北部,因其所处的地理位置而成为战略要地,军事地位更受瞩目。出于京师安全的需要,山西始终起着抵御外患、消弭内乱、屏障京师的重要作用,除派驻重兵,设置相应机构外,还往往在山西北部依险要地势加筑长城和军事关隘。如汉武帝曾发卒万人治雁门险阻,以防匈奴寇边。后在卫青、霍去病反击匈奴时,雁门成为出兵的通路和军事基地,记录了汉代征讨匈奴的赫赫战功。

另一方面,山西作为农耕经济的先进地区,作为与少数民族融合交汇的重要地带,在文明进步的历史车轮中,亦驶出了令人为之惊叹的轨迹,无论“和亲”还是丝绸边贸,都对中国的经济、文化影响深远。

统一政权的形成与秦始皇巡游山西

始皇帝嬴政二十六年(前221),秦统一中国,原属韩、赵、魏控制的地区归入了秦朝版图。专制集权是秦始皇巩固统一大业的基本政纲。在中央,秦设三公九卿,负责国家政治、经济、文化、军事等要务;在地方,废除群雄割据的封国建藩制度,将全国划分为36郡,实行中央政府严格控制下的郡县制。车同轨,书同文,统一度量衡。在大一统格局下,中华民族开始逐步实现"共同地域""共同语言""共同经济"及"共同文化"等诸多方面的蜕变,对此后两千多年的中国政治与社会产生了深远影响。

秦代山西设有5郡,分别是河东郡,治所在安邑(今夏县西);上党郡,治所在长子(今长子县西);太原郡,治所在晋阳(今太原市西南);雁门郡,治所在善无(今右玉县南);代郡,治所在代(今河北省蔚县西北)。秦始皇统一天下之际,横征暴敛,激起众多反抗。陈胜、吴广起义之后,三晋故地各自推举赵、魏、韩国之后裔复国称王,掀起了一系列的反秦复国战争。为"示疆威,服海内",秦王政在称帝前后曾三次东巡,均顺道巡视山西。

第一次巡视是在秦王政十九年(前228)。此年,秦军攻占赵都邯郸,掳赵王,灭赵国。赵国曾经是秦国最为强硬的对手。秦灭赵国,统一六国便指日可待。秦王政曾经生活在赵国,昔日寄人篱下,备受凌辱。秦、赵兵戎相见时,他又成了赵国的通缉要犯。此次秦王政来到邯郸,收赵俘,杀仇家,何其威风。之后,又从井陉口西上太原,渡河到上郡(赵国旧地)。秦王政此次巡视邯郸、太原、上郡,主要目的是视察赵地,镇服赵民。

公元前218年,统一六国不久,秦始皇第二次巡视山西。这一次东巡的主要目的是"封禅泰山,立石颂德"(《史记·封禅书》),以安天下。他

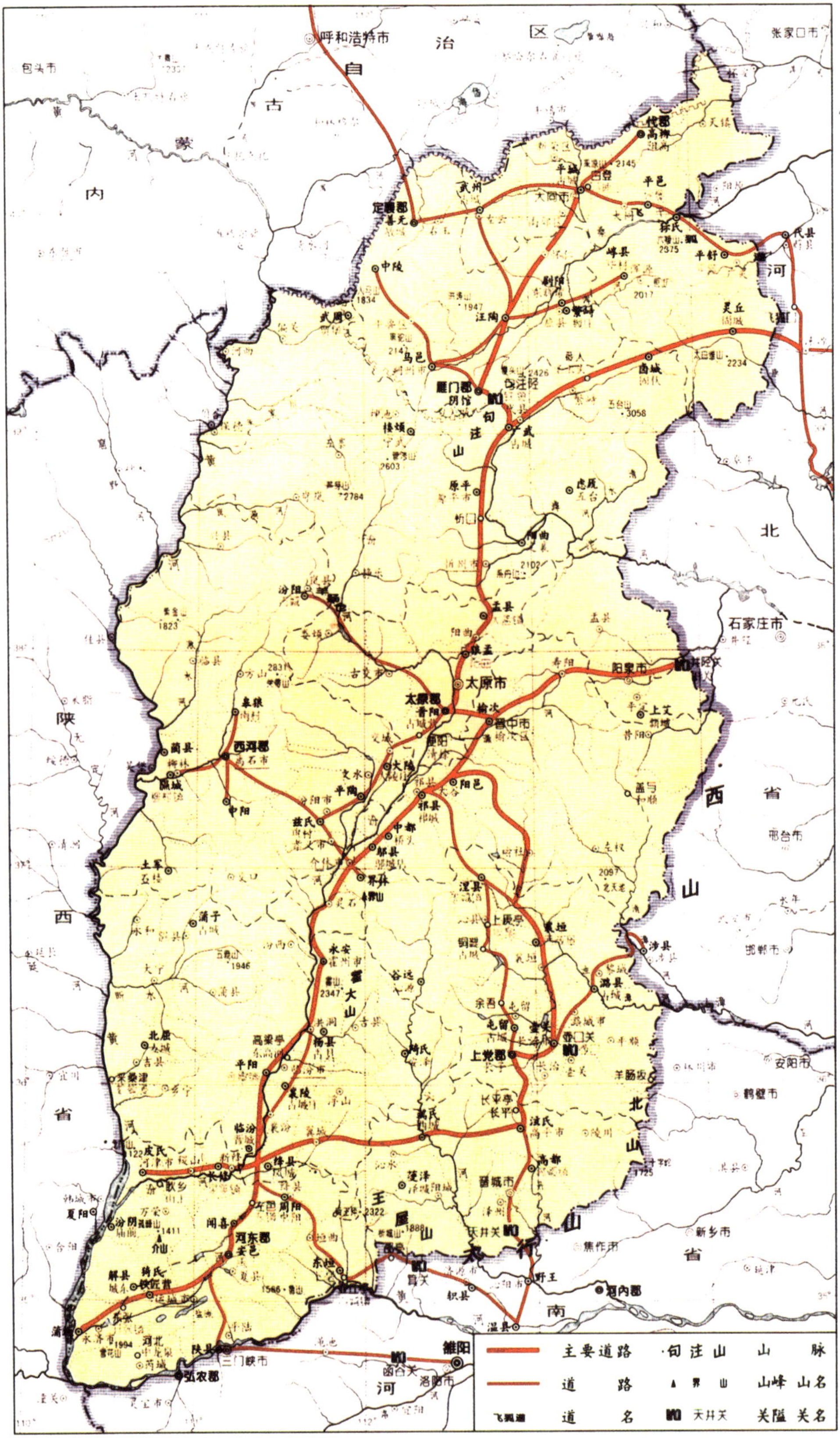

秦汉时期在山西的郡县设置与交通图

从山东返回时登上太行，巡视上党。之后西入河东，由蒲津渡河而西。上党原是韩国的地域，曾是秦赵两国生死一战的地方，长平之战是秦统一天下的决定性战役。河东则是魏国的故地，是三晋的老家。春秋及战国初期，秦国屈居关西，河东为秦国心腹之患。这恰恰是秦始皇巡视上党及河东的原因所在。当然，秦始皇此次出巡除了其政治目的外，还与其虔诚的宗教情感和渴求长生的期望有关。这与秦代社会神祇崇拜盛行的背景密不可分。

至于秦始皇第三次巡视山西则另有一番故事。公元前 210 年，秦始皇南巡后北返，至沙丘（今河北广宗县西北），病死在车上。赵高为立胡亥，与丞相李斯密谋隐瞒秦始皇的死讯，将尸体放在车中，秘不发丧。仍按原计划从井陉口入山西，经太原北上至九原（今内蒙古包头市西），再南归咸阳。始皇这次北巡边塞，主要是出于耀武扬威和好大喜功。他绝没想到这次巡视自己会死在荒郊野外，更未想到他的死会造成太子扶苏被冤杀，少子胡亥会窃位，以至秦朝万世基业最终“二世而亡”的恶果。

汉高祖白登之役与民族关系的新格局

秦灭汉立。汉高祖六年（前 201），匈奴引兵南下，占据代国。之后，匈奴又兵围韩都马邑。韩王信投降匈奴，致使山西北部全为匈奴占据。投降匈奴的韩王信又甘为匈奴前驱，南越雄关句（代县铁裹门），进占晋阳，掳掠今太原地区。至此，山西大半为匈奴占有。

关中与山西唇齿相依，山西存亡关系着汉朝安危。在此紧要关头，汉高祖刘邦决定尽全国之力御驾亲征。汉军由河东入上党，于上党铜鞮（今沁县古城村）击溃韩王信的军队，长驱北上攻占晋阳。汉军连战告捷，欲乘胜逐北，全歼来犯匈奴。汉高祖亲领 32 万大军向平城（今大同市）进发，结果一到平城，匈奴 40 万骑兵迎面而来，漫山遍野，将其包围

大同县马辅山白登遗址

在城东白登山(今大同市西马辅山)。时大雪纷飞,天寒地冻,士兵的手指都被冻掉了。汉军饥寒交迫,七天无食。汉谋士陈平以美女图像送匈奴阏氏说:"汉朝有和画上一样的美女。今匈奴围汉主,汉主将献此美女。"阏氏怕美女夺宠,劝冒顿撤兵。冒顿也怀疑韩王信部将有变,便解围一角,刘邦才得以突围,白登之围就此结束。

此后,汉高祖听从娄敬的建议,采取了与匈奴和平相处的"和亲"政策,以宗室女为公主嫁与单于为妻,岁奉匈奴絮、缯、米等若干,双方约为兄弟,匈奴不犯汉边。"和亲"之策因白登之围而起,"和亲"路线也是取道山西,北出平城而抵达匈奴的。"和亲"政策的实施为民族间的接触、经济文化的交流创造了条件,促进了民族融合。在调整民族关系的同时,有利于休养生息和积蓄国力,对经济的恢复发展意义重大。民族间的友好交往和经济文化交流,丰富了各族人民的物质文化生活,促进了生产和科技文化的进步。

自汉高祖与匈奴冒顿缔结"和亲"后,惠、文、景三代一直奉行这种政策,四次以宗室女嫁与单于为妻。因此,在相当长的时期内,汉匈之间基本相安无事,没有发生过大的战争,为汉初"文景之治"创造了良好的外部环境。

刘恒封代与文景之治

汉文帝刘恒，高祖之子。公元前 196 年，为代王，都晋阳。刘恒从 7 岁到 23 岁即位，在民风淳朴的晋阳共生活了 16 年，史称“刘恒治代”。在晋阳期间，刘恒实行轻徭薄赋、与民同息的政策，以德化民，以农为先，把晋阳治理得民富国强，成为阻挡匈奴南下的屏障。

据史料记载和民间传说，刘恒在晋阳期间，经常到清徐马峪一代牧马，与民叙谈。太原晋源一带流传，汉文帝在晋阳“龙潜”十六年。二月初二这一天，是他离晋返回长安当皇帝的日子。当时老百姓纪念“二月二”，是为了庆贺刘恒登基。民间还流传着汉文帝“侍母孝道”的故事。“二十四孝”中，有“文帝尝药”一篇，在古代民间家喻户晓。

西汉初年，经济萧条，民不聊生。汉高祖及文、景几任帝王吸取秦亡的教训，轻徭薄赋，以德化民，社会比较安定，经济得到恢复与发展。经过文景二帝 41 年的治理，形成了西汉前期的太平盛世，史称“文景之治”。从汉高祖即位到汉景帝后元三年的 62 年间，农民的负担是最轻的。尤其从文帝十三年(前 167)起，又连续免除全国田赋长达 11 年。这在封建社会是绝无仅有的。由此，国家经济发展，财政充实，与汉朝初定之时相比，有天壤之别。如文景时，“太仓有不食之粟，都内有朽贯之钱”。国家财政再上一个新台阶。相应的是人民富足，社会安定，人人自爱，仁义长兴。

汉文帝刘恒画像

汉初休养生息的政策使中国

出现了第一个治世，为汉武帝更进一步拓展大一统局面创造了政治和物质条件。

汉武帝祭祀后土与农耕文明的发展

汉武帝时，社会经济发展达到西汉的巅峰，进入西汉王朝最鼎盛的时期，亦是全国统一后的第一个发展高峰。

汉武帝刘彻是西汉王朝的第四代皇帝，生于汉景帝元年（前156），卒于后元二年（前87），在位54年。他继位以后，轻徭薄赋，发展经济，北击匈奴，开疆拓土，进一步巩固和安定了西汉的北部边防。西汉建都长安，与河东郡只有一河之隔。河东自古就是农业发达之地，又是天下盐铁的主产区之一。有效控制河东，维护河东的安宁，是汉代的国策之一。特别是汉武帝，他一心想着开拓北方，进行大规模的战争，这就更需要河东的经济支持。

对后土的祭祀由来已久，但对后土祭祀的形式到汉朝有了新变化，那就是设庙建祠。元狩二年，即公元前121年，汉武帝刘彻到雍州祭祀天地。事毕后说："如今，天帝我已经亲自祭祀过了，可是没有祠庙来祭祀后土。这个祭礼是不完备的。"于是便令官员商议在汾阴设祠立庙之事。汾阴脽上也是汉武帝得鼎之地。据《史记》记载，汾阴有个叫锦的巫师在后土祠旁为民祈祷，偶得一鼎。汉武帝派人调查情况属实后，便把鼎迎到甘泉宫。他的大臣们又上言说，从伏羲到黄帝，从黄帝到夏禹，曾分别制一鼎、三鼎和九鼎，各有统率天下之举。今皇上能得到它，且在搬运的沿途又多呈吉兆，说明您功高德重，应将此鼎供奉于祖先堂上，以合天意。于是汉武帝欣然允诺。汉武帝先后七巡山西，六祀后土。

秦汉时期是我国农业发展的第一个高峰。一方面是农耕区域随着匈奴等游牧民族的北撤得到了拓展。另一方面由于汉时实行重农政策，使农业科技得到了快速发展。汉武帝祭祀后土，目的就是祈祷福佑，谋

万荣宝井乡庙前村后土庙内的秋风楼

求丰稔，这与河东地区发达的农耕文化是分不开的。尤其汉初几代帝王重农政策的积极推行，全国农业迅速地恢复发展。如在山西平陆枣园汉墓壁画所见的“单人牛耕图”，不仅时代较江苏、陕西、内蒙古等地要早，而且在技术上也表现了一定的先进性。汉时已经广泛地使用牛耕及铁制犁具，农具的种类渐趋完善。代田法、区田法等先进的耕作技术得到推广。土地面积不断扩大，利用率提高。农田水利工程的发展使农业生产水平大幅提升。汉武帝祀汾阴后土，反映了最高统治者对农业生产的高度重视和对百姓生活的关注，对后世皇帝扶犁祭坛、皇后养蚕织锦起了示范导向效用，既有劝导百官重农立德的意义，又标志着汉时的农耕文明进入了上下躬耕亲为、生产水平不断提高的新时期。

卫青霍去病抗击匈奴改变了世界版图

山西地处农耕民族和游牧民族的衔接地带，是北方民族进入中原的主要通道。因其表里山河、易守难攻，秦汉时期一直是京师锁钥和北方军事重镇。经过文、景二帝半个多世纪的休养生息后，国库充盈，政治平稳，加之汉武帝雄才大略，随着国力增强，对匈奴发动扭转被动局面的战争在所难免。

“马邑之谋”是武帝时期对匈发动战争的导火索。武帝元光二年(前133)，雁门郡(治今右玉县古城)马邑县(治今朔州市)豪杰聂壹对守将王恢建议，以利引诱匈奴，布置好伏兵，待其入伏，一举灭之。时年六月，汉精选步、骑32万大军埋伏于马邑近旁山谷，命聂壹向匈奴诈降。于是匈奴10万骑南入武周塞(今左云县)，向马邑奔来。在距马邑百里的地方，匈奴人发现上当，引兵而还。汉全军追击，却无功而返。“马邑之谋”败露后，汉初以来汉匈间相对和睦的民族关系终结。匈奴频繁攻击汉地边塞，边地由此无宁日。元光五年(前130)，汉武帝发兵万余人修治雁门道路，为讨伐匈奴做积极准备。卫青、霍去病成为这一时期抗击匈奴的主要人物。

卫青画像

卫青，平阳(今临汾市)人，著名军事家。建元二年(前139)，卫青之姐卫子夫入宫为夫人，卫青亦进入京城，后为建章宫监、侍中。元光六年(前129)，卫青升任车骑将军，开始了他北伐匈奴的军事行动。卫青军直打到匈奴龙城(今蒙古国境内)，斩首七百级，功封关

内侯。卫青首战告捷，为汉军战胜匈奴开了先声。元朔元年（前128），卫青率3万骑出雁门（今右玉县）击匈奴，斩杀匈奴数千人。元朔二年（前127），卫青击匈奴，斩首数千，获匈奴牛羊百万头，功封长平侯，食3800户。此战不仅收复了陇西、北地、上郡的北部，还收复了河南地，置朔方、五原2郡，云中、雁门2郡北界也得到恢复。后来，卫青、霍去病在燕然山下，大破匈奴，诛杀匈奴伊稚邪单于，西汉政权的势力范围进一步向漠北拓展。

霍去病塑像

元朔五年（前124），卫青率众将士10余万人击匈奴右贤王部，生俘其裨王十余人，俘匈奴万五千人，得牲畜百万头，大获全胜。这一仗是汉对匈奴战争的转折点，匈奴由优势转为劣势，由主动变为被动。[①]汉武帝非常高兴，派使臣持大将军印赴塞上授印劳军，卫青由此名声大振。元朔六年（前123），卫青两次率六将军击匈奴，斩首万余。元狩四年（前119），卫青以5万兵击匈奴，孤军深入漠北千余里，与匈奴大军相遇。单于乘夜率壮士数百突围而逃。卫青率大军连夜追击200余里，俘斩匈奴兵将1.9万余人，取得了对匈奴战争的决定性胜利。从此，“匈奴远遁，漠南无王庭”。

大将军卫青7次北伐匈奴，斩杀捕获匈奴5万余人，受封1.3万户；有三子为侯，各封1300户。从征将校9人封侯，15人立功拜将校。

①李孟存、张之中：《平阳史话》，山西人民出版社，1987年，第30页。

元封五年(前 106),卫青病死,谥烈侯,葬茂陵附近。

霍去病是汉武帝时代抗击匈奴最为杰出的青年将领，在中国历史上也是屈指可数的名将之一。霍去病,平阳(今临汾)人。其三姨卫子夫当上皇后后，霍去病以皇后外甥的关系入宫拜为侍中。元朔六年（前123),18 岁的霍去病随舅父卫青北伐匈奴,为骠姚校尉,率八百锐骑出征。激战中,霍去病与他的八百勇士冲锋在先,孤军追敌数百里,斩首匈奴二千余级,首战立奇功。汉武帝非常高兴,召见霍去病,大加赞赏,并以 2500 户封霍去病为冠军侯。从此以后,“霍骠姚”“霍冠军”的称号广为流传。元狩二年(前 121),霍去病升任骠骑将军。他两次单独率万骑西击匈奴,大获全胜。元狩四年(前 119),汉与匈奴进行最后的决战。霍去病与卫青各率 5 万骑。霍去病追击匈奴 2000 余里,俘匈奴王及将军、相国等八十余人,斩杀匈奴七万余人,一直打到狼居胥山、瀚海。汉武帝大喜,授卫青与霍去病大司马。

霍去病 6 次出击匈奴，斩杀匈奴 11 万余人，先后受封赏 1.77 万户,从征将校 6 人封侯。元狩六年(前 117)九月,霍去病逝世,时年 24 岁。汉武帝痛失大将,自长安至霍陵百余里间以军阵为其送葬,坟丘似祁连山,葬仪隆重仅次于皇帝。

汉武帝经过十数年的战争,最终将匈奴赶出了河套平原。汉军北出到燕然山(今蒙古国杭爱山)、狼居胥山(今蒙古国乌兰巴托)、贝加尔湖(苏武牧羊守节的地方),西边进击到葱岭、塔里木河、阿拉木图一带。匈奴之患基本解决。汉朝疆域不仅向北推进到沙漠边缘,而且占领了全部河西走廊与青海、新疆部分地区,并在乌垒城(今新疆轮台东)设立了西域都护府。新疆地区由此进入统一的多民族国家的怀抱。东汉时期,山西人班超、班勇父子先后受命经营西域,赢得了西域各族人民的拥护,保护了西域各族人民的安全,维护了丝绸之路的畅通。

汉匈战争后,不但匈奴再无力与汉抗衡,而且西汉疆域得以大面积拓展。随着匈奴进一步分化后的北遁与南迁,汉朝西北边诸多小国犹如多米诺骨牌,一个个或解体或远迁,其冲击力一直影响到欧洲,延续数百年,改变了既有的民族版图。汉王朝控制疆域进一步扩大,卫青、霍去病亦因之名垂青史。

汉代山西的名臣

有汉一代，山西不仅涌现出像卫青、霍去病等名垂青史的军事家，而且受三晋文化的熏陶，名臣大儒也史不绝书。主要以霍、冯、卫、班等几大族姓为代表。

首先是卫氏家族。卫氏家族是汉武帝前期崛起的权贵家族。自建元二年（前139）卫子夫入宫，到征和二年（前91）巫蛊之祸，卫子夫自杀，将近48年，近半个世纪的时间里，卫氏家族无论是权力还是荣誉均可谓登峰造极。卫子夫生太子封后，其弟卫青任大将军，统率西汉全军，卫青之外甥霍去病更是天才武将，出征匈奴，战无不胜，功高盖世，为汉武帝第一爱将。卫子夫姐夫公孙贺又是当朝丞相，卫氏可谓盛极一时。然而，随着霍去病、卫青、公孙贺相继过世，卫氏一族终至衰落。

平阳霍氏自霍光辅昭帝起，至霍皇后被废止，控制朝政20余年，为西汉昭、宣二帝时代的第一强族。霍光，字子孟，骠骑将军霍去病同父异母的弟弟。其父霍仲孺，河东平阳（今临汾市）人。元狩二年（前121），霍去病北击匈奴，班师回朝路过平阳时将霍光带进了长安。凭借霍去病当时的声望，年轻的霍光很快就升为为郎、侍中。霍去病死后，霍光为奉车都尉、光禄大夫，侍从武帝左右，深得汉武帝的赏识。武帝深知霍光为人，故而临终时以子相托。霍光辅佐昭帝，尽忠竭力，刚正不阿，俭约宽和，终致“百姓充实，四夷宾服”，备受当朝及后世推崇。本始四年（前70）三月，霍光的小女霍成君如愿当上了汉宣帝的皇后。地节二年（前68）三月，霍光病逝，谥“宣成侯”。霍光死后三年，霍氏惨遭灭门。

汉代，冯姓“代有才俊”，代表人物首推冯唐。冯唐，上党郡（今黎城）人。汉文帝时期，冯唐显名于朝野，其“力谏文帝”为后世争相传颂的美谈。一次，文帝感慨自己怎么就遇不到廉颇、李牧这样的良将，冯唐却说，陛下就是得到也不会重用。文帝闻言大怒，问他为什么？冯唐说：今

黎城七里店冯奉世祠冯将军庙

云中郡(今内蒙古呼和浩特市西南)郡守魏尚,军市收入全部赏给将士,用自己的俸禄杀牛劳军,因此军民一心,匈奴不敢侵犯云中边塞,前后斩获匈奴无数。只是因为兵士多报了六颗人头,朝廷即以此治罪,削官为民,罚作苦力。我认为皇帝这样做是赏太轻,罚太重。就凭这一点,知道陛下即使得到廉、李这样的良将,也不会重用他们。文帝听了冯唐这番话,颇有感悟,当天就令冯唐拿着朝廷的命令前往云中赦免魏尚,恢复云中郡守之职,并升冯唐为车骑都尉。

冯奉世,冯唐之孙,西汉名将,字子明,上党人。三十余岁时才开始学《春秋》,习兵法。以卫侯使出使大宛,大败莎车,擢光禄大夫,迁左将军光禄勋,封关内侯,威震西域。永光二年(前 42),陇西羌众反叛,西道不通。冯奉世率军大破羌众,晋爵关内侯。汉元帝永光五年(前 39),冯奉世病故,归葬故乡潞县(今黎城县停河铺乡石羊坟村)。冯奉世对于稳定、巩固中国西北部边疆,以及丝绸之路的开拓做出了突出的贡献。

有汉一代，班氏家族不可不说。战国末年，秦灭楚国，班氏先祖班壹自楚国迁居山西北部，定居楼烦（今山西北部古楼烦地），以畜牧业发家而富甲天下，成为山西北部豪门大姓，并且影响和带动了山西乃至中国畜牧业的发展。

班氏不仅富甲天下，且行侠仗义，深受边民拥戴。班壹生孺，孺性任侠，州郡人人赞誉他。秦亡汉兴，班孺生班长，班长官上谷（今河北怀来县东南）郡守。班长生班回，为长子（今长子县）县令。班回生班况，班况以"孝廉"知名，官上河（今宁夏银川市南）农都尉。大司农考绩，班况为最佳者，升任左曹越骑校尉。汉成帝初（约前31），班况女被选入宫，即班婕妤。班氏由楼烦迁居昌陵（今陕西省西安市临潼区西）前，班氏一族前后居山西200余年。

班况之孙班彪（3—54），东汉史学家，生班固、班超及班昭。班彪作《史记后传》65篇，为班固《汉书》的著成打下了基础。班固（32—92），字孟坚，效仿《史记》，著成中国第一部断代史著作——《汉书》100篇。班昭，字惠班，又名姬，东汉著名学者，尤擅文采，也是《汉书》的作者之一，还有著作《女诫》传世。班彪、班固与班昭史称"三班"。班超（32—102），字仲升，东汉名将，多次出战匈奴、出使西域，凭借其有勇有谋，不负皇命，平定叛乱，保护了西域各族的安全以及"丝绸之路"的畅通，巩固了汉在西域的统治。班勇，班超之子，东汉名将，东汉第三次通西域的主要人物。曾觐见邓太后，促其再开西域，并得到重用。班氏一门，文臣武将见诸史籍者不胜枚举。

东汉时期，具有较大影响力的山西籍名人还有郭泰。郭泰（128—169），字林宗，太原郡介休人，东汉时期名士。郭泰出身寒微，年轻时师从屈伯彦，博通群书，擅长说词。在洛阳游学时，经名士符融引见，结识了被京师太学生标榜为"天下楷模"的名士河南尹李膺，并结为好友。第一次党锢之祸后，被士人誉为党人"八顾"之一，名震京师。郭泰重视提携和帮助后进人士，品评人物不作激烈的谈论，所以宦官专政也不能伤害他。后来，郭泰闭门教授门生，学生以千计。

河东争战与曹操统一北方

东汉末年，外戚、宦官专权，天下分崩离析，汉王室的统治摇摇欲坠，名存实亡。中原地区再次进入一个相互攻伐和兼并的混战格局。经过连续数年的割据战争，曹操与袁绍最终成为中原与北方最具实力的两大军事集团。

建安元年（196），曹操率军进抵洛阳，迎献帝移驾于许，正式迁都许昌。从此，曹操控制中央朝权，得以天子名义号令天下，并在许县和交通沿线实行屯田，减轻民赋，增强实力。之后，曹操集中兵力，各个击破，逐步由弱变强，据有兖、豫、徐等州，为抗击袁绍集团准备了条件。从实力对比上看，曹操自控制了东汉朝政后，挟天子以令诸侯，在政治上占据极大优势。加之身处中原腹地，北进南下，攻守自如，具有很大的主动权。而就袁绍来看，袁氏一直是东汉的高门望族，根深蒂固，势力庞大，对青、冀、幽、并四州具有绝对的控制力。公元200年，袁、曹之间发生了历史上著名的一场战役——官渡之战。官渡一役，袁绍大败退，从此由攻转守，为曹操统一北方清除了最大的障碍。

曹操画像

曹操统一北方首先从河东着手。建安七年（202），袁绍殁，幼子袁尚即位。为阻止曹操进一步北上，袁尚决定抢占河东，以此作为拒操的桥头堡。袁尚一方面命郭援、高干攻打河东，另一方面又派人分赴平阳与关中，争取平阳的南匈奴与关中的马腾部加盟，以达到前后夹击曹军的目的。尽管郭援等进展顺利，但由于马腾的反戈，使得整个战局发生了改变。战争的结局为郭援兵败被杀，匈奴顺势投降了曹操，河东地区落入曹操的手中。河东之战，曹操大获全胜。为了不给对方喘息的机会，曹操连续向袁氏兄弟用兵，先后攻下袁氏集团的根据地邺城（今河北临漳县西南，河南安阳北），平定冀、青二州。

建安十一年（206），曹操率大军北越太行山，夺得壶关。同年，曹操署杜畿为河东太守。建安十二年（207）又署梁习为并州刺史。从此，河东、并州全境为曹操控制，结束了自董卓之乱以来河东、并州地区军阀混战的局面，使山西开始进入一个政治相对稳定，经济、文化相对发展的历史阶段。千古名篇《苦寒行》就是曹操当年冬天在太行山行军途中，因百感交集而借景抒怀的不朽佳作。

为了肃清袁氏残余势力，同时也为了彻底解决三郡乌桓入塞为害问题，建安十二年（207），曹操远征乌桓，尽收乌桓精锐。至此，曹操据有长江中下游以北大部地区，百姓生活趋向安宁，社会发展步入正轨，北方一统的局面初步形成。

关羽与关公信仰

关羽，字云长，本字长生，生于河东郡解县（今运城）。东汉末年，关羽亡命奔涿郡。当时刘备在乡里招兵买马，关羽与张飞往投，三人誓共生死，情如兄弟，故有“桃园结义”的佳话为后世传颂。官渡之战前，曹操派兵东征，大败刘备，关羽被俘。曹操封其为偏将军、汉寿亭侯。后来关羽挂印出走，仍投奔刘备，被派镇守荆州。刘备为汉中王，拜关羽为前将军，令率众攻曹军。关羽水淹七军，擒于禁，斩庞德，名声大振。后孙权偷袭荆州，关羽因自信轻敌，败走麦城，兵败被杀。

关羽一生忠义豪勇，妇孺皆知。《三国志·关羽传》记述关羽身在曹营心在汉，对刘备忠心不二。关羽于刘备，既是臣子又是兄弟朋友，其既忠于君，又忠于友的行为，完全符合中国古代传统社会各阶层的道德规范，更是儒家思想所倡导的一种美德，能成为社会所共识的楷模是顺理成章的。“桃园结义”是一段脍炙人口的佳话，其中的“义”一直为古今所推崇，也是关羽之所以被封神的最主要原因。关羽对刘备不单有君臣之忠，更有兄弟之情和朋友之义。经《三国志通俗演义》的渲染，刘、关、张桃园三结义便成为“义气”的典范。关羽更是集合了仁、勇、忠、义等品格，成为典范中的典范，备受统治者、上层士大夫和下层百姓的崇拜。关羽戎马一生，死前最高官拜前将军、汉寿亭侯，在正史中并没有很高的地位。而关羽最终被神格化原因很多，既有官方的，又有宗教的，特别是民间信仰更是推波助澜。

在中国，世俗神主要有自然神、职业神和人神。关公即是中国民众普遍信仰的人神。他从一介武夫到成为关帝，其影响之大，范围之广，神格之高，在中国古代人神信仰中实属罕见。隋朝时，许多与关羽相关的传说纷纷出现。特别是荆州、襄阳一带，盛传着不少关羽显灵的故事。尽管如此，关羽在社会上的影响力还不太大。宋代开始，关羽信俗才得到很大的发展。宋朝几代帝王都信道教，也热衷于为民间鬼神进位封爵。

运城解州关帝庙

常平关帝家庙石牌坊

运城解州关帝庙春秋楼正面

从宋哲宗开始，关羽便获朝廷的封赠，爵位由侯上升为公，继而由公变为王，封号也越来越复杂。元仿效宋，加封关羽为“显灵义勇武安英济王”。到明神宗时，关羽的封号一跃为“帝”，即“三界伏魔大神威远镇天尊关圣大帝”。清朝，对关羽的封号更是神乎其神，多达二十六个字：忠义神武灵佑仁勇威显护国保民精诚绥靖翊赞宣德关圣大帝。就民间来看，到宋元之际，由于杂剧、小说和讲史的发达，像关羽这样富于英雄传奇色彩的人物，自然就会成为最好的题材。关羽的形象也趋向定型。身跨赤兔千里马，手持青龙偃月刀，成为后世文艺作品中的格式化形象。历代统治者对关羽的封赐，其目的自然是利用关羽对民众的影响，巩固他们的统治。对于普通民众来讲，关羽是忠贞的化身，是正义的代表，非常符合忠义仁勇的道德规范。关公信仰已遍布世界各地，可以说有华人的地方就有关公庙，就有对关公的信仰与传播。人们敬拜关公，实质上推崇和信仰的是一种精神寄托，一种价值观念。这正是关公信仰的核心所在。

秦汉时期山西的文化与艺术

秦汉时期，国力强盛，文化繁荣，在世界范围形成以汉文化为核心的东亚文化圈。随着丝绸之路的开通，山西地区的文明成果广泛外传至东亚、西亚及欧洲等地。同时，中亚、印度文化随着丝绸之路流入中土。山西也成为多民族文化的汇聚处。不同价值观念、思想文化对这一时期的史学、文学及艺术发展影响深远。

秦汉史学在中国史学发展史上占有重要的地位。从西汉的史马迁到东汉的班固，无论其史学著作，还是修史理论，一直影响着中国两千多年的史学发展。就山西而言，祖籍山西的班彪及班固、班昭兄妹可圈可点。

班彪（3—54），东汉著名史学家，班固、班昭之父。他出身于汉代显贵和儒学之家，受家学影响很大。光武帝（刘秀）闻知其才，任命他当了县的长官，后又为司徒掾。班彪虽身为官员，却潜心于史学，尤好汉代史。西汉武帝时，司马迁撰写了我国第一部纪传体通史——《史记》，记述从传说中的黄帝到汉武帝的历史，但后事缺而无录。后来刘向、刘歆等十多位学者都曾搜集西汉时事，尝试补充《史记》。但班彪认为这些续作都不成功，不足以踵继司马迁之书。于是他继续采集西汉遗事，并实地考察，最终完成《史记后传》65篇，为后期班固著《汉书》打下了基础。此外，班彪还作《前史略论》，详细论述了以往的史学得失。其中着重评论司马迁所著《史记》的内容、体裁、体例和思想。《前史略论》是中国古代较早的一篇史学论文，可谓儒家正统史学观点的代表，在中国史学理论史上占有重要的地位。

班固（32—92），字孟坚，东汉建武二十三年（47）前后入洛阳太学，在其父班彪《史记后传》的基础上开始编写《汉书》。后来，就在他即将完成《汉书》时，因窦宪一案受到牵连，死在狱中。完成《汉书》的全部工作就落在其胞妹班昭身上。班昭（约49—约120），一名姬，字惠班，我国古代第一位杰出的女史学家。班彪之女，班固的妹妹。班固去世后，《汉书》的《百官公卿表》和《天文志》还没有完成。好在班昭还在班固活着的时候就参与了《汉书》的编纂，后来在得到汉和帝的恩准后，她又到东观藏书阁参阅典籍，最终完成了其兄长的遗志。《汉书》是我国的第一部纪传体断代史，是正史中的不朽之作。

与先秦时期璀璨的文学成就相比，秦汉时期的山西文学并不代表当时的主流，但其中也不乏亮点，如扬雄、冯衍的赋及班婕妤的诗歌等，都在汉代文学史上占有一席之地。

班婕妤（前48—2），祖籍楼烦（今山西宁武），汉成帝的妃子，是中国文学史上以辞赋见长的女作家之一。班婕妤善诗赋，有美德，虽作品很多，但大部分已佚失，现存作品仅3篇，即《自悼赋》《捣素赋》和一首五言诗《怨歌行》（亦称《团扇歌》）。三篇均为抒发自己在宫中的苦闷之情，尤以《自悼赋》影响最大，为她在中国文学史上赢得了一席之地。她的诗可与曹植、王粲、阮籍、谢灵运等人比肩，足见其在五言诗歌创作上取得的杰出成就。

汉武帝刘彻与魏武帝曹操，对中国历史的发展都有深远的影响，他们不仅是卓越的政治家，而且在中国古代文坛也都占有一席之地。二者

朔州朔城区出土西汉铜雁鱼灯

的诗文流传至今的并不多，但其中就有关于山西的妙笔华章，如汉武帝的《秋风辞》、曹操的《苦寒行》等。

汉武帝刘彻在文学上提倡辞赋，重视对各地民歌、民谣的收集，推动了我国古代文学的发展。他在祭拜后土时写的《秋风辞》带有浓郁的民歌格调，虽词人不能过也。《苦寒行》是曹操借旧题书写严寒时节在太行山中行军的叙事诗。该诗用质朴无华的笔触描述了太行山上弯曲如肠的坂道、风雪交加的征途与食宿无依的困境，感情真挚，直抒胸臆。

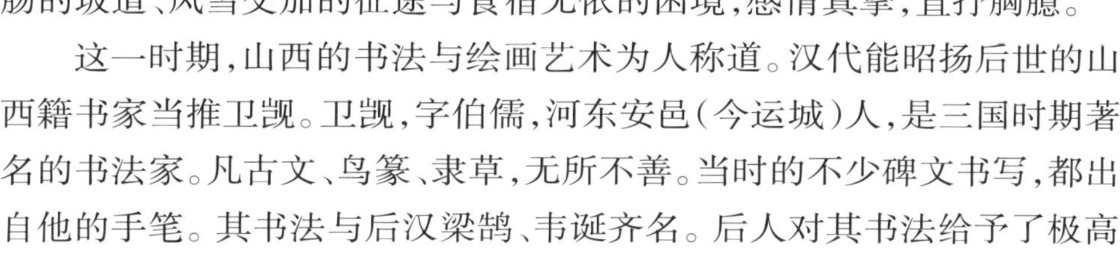

这一时期，山西的书法与绘画艺术为人称道。汉代能昭扬后世的山西籍书家当推卫觊。卫觊，字伯儒，河东安邑（今运城）人，是三国时期著名的书法家。凡古文、鸟篆、隶草，无所不善。当时的不少碑文书写，都出自他的手笔。其书法与后汉梁鹄、韦诞齐名。后人对其书法给予了极高的评价。

秦汉时期，中国的绘画艺术随着社会经济的进步繁荣，展现出了新的面貌。其突出表现就是更加重视绘画的政治功能和伦理教化作用，为以后绘画艺术的发展奠定了坚实的基础，成为中国绘画史上的第一个发展高潮。文献中早有运用绘画装饰建筑的记载，但将绘画广泛应用于宫室屋宇和墓室，无疑是在秦汉时期。与此可相印证的是迄今已出土的许多汉代墓室壁画、帛画以及大量的汉代画像石、画像砖等现存绘画实物。就山西目前所见的汉代墓葬壁画来看，首推平陆枣园汉墓，年代约为西汉末至东汉初。这座汉代砖室墓，其内壁画曾在国内史学界引起很大轰动。该墓规模虽不算大，但所绘的牛耕与耧播，真实地描绘了东汉初年的农业生产场面，具有浓厚的生活气息，是中国最早表现农业生产活动的绘画作品。这对研究当时的农业发展、豪强地主的庄园经济提供了重要资料。

画像石是东汉时期墓葬装饰的另一种表现手法，也是这一时期重要的美术作品。在艺术形式上，它上承战国绘画古朴之风，开魏晋艺术之先河，奠定了中国画的基本规范。晋西北离石汉画像石即为其典型代表。这里出土的汉画像石质朴豪放、古拙灵动。其题材大致可分为两类。一是天上的神仙世界，描画的是墓主人死后祈求步入的仙境；二是人间的现实图景，描画的是墓主人生前的享乐生活。离石汉画像石上保留着丰富的历史信息，是“无字的《汉书》”。

吕梁出土汉代画像石

第五章

民族融合的舞台

（十六国北朝时期）

概述

谭其骧先生在《山西在国史上的地位》一文中说："山西在历史上占重要地位的时期，往往是历史上的分裂时期。"魏晋南北朝这一大分裂时期，山西就扮演了北方各族融合的大舞台角色。东汉开始，匈奴大规模进入中原，在代郡、雁门、太原等地与汉族杂居，后匈奴贵族刘渊在平阳建立汉政权，他的继承者成为西晋政权的掘墓人。之后羯族人石勒在上党地区建立的后赵政权取代匈奴族获得了对并州地区的控制权。后赵瓦解，继起的氐族苻秦政权暂时统一了黄河流域，一度控制了并州地区，不少氐民也进入山西。公元383年淝水之战后，慕容鲜卑东归，一部分停留在并州境内并建立了西燕政权。此后的北方随着前秦的衰落再一次陷入分裂。并州地区境内缺少强权的统治，为拓跋鲜卑的崛起提供了契机。

起源于大兴安岭的鲜卑拓跋氏进入云代地区后，在不断援助西晋并州刺史刘琨对抗匈奴的过程中发展壮大，其所建立的代国逐步成为北方的重要势力。公元395年，与后燕的参合陂一战获胜，宣告了拓跋鲜卑在北方的霸主地位。公元398年，拓跋珪称帝，并定都平城，国号魏。经过几代在平城的经营，北魏政权具备了统一北方的条件。拓跋焘经过南征北战于太延元年(435)统一了黄河流域,中国历史进入南北对峙时期。

五胡十六国时期,随着各少数民族政权在山西的建立,山西的人口成分发生了变化。一方面是北方游牧民族人口的大量进入,另一方面是汉族人口的迁出。山西地区的民族构成呈多元化趋势,山西也就成为民族融合的大舞台。

内迁各族在山西境内建立政权后,为维持统治,有意识地推进汉化政策,促进了民族融合。从匈奴刘氏的汉赵国到石勒的后赵国,他们建立的胡汉军事体制对胡汉融合进行了有益的尝试。这种尝试为后来著名的北魏太和改革提供了理论和实践上的参考。太和改革也取得了前所未有的成效,有许多制度为后世所继承。

北魏政权实行的汉化改革,在满足贵族利益的同时,使得下层民众尤其是鲜卑族属的民众逐渐失去了国家草创期所具有的特权。因而在阶级矛盾日益加深的情况下,爆发了以六镇兵民为主的起义。加上其后的流民起义,北魏政权处在风雨飘摇中。这种情形为世居秀荣川的尔朱氏的崛起提供了契机。尔朱氏的崛起加速了北魏政权的灭亡。其后东魏北齐的高氏集团和西魏北周宇文氏集团都是尔朱集团的部属。东西对峙的局面形成之后,晋阳地区成为东魏北齐的霸府和别都所在,这也开启了晋阳其后作为别都所在的格局。

就是在这样一个以战争、离乱、迁徙为特征的时期,历史的车轮并没有因为社会的动荡和急剧的民族矛盾而停止前进,而是出现了"古代科学技术高速疾进的罕见局面"。领先世界的裴秀制图六法以及郦道元的《水经注》代表了世界最先进的天文地理学水平。佛教的东传给当时的思想界带来了极大的震撼,但由于教理不明影响了中原士人对佛教的理解。在这样的背景之下遂有山西平阳籍僧人法显西行求法,之后更有山西代郡僧人慧远为阐释教义而开创净土宗。与此同时,随着佛教的不断传入,围绕佛教的其他艺术也在东传,包括来自印度、犍陀罗和中亚其他各国的绘画技法,也被不同程度地吸收。遍布山西各地的佛教石窟和出土的墓葬壁画集中体现了这一时期的审美特点。除此之外,传统史学也硕果累累。裴氏三人的史学成果代表了其时山西地区的文化水准。

随着北魏对北方的统一,中断一时的丝绸之路再度开通。沿着丝绸之路进行的商贸以及艺术的交往日益频繁。北魏首都平城、东魏北齐别都晋阳更是成为当时的国际大都市,成为丝绸之路上的重要节点。由西域东传的佛教、绘画、音乐、雕塑等在此处汇集。现今留存的各种遗迹和出土文物无不述说着此地昔日的辉煌。

匈奴内迁与刘琨守并州

三国时期，漠北草原被鲜卑占据。受其挤压，南匈奴进一步南迁。曹魏将这些内迁的匈奴族分成五部，五部之间不相统属。其中左部都尉居故兹氏县（今汾阳一带），统领匈奴人万余落。右部都尉居祁县（今祁县东南），统领匈奴六千余落。南部都尉居蒲子县（今隰县），统领匈奴三千余落。北部都尉居新兴县（今忻州市忻府区），统领匈奴四千余落。中部都尉居大陵县（今文水东北），统领匈奴六千余落。西晋时期，匈奴人进一步南迁。这些内迁的匈奴人，当时共有十九种，有数十万人之多。匈奴内迁的同时，氐、鲜卑、乌桓等少数民族也纷纷从边地向内地渗透。中国北方地区形成民族杂居的状况。由于魏晋政权在军事方面十分倚重这些内迁民族，因此只是要求他们能交纳赋税，提供劳役，不干预他们的生活方式，并没有将他们完全转化为国家的编户齐民。

西晋太熙元年（290），晋武帝司马炎病死，他的儿子惠帝司马衷继位。晋惠帝“不慧”，没有治理朝政的能力，大权落在皇后贾南风之手。贾后是西晋开国功臣贾充（今襄汾人）之女，“妒而少子，丑而短黑。……妒忌多权诈”（《晋书·后妃传》）。贾氏乱政引起了诸王和朝臣的不满，分封各地、各怀心思的宗室以“勤王”的名义废杀贾后，为争夺最高统治权展开了厮杀混战，这就是有名的“八王之乱”。八王之乱引发了北方民族矛盾的激化，形成所谓“五胡乱华”的局面。在这样的局势中，北方只有刘琨独树一帜，为晋坚守。

“八王之乱”中，山西的局势急剧恶化。鲜卑族乘机南下占领山西北部地区。盘踞在山西的匈奴族亦乘机发展自己的实力。匈奴贵族代表刘渊乘八王混乱之际，从洛阳回到了自己的部族所在地并州，逐渐扩大自己的政治影响力和地盘，于西晋永兴元年（304），在左国城（今吕梁市离石区一带）建汉国，自称汉王，与西晋争夺在并州的统治权。

西晋王朝于光熙元年(306),派中山魏昌人刘琨为并州刺史。刘琨,字越石。接任并州刺史后,从上党的壶关、长治一带招募兵卒千余人,突破匈奴关卡,抵达晋阳,修武备、建城郭,恢复生产,满目疮痍的晋阳开始出现了“鸡犬之音复相闻”的景象。永嘉六年(312)七月,刘汉政权派兵进攻晋阳。刘琨败走。同年冬天,刘琨联合拓跋猗卢围攻晋阳,匈奴军队死伤十之五六,晋阳被重新收复。此时,晋阳周边的局势也十分严峻。刘汉政权盘踞左国城,羯族首领石勒以襄国(今河北邢台)为根据地,都在窥视着晋阳。西晋宗室贵族南迁建立东晋,苟图偏安一隅。而刘琨在几近国灭的情况下坚守并州,和匈奴汉国、羯族赵国进行了英勇顽强的斗争,在晋阳支撑了十年之久。虽终被灭,但其精神尤为可嘉。

刘渊建汉与五胡十六国割据局面的开启

刘渊,字元海,生年不详,卒于永嘉四年(310),是南匈奴单于于扶罗之孙,匈奴左贤王刘豹之子。刘渊虽然是匈奴人,但对汉文化表现出极大的热忱。他遍习《诗经》《周易》《尚书》等儒学经典,又博览《史记》《汉书》和诸子学说,认为文武兼修才能获世人欣赏,因而习武。刘渊射艺精熟,膂力过人,又生得体貌伟岸,姿仪不凡,深得时人崇敬。

西晋咸宁五年(279),刘渊的父亲,任匈奴左部帅的刘豹去世,刘渊接替父亲之职。他严明刑法,禁止奸邪恶行,推诚接士,轻财好施。匈奴五部才俊、幽冀名流等纷纷前来交游。这为刘渊统一五部匈奴,在并州地区建立统治,积累了人望。

八王之乱爆发,北方的并州匈奴贵族刘氏乘势起兵反晋。族人共同推举刘渊为大单于。后刘渊返回左国城(今吕梁市方山县一带),二旬之间,便拥众五万。永兴元年(304),刘渊自称汉王。永嘉二年(308),刘渊正式称帝,迁都平阳,国号为汉。永嘉四年(310)七月,刘渊病重,不久病逝,在位6年。其后刘聪继承帝位,并于建兴四年(316)攻入洛阳,灭亡

方山县左国城外墙遗址

西晋。东晋大兴元年(318)七月,刘聪死,其子刘粲继位。八月,汉国发生内乱,奸臣靳准杀刘粲,掘刘渊、刘聪之墓,焚烧其宗庙,汉国灭亡。刘渊族子刘曜消灭靳准,迁都于长安,建立前赵国。

刘渊是汉化的匈奴贵族后裔。他在西晋日趋衰败、各地流民纷纷起义反晋的浪潮中,趁势在中原建立了第一个胡族政权——匈奴汉国政权。其后鲜卑、羯、氐、羌等民族也先后建立割据政权,各民族之间的融合和交流进一步加强。

羯人石勒——从奴隶到皇帝

石勒,羯族人,生于西晋武帝咸宁五年(274),死于咸和八年(333),享年六十。他的祖先在东汉时迁徙定居在上党地区。他身体魁伟,胆略超人,喜爱骑射,从小就有壮志。14 岁时石勒随邑人行贩于洛阳,曾一度为奴。永兴二年(305),成都王司马颖被河间王司马颙废去官位及皇

石勒画像

太弟身份。其部将匈奴族刘渊和公师藩以司马颖之名相继在并州、赵魏之地起兵。公师藩自称将军，石勒投靠了公师藩。这是石勒人生的重大转折，此后他便逐渐摆脱了奴隶的身份，开始了他的军事和政治生涯，逐步实现着从奴隶到皇帝的身份蜕变。

永嘉元年(307)，公师藩兵败被杀。石勒逃走，利用自己在上党地区的旧望，开始组建军队。这也是他日后建立后赵国的军事基础。根据诸史记载，刘聪在称帝之后授石勒为并州刺史。后刘聪又署石勒督并、幽二州诸军事，领并州刺史。后来刘聪又署石勒“都督冀幽并营四州杂夷征讨诸军事”。这一系列的任命意味深长。不仅表明石勒军团在刘汉政权中实力的强大，也充分说明该军团中确有大量并州人加入①。石勒的起家和后赵国的建立与并州有重大关联。永嘉五年(311)，石勒将西晋政权的最后一支军事力量全歼，并攻下洛阳，俘获晋怀帝。东晋大兴元年(318)，刘曜在长安称帝，建立前赵政权。石勒也于同年在襄国(今河北邢台)称赵王，建立了后赵政权。咸和五年(330)，石勒改元建平，称皇帝。至此，石勒暂时统一了中原，与东晋以淮水为界，形成了南北对峙的形势。

石勒虽不识字，但却是一位受汉文化影响较深的帝王。首先，石勒在后赵国内推行了“胡汉分治”策略，有利于适应胡汉之间不同的风俗。其次，重视发展农业生产，轻租薄税，使农业生产得到恢复。同时，他还巡行诸郡，劝课农桑，奖励“力田”者，又下令禁酿酒。第三，采用汉朝的选官制度，令公卿为官每年必须向朝廷推荐人才。第四，重视改善民族关系。羯人本来信奉胡天。石勒从后赵的大局出发，改敬佛教，以维系胡

①陈勇：《后赵羯胡为流寓河北之并州杂胡说》，载于《汉赵史论稿——匈奴屠各建国的政治史考察》，商务印书馆，2009年。

襄垣西营镇城底村石勒城遗址

汉民族的团结。在石勒统治期间,后赵西起河西、东濒大海、北尽燕代、南逾淮海,基本上统一了北部中国。咸和八年(333),石勒在位三年后病逝,后赵很快就陷入了统治集团内部的争斗与战乱之中,中原形势又为之巨变。

鲜卑慕容氏长子建西燕政权

西晋灭亡之后,黄河北岸政权林立。一般所说的16个政权中,由慕容鲜卑建立的就有4个,占四分之一。在并州上党地区建国的西燕政权就是其中之一。

西燕的建立与前燕的灭亡有着密不可分的联系。前燕势力发端于慕容廆称雄辽西，而由其子慕容皝于东晋咸康三年(337)建国。慕容儁时期达到鼎盛，地域基本上涵盖了平州、幽州、冀州、青州、兖州及豫州、徐州、并州等地。势力所及，东达今韩国首尔附近，西至黄河，南到淮河，北连大漠。与南方的东晋和建都长安的前秦形成三足鼎立的局面。后来前秦统一了北方，慕容鲜卑势力被打散。

东晋太元八年(383)，前秦在与东晋的淝水之战中战败，蛰伏在各地的慕容鲜卑势力乘机而起，谋划复国活动。原前燕皇帝慕容暐之弟、济北王慕容泓以复国的名义招集流落关中的鲜卑人，聚集了数千人屯聚在华阴。慕容暐的另一个弟弟慕容冲率领二万部众在河东起兵，并进攻蒲阪(今永济)，遭到苻坚大将窦冲的袭击，最后仅帅八千骑投奔慕容泓。

太元九年(384)，慕容泓自称大将军、雍州牧、济北王，以兴复燕国为号召，建元燕兴，史称“西燕”。同年六月，慕容泓被杀，慕容冲被立为皇太弟。次年正月，慕容冲在阿房即皇帝位。鲜卑贵族因为祖居东部，而且前燕建国在河北，所以都不愿在长安久居。太元十一年(386)二月，左将军韩延利用鲜卑军民思归的情绪杀掉慕容冲，后韩延又被杀。三月，慕容永率40余万鲜卑人收拾行囊，离开长安。此时的燕国故地、关东地区的慕容垂势力强盛，阻挡了慕容永东进的步伐。慕容永于是进军上党的长子，并在此称帝，改元中兴，建立西燕小王朝。

西燕慕容永与后燕慕容垂同是前燕的宗室，两国皆以复兴前燕相标榜。慕容垂在巩固了自己的后方之后，于东晋太元十八年(393)冬兵分两路，向西燕大举进攻。一路进攻西燕晋阳(今太原西南)；一路进攻西燕沙亭(今河北临漳西南)，连破西燕军。慕容永亲率军队回师阻击，在涧下中了慕容垂的埋伏，败回长子(今长子西南)。八月，西燕将领开城门投降，后燕军入长子，杀慕容永和公卿大将30多人，西燕灭亡。

慕容永在位期间，西燕统治疆域最大，北达新兴(今忻州)，南抵轵关，东依太行山，西至黄河边，计有上党、太原、武乡、建兴(今晋城)、西河(今离石)、新兴、平阳(今临汾)和河东(今运城)等8郡，总领人口7.6万余户。西燕国都古城址位于今山西省长子县雍河、岚水河支流的南岸。现存东北角城墙、北城墙、西城墙和西南城墙残垣。遗存的西燕古城依稀在向后人述说着这个政权的昔日辉煌。

拓跋氏建都平城与太和改制

发源于大兴安岭的拓跋鲜卑，经过两次大的迁徙，在力微时代的神元三十九年（258）自长川迁居盛乐（今内蒙古和林格尔县之北）。由于对西晋的支持，并州刺史刘琨表奏朝廷酬谢拓跋人。晋怀帝诏封拓跋猗卢为代公，以代郡为封邑。后拓跋珪在母族贺兰部以及拓跋部诸大人的支持下于北魏登国元年（386）即代王位，建立起鲜卑人、汉人共同组成的新代国。天兴元年（398），拓跋珪把都城迁往平城（今大同），开始了对平城的大规模营建。从此平城就从荒僻的小城逐渐变成北魏的政治和经济中心。从道武帝拓跋珪迁都开始，至太和十八年（494）孝文帝迁都洛阳，北魏在此建都近一个世纪，平城成为当时北方政治、经济、文化的中心。

在对平城进行经营的同时，拓跋珪对内部的经济和政治体制等方面也进行了一系列改革。主要是“离散诸部，分土定居”，县以下实行“宗主督护制”，促进了中原地区农业生产的逐渐恢复。拓跋珪之后的拓跋

大同北魏遗址发掘工地

大同市石家寨村司马金龙墓出土的石雕柱础

柱础通高 16.5 厘米，底座边长 32 厘米，柱孔直径 7 厘米。上圆下方，圆形覆盆雕刻精美，群山之间蛟龙穿行，盛开的莲花中雕出立柱插孔。构思精巧，玲珑脱俗。这样精美的建筑构件，展示出了北魏平城的都城风范。

嗣、拓跋焘以平城为依托，恢复旧官、劝课农桑、整顿吏治；同时，北讨高车、柔然，西征夏国，克定关中，出兵和龙，攻灭北燕，消灭北凉，于太武帝太延五年（439）完成了对黄河流域的统一。

在持续的征战中，北魏政权内部的矛盾在不断激化。为了缓和社会矛盾和民族矛盾，冯太后和孝文帝先后进行了一系列的改革。太和，是孝文帝拓跋宏的年号。以太和十四年（490）为界，之前冯太后一直临朝听政，是政权的实际统治者，之后则是孝文帝主政。由于政策的连贯性，故把他们实行的改革统称为“太和改革”。

冯太后进行的改制主要表现在经济方面。首先，用俸禄制代替班赐制。按官吏级别高低发给俸禄，不许自筹强取。其次，推行均田制，使失去土地的农民重新回到土地之上，农民的生产积极性提高，推动了北方经济的回复和发展。其三，设立三长制。规定五家设一邻长；五邻设一里长；五里设一党长，选择本乡“强谨”的人充当，建立起了较为完善的地方基层组织。其四，实行租调制。规定一对夫妇每年向政府缴纳粟二石、帛或布一匹。这一制度使农民负担大为减轻。太和十四年（490），冯太后病逝，孝文帝亲政，北魏改革进入新的阶段。

改革首先从迁都开始。太和十九年（495），孝文帝将都城从平城迁到洛阳。其次，改汉姓，与汉族通婚。孝文帝带头将拓跋氏改为元氏，其余鲜卑姓氏也改为汉姓。同时还大力提倡鲜卑人与汉人通婚。他自己纳范阳卢敏、清河崔宗伯、荥阳郑羲、太原王琼、陕西李冲等的女儿以充后宫，还为弟弟们聘中原汉姓之女为妃。其三，改汉服，说汉话。为了尽快让北来的鲜卑人适应中原的文化习俗，孝文帝改革旧俗，全面推行汉化。规定鲜卑人和北方其他少数族人一律改穿汉人服装，以汉语为“正音”，鲜卑语为“北语”。其四，改籍贯，死后不得北葬。最后，改革官制与礼制。仿效晋制厘定北魏官制，将汉族祖先黄帝及鲜卑祖先同时祭祀。

北魏政权从建国到灭亡共 140 多年。这一个半世纪正是我国第二次民族大融合的重要时期。道武帝等几代人的努力，特别是冯太后与孝文帝太和年间进行的一系列改革，为后来隋唐的繁荣兴盛、重现大统一提供了政治、经济、社会与文化等方面的准备，也为之后少数民族进入中原进行有效的统治提供了范例。同时，他们推行的均田制经过隋唐的发展，在唐时被日本吸收，成为日本班田制的源流。

契胡尔朱氏崛起秀容川

尔朱氏在北魏建国之初就已经归附北魏政权。道武帝拓跋珪进取中原时，秀容川酋长尔朱羽健率所部契胡从征晋阳，多有战功，因而获得了北魏政权的信任。由此尔朱家族也获得了秀容川附近三百里地的封地，并世代相袭。此后，国家每有征战之事，尔朱家族都要贡献牛马以助军资。这就为居住在秀容川、与北魏政权交好的尔朱部族提供了发展的前提，使它能够作为一支机动的军事和政治力量存在于山西中部到北部广阔的土地上。

孝文帝迁都洛阳之后，以平城为防御重心的北方六镇在北魏王朝政治生活中的重要地位逐渐丧失，边镇军民的政治地位也在下降，升迁的机会减少，而那些跟随政权前往洛阳的臣民却往往能获得较好的官职。这种反差引起了边镇将士的强烈不满。北魏政治江河日下，各种矛盾日益激化，不断爆发以流民为主体的起义。

史载，尔朱荣自幼聪慧，好射猎，以法摄众。其父死后，袭爵为秀容川领民酋长，掌握了尔朱集团的领导权。通过镇压起义，尔朱荣在并州一带的政治、经济、军事实力不断提升。同时，以并州为中心，积极联络地方豪强，巩固自己的势力。在尔朱荣军事实力不断增强的同时，武泰元年(528)二月，灵太后胡氏与人合谋毒死了孝明帝元诩，立皇女为帝，后又另立年仅三岁的元钊为帝，引发了北魏政权高层的动荡。尔朱荣趁机南下洛阳，另立彭城王元勰之子元子攸为帝，是为孝庄帝。尔朱荣也被封为都督中外诸军事、大将军、太原王。之后，尔朱荣又将灵太后及元钊沉于河阴(今河南孟津县东北)，纵兵屠杀，史称“河阴之变”。北魏王朝的军政大权至此落入尔朱集团手中。自立帝以来，尔朱荣“身虽居外，恒遥制朝廷”，控制着朝内的军政大权。孝庄帝逐渐对尔朱荣的专权产生不满，于是密谋诛杀尔朱荣。

尔朱荣被杀之后，尔朱兆等以并州为根据地起兵，攻入洛阳，孝庄帝被押至晋阳杀害。同时，尔朱集团内部也出现裂痕，高欢出走，尔朱兆自杀，部众为高欢拥有。至此，尔朱集团彻底覆灭。尔朱氏集团的由兴到衰开启了其后关中与关东（即西魏北周与东魏北齐）东西对峙的格局，进一步延长了中国的分裂局面。

从霸府到别都

我国的陪都制度出现得很早。自周武王设置东都洛邑开始，历代皆有陪都之制，尤其是以长安—洛阳为代表的东西两京制度，是我国历史上持续时间最长，也是最富有代表性的陪都制度。一般认为，首都在政治上具有绝对权威，陪都只具有礼仪性质，[①]目的在于辅助作为政治中心的首都，扩大和加强朝廷的统治。但是，东魏北齐的邺—晋阳两都制却与此不同。首都邺城的选择是根据陪都晋阳的确立而后选择的。晋阳是当时实际的政治、经济和军事中心，它的地位甚至超过了首都邺城，形成我国陪都史上喧宾夺主的特殊现象。[②]

北魏后期，皇室暗弱，天下大乱。尔朱荣南下洛阳，发动河阴之变，以“太原王”身份遥控北魏政权，甚至数次有迁都晋阳的打算。其后北魏孝庄帝杀死尔朱荣，给尔朱荣部下高欢以可乘之机，北魏大权遂落入高欢之手。高欢在控制洛阳政权后，以大丞相身份坐镇晋阳，利用晋阳附近长期形成的武力，培育自己的军事力量。他将恒州、燕州、云州三州之鲜卑拓跋部、慕容部迁至晋阳附近，在今原平、寿阳、文水设侨置州郡，同时又将六镇镇民迁至晋阳、孝义、平遥，使晋阳成为高氏的政治、军事基地。当时就有人称邺城（今河北临漳县西、河南安阳市北郊一带）孝静

①邹逸麟：《中国历史人文地理》，科学出版社，2001 年。
②渠传福：《我国古代陪都史上的特殊现象——东魏北齐别都晋阳略论》，载于《晋阳古都研究》，山西古籍出版社，2002 年。

帝为魏朝，而称晋阳高氏父子为“霸朝”，相府为“霸府”。

高欢死后，其子高澄、高洋相继掌权，至武定八年(550)，高洋率大军由晋阳到邺城，以“禅让”方式夺取帝位，建立北齐。从开国的文宣帝高洋至北齐后主高纬这五个皇帝中，在晋阳即位的就有废帝高殷、孝昭帝高演、武成帝高湛、后主高纬。也就是说，除了开国皇帝高洋在邺即位，是为了表示接受东魏的禅让以外，北齐皇帝的传接仪式基本上都是在晋阳举行的。有的即使是身在邺城，也都匆匆赶往晋阳即位。帝位的传接仪式在晋阳举行本身就说明，在高氏看来，晋阳就是他们实际的首都所在。另外，北齐诸帝不避寒暑，常年奔波穿梭于晋阳和邺之间。据统计，从东魏天平元年(534)至北齐承光元年(577)的 43 年中，高氏执政者共穿梭于晋阳和邺之间 37 次，住在晋阳的时间是 29 年，在邺都的时间是 14 年，在晋阳时间为在邺时间的二倍。东魏北齐时的晋阳，不仅是帝王的长居之地，当时的许多宗室国戚、勋贵权臣也都居住在这里。近年来在今太原市发现的北齐东安王娄睿墓等也充分说明了晋阳别都的地位。终北齐一代，晋阳是军国政务号令所出的政治、军事中心。

晋阳这种别都地位的奠定，对后世产生了深远的影响。隋朝时期有“太原有王气”的说法。李渊兴兵反隋，就是凭借晋阳“士马精强，宫监之中，府库盈积”(《旧唐书·刘文静传》)的条件和有利的战略地位。如果说关中是大唐兴起的根本，那么晋阳就是大唐兴起的第一块基石。武则天即位后以晋阳为“北都”，其后一直到代宗李豫都以晋阳为“北都”或“北京”。五代时，李存勖在洛阳称帝，以晋阳为“西京”，不久改为“北都”。后晋石敬瑭在晋阳称帝，次年迁都开封，以晋阳为“北京”。直到北宋王朝建立后，下令焚毁晋阳城，“不使列于方镇”，晋阳别都地位才逐渐消失。晋阳这种陪都模式的形成不是偶然的，是由其特殊的地理环境以及汉族同游牧民族长期冲突、碰撞、融合的形势所决定的。

太原市西南龙山北齐燃灯石塔

法显西行求法

法显俗姓龚，平阳武阳（今长治市襄垣县）[①]人，生于东晋咸康三年（337），死于刘宋永初三年（422），享年85岁[②]。在他3岁时，父母将其送到了寺院。佛教传入中国，到了法显生活的时代，已经有约三百年的历史了。随着佛教在中国的发展，僧尼人数的日益增多，僧伽规模也在扩大，如何对寺院进行有效的管理显得日益突出。特别是由于戒律经典缺乏，使广大佛教徒无法可循，以致僧侣穷奢极欲，无恶不作。为了健全僧伽制度，西行求法开始兴起。法显便是其中的代表之一。[③]

东晋隆安三年（399），六十多岁的法显深感佛界之弊，毅然决定西赴天竺（古代印度）取经，以寻求戒律。法显同慧景、道整、慧应、慧嵬四人一起，从长安起身，向西进发，开始了漫长的求法之旅。次年，他们到了张掖（今甘肃张掖），遇到了智严、慧简、僧绍、宝云、僧景五人。后来，慧达也加入其中。他们11人组成了“巡礼团”，历尽千辛万苦，同行的僧人或死亡或离散，最后只有法显坚持下来。经河西走廊、敦煌以西的沙漠到焉夷（今新疆焉耆附近），向西南穿过今塔克拉玛干大沙漠抵于阗（今新疆和田），南越葱岭，取道今印度河流域，经今巴基斯坦入阿富汗境，再返巴基斯坦境内，后东入恒河流域，达天竺（今印度）境，又横穿尼泊尔南部，至东天竺，在摩竭提国（即摩揭陀国）首都巴达弗邑（今印度巴特那）留住三年，学习梵书佛律。又经东天竺著名海港多摩梨帝（今印度加尔各答西南之德姆卢克）乘商船到狮子国（今斯里兰卡），留住二

①关于法显的籍贯，《祐录》《高僧传》《古今译经图纪》《开元录》等书都说他是平阳武阳人。《历代三宝记》《大唐内典录》则只说是“襄垣沙门”。

②关于法显的生年，此处仅根据能掌握的资料加以推断。参见章巽：《法显传校注》，上海古籍出版社，1985年。

③汤用彤：《汉魏两晋南北朝佛教史》，武汉大学出版社，2008年。

襄垣仙堂山法显纪念石雕

年。取得经本之后，再乘商船东归。在今山东半岛南部的崂山附近登陆，转取陆路，于义熙九年(413)到达建康(今南京)。法显遍历北、西、中、东天竺，只身一人从海路回国。

法显西行前后历14年，游历30多个国家和地区。法显到的地方，“皆汉之张骞、甘英所不至也”(《高僧传·法显传》)。另外，法显在西行的途中，途径耶婆提国，目前学术界认为耶婆提国是今日的印度尼西亚爪哇岛。而章太炎先生曾发表《法显发见西半球说》，把耶婆提拟定为耶科陀尔，认为法显早于哥伦布到达美洲。此后有多位学者对此说持肯定态度。如若确如章氏所言，法显应是到达美洲的第一人。

西行中，法显获得的经文有《方等般泥洹经》《摩诃僧祇律》《萨婆多律抄》等梵本。回国之后，在建康(今江苏南京)的道场寺同佛陀跋陀罗、宝云等共译出了经典6部63卷。其中的《摩诃僧祇律》，也叫《大众律》，为五大佛教戒律之一，对中国佛教的发展起了促进作用，产生了深远的影响。

法显还将自己西行取经的见闻写成了一部不朽的名著——《佛国记》。《佛国记》不仅是一部杰出的游记文学作品，而且是一部重要的历史文献，在世界学术史上占据极为重要的地位，被翻译成了多种文字。书中记述的地域甚为广阔，对所经中亚、印度、南洋约30国的地理、交通、宗教、文化、物产、风俗，乃至社会、经济等都有所述及，是中国和印度间陆、海交通的最早记述，是中国古代关于中亚、印度、南洋的第一部完整的旅行记，在中国和南亚地理学史和航海史上占有重要地位。

法显去印度时，正是印度史上的黄金时代——笈多王朝时期。关于笈多王朝，古史缺乏系统的文献记载，只有依靠《佛国记》来补充。《佛国记》还详尽地记述了印度的佛教古迹和僧侣生活，因而后来被佛教徒们作为佛学典籍著录引用。中国西域地区的鄯善、于阗、龟兹等古国，湮灭已久，传记无存。《佛国记》中记载的这些地区的情形，可以弥补史书的不足。此外，《佛国记》也是关于中国南海交通史的一部极为重要的巨著。古代中国与印度、波斯（今伊朗）等国的海上贸易，虽然早在东汉时期已经开始，然而《佛国记》中对信风和航船的详细描述和系统记载则为中国最早的海上航行记录。

佛教的繁荣与道教的兴盛

在多数人的印象中，魏晋南北朝时期最显著的社会特征是战争、离乱、迁徙，近四百年中只有半个世纪左右是统一的时代。就是在这样一个无序的时代里，儒学独尊的地位被打破，传统的宗法性宗教离开了意识形态的核心地位；佛教作为外来文化与中国固有的文化接触、碰撞、交流，获得了长足的发展；道教逐渐走向成熟，儒、释、道三教冲突与融合，构成一个宗教大创新的时代。许多代表人物，如佛教的慧远、昙鸾，道教的寇谦之等，在宗教发展史、甚至中国思想文化发展史上均成为里程碑式的人物。

产生于印度的佛教在东汉末年开始大规模传入中国，到魏晋南北朝时期由于北方少数民族政权林立，传统的儒家思想遭到冲击，佛教受到了统治阶层的青睐。从后赵开始，由于大和尚佛图澄的努力，佛教在并州地区开始扎根。此后道安广授门徒，带领众人一度在恒山讲学。后来迫于战乱，道安带领众人分不同的路线南下。道安门徒众多，其中尤以慧远成就最为突出。

慧远画像

慧远，雁门楼烦人。作为道安的弟子，慧远不仅成为继道安之后佛教的领袖，而且他对佛教所做的改革和贡献使得佛教的发展逐渐适应中国传统文化而中国化。慧远在推进佛教中国化进程中的主要贡献是：确立了佛教与王权、政治之间不即不离的原则；在佛教律仪与世俗礼仪的关系上，提出了相互接纳的论说，强调佛教与礼教的根本一致性，成为其后中国佛教遵循的基本信条；在佛教学说上，提出了神不灭论，并阐发了因果报应说，使这一理论成为中国佛教因果报应说的圭臬；在佛教修持上，首置禅林，率先约集同志信奉弥陀信仰等。慧远的这一些努力被认为是尔后净土宗的始举，他本人也被奉为中国净土宗的始祖。同时，慧远所住的庐山东林寺成为当时南方最为重要的佛教文化传播中心，是中国山林佛教的典范。慧远运用深厚的儒学和道学的造诣对佛教的义理进行了阐发。他的儒、道、佛三教融会的思想对推进佛教中国化有着举足轻重的作用。他也成为中国佛教史上的一座丰碑。

北魏兴安二年（453），昙曜被朝廷征召至京都平城，文成帝尊他为帝师。和平初年（460），昙曜继师贤之后任道人统，管理全国僧众，后道人统改名为沙门统。在任沙门统期间，鉴于此前灭佛的教训，昙曜征得文成帝的同意和支持，在武州塞凿山开窟（即大同云冈石窟），为北魏五代帝王雕刻了五尊释迦像，史称“昙曜五窟”，把“皇帝即如来”的思想形象化，使佛教与政治有效地结合，促进了佛教的发展。为了佛教的独立发展，昙曜还奏请设置了僧祇户、佛图户。这使佛教摆脱了印度时期靠施舍发展的被动局面，在自身稳固的经济基础上走独立发展的道路。同时这也成了日后佛教寺院经济的滥觞。由于历史记载的缺失，昙曜的籍贯与生卒年无从得知。但他在恢复和宣扬佛法上的功绩，由于遗存于世的云冈石窟而被后人津津乐道。

继慧远、昙曜之后，在北朝末年并州地区还有一位高僧，他对中国净土宗的弘扬起了关键作用，是净土宗的实际开创者，他就是昙鸾。昙

鸾是雁门（今代县）人，曾南游拜见陶弘景，准备携《仙经》进行修行。在返乡途中，偶遇印度名僧菩提流支而改信佛教。昙鸾以菩提流支所赠《观无量寿经》为主要经典，大力弘扬净土念佛，民众纷纷皈依，名声大振。北魏分裂后，东魏孝静帝尊称他为“神鸾”，并下敕令要他住持并州大寺。后来他又移住汾州北山石壁玄中寺（今属交城县）讲经授徒。从此，玄中寺成为传播净土信仰的重要中心。到唐代，昙鸾的再传弟子、山西文水人道绰继续在玄中寺传道。后来道绰的弟子善导来到长安，建立起了完备的净土宗派，使净土宗的发展达到极盛。净土宗在传入日本后，成为众多佛教宗派中的一个重要宗派。昙鸾所在的交城玄中寺不仅成为中国净土宗的祖庭，也是日本净土宗的开山祖庭。

太原花塔村出土北齐释迦七尊像

南北朝时期，北魏王朝统治下的山西地区是道教北天师道的传教中心，其中的代表人物是寇谦之。寇谦之是北天师道的创始人，出身于北方的大姓豪族。在太武帝的扶植下，寇谦之开始了改造道教的活动。他通过制造宗教神话，确立了自己作为新天师道首领和“帝王师”的合法地位。在此基础上，修订教规教仪，把天师道改造成为融合儒家思想、吸收佛教教仪的新宗教。寇谦之的改革使道教的理论体系进一步完善，组织机构得以改组重建，道教也由此进入了一个新的发展阶段。

这一时期除了佛教与道教盛行于山西地区之外，流行于中亚各地的拜火教（祆教）也活跃于此。被列为1999年全国十大考古发现之一的虞弘墓的发掘，为我们了解拜火教在这一时期的发展提供了实证。

丝绸之路上的山西重镇

自张骞出使西域之后，中原王朝与西域以及葱岭以西诸国的交通逐渐形成了较为固定的路线，后世称这条贯穿欧亚非三大洲的交通路线为丝绸之路。如果把丝绸之路由东向西的起点固定为长安或洛阳，则是忽略了汉唐之间四百多年的历史印记。事实上在这段历史的长河里，扮演重要角色的山西不仅在政局上影响了南北走势，而且在经济贸易上也是东西交汇的重要节点。位于其中的平城和晋阳缘于特殊的地理位置，一度成为北方国际政治、经济、贸易中心。它们是丝绸之路东延段的重要地区。

自古以来山西就是丝绸的重要产地，也是纺织业的重要发源地。汉魏时，百姓以谷帛为市，其中山西绛州的纺织品尤为著名。北魏时，河东郡、平阳郡的贡品即为包括丝织品在内的"绵绢及赀麻"等纺织品。唐时，山西的纺织业得到了更大的发展，纺织品包括丝织品、麻织品与毛织品三类。其中绛州的白谷为当时的名优产品，晋南永济一度成丝织品的生产中心。

虽然波斯锦早已闻名，然而最早的波斯锦是用金线、银线所织成，公元4世纪以前的波斯显然不知道养蚕缫丝技术。[①]随着北魏使者韩羊皮的远抵波斯（《魏书·西域传》），来自中国的生丝和纺织技术传入波斯，并促进了波斯纺织技术的发展。只有在中国的养蚕缫丝技术传入之后，波斯才织出了真正以丝为原料的织锦。

随着北方的统一，北魏谋求向西进一步发展。太延三年（437），拓跋

①夏鼐：《北魏封和突墓萨珊银盘考》；马雍：《北魏封和突墓及出土的萨珊银盘》，载于《文物》1983年第8期，第5—7页；第8—12、39页。

大同地区出土北魏文物

大同雁北师范学院北魏墓出土粟特人俑

焘“又遣散骑侍郎董琬、高明等多赍锦帛，出鄯善，招抚九国，厚赐之”（《魏书·西域传》）。董琬等一行“北行至乌孙国”。他们回到平城后，随同而来的有包括乌孙、破洛那、者舍等在内的西域十六国的使者，北魏与西域之间开始互通使节。董琬等出使西域是中西交通史上的重要事件，在加强中原与西域各国的关系方面起到了沟通和促进作用，使一度沉寂的中西之间的官方往来又频繁起来。此后，太武帝积极经营西域，派兵远征鄯善、焉耆、龟兹等国，并置焉耆镇，取代柔然控制了西域诸国，这为中原与西域各国在丝绸之路上的商贸往来提供了保障。

伴随着双方使节和商旅的往来，中原地区的麝香、樟脑和丝绸纺织技术进一步西传，萨珊王朝的玻璃器、金银器、萨珊银币、萨珊式绘画、雕塑风格等也传入我国中原地区，并对中原文化产生了较为深刻的影响。作为北魏前期的首都平城和东魏北齐陪都的晋阳表现出了与它们政治地位相符的特征。《魏书·西域传》载：“太武时，其国（大月氏）人商贩京师，自云能铸石为五色琉璃。……自此，国中琉璃遂贱，人不复珍之。”大月氏国的琉璃技术开始传入北魏平城（今大同）。

早在5—6世纪时萨珊波斯金银器就已经输入到了中国各地，目前

可以确定的波斯金银器皿已有不少发现。1981 年,大同西郊小站花疙瘩台北魏正始元年(504)封和突墓出土了波斯的鎏金银盘。鎏金银盘是 5 世纪萨珊波斯朝的工艺珍品，这也是波斯银盘在我国的第一次发现。① 1970 年大同北魏城址出土的银八曲长杯、银碗,1988 年大同北魏墓葬中出土的银碗，都是典型的萨珊式波斯银器，其中应当有波斯使者带来的波斯产品，也有可能是北魏得自西域或中亚所产的波斯器皿。此外波斯的铠甲也在这一时期传入中原地区。波斯是很早使用铠甲和具装铠的地区之一。公元前 480 年,波斯皇帝的军队已经装备了铁甲片编缀的鱼鳞铠甲。在幼发拉底河畔的安息艺术中,有身披铠甲的战士,也有披着鳞形马铠的战马。这些马具装连同波斯所特有的锁子甲和萨珊式开胸铁甲一起，经过中亚从新疆地区进入内地,成为五胡十六国及北朝时期常见的铠具。甲骑具装俑被发现于大同北魏太和八年(484)司马金龙墓、山西祁县北齐墓等多处墓葬之中。到 6 世纪末,具装铠已因北方民族的传递而被长江流域的南朝军队所采用,从此遍及全国。

北魏鎏金刻花银碗

北魏磨花玻璃碗

北魏迁都洛阳后，并州地区与国际之间的经济贸易往来并没有随着都城的迁移而衰落。随着西域商人大量来到晋阳,他们不仅带来了西域的商品,还带来了西域的宗教、服饰、音乐、舞蹈、绘画及各种手工艺,这在现今出土的器物上有明显的表现。

① Thomas Francis Carter, *The Invention of Printing in China and Its Spread Westward*, New York, Columbia University Press, 192.第十二章、第十三章,第 821—830 页。

太原市隋代虞弘墓石雕

北齐时期开凿的太原天龙山石窟

徐显秀墓出土金戒指

太原市晋祠南王郭村发掘的娄睿墓，其中出土的釉陶器上，有忍冬植物、联珠、宝珠、新月、太阳等装饰图案，明显受到西域文化的影响。其中有一组釉陶灯，造型端庄大方，花纹细腻绚丽。这种纹饰图案常见于中亚伊朗和阿富汗器物之上，因此真实反映出北朝工艺受西域影响后的结果。隋代虞弘墓是一座有准确纪年，并有完整、丰富中亚图像资料的墓葬。其汉白玉石椁上雕刻的人物服饰、器皿、乐器、舞蹈内容以及花草树木，均取材于波斯和中亚诸国，有些画面有明显的祆教内容，展示了浓郁的异域风格。北齐徐显秀墓出土了一枚嵌蓝宝石金戒指和一枚素面银指环。蓝宝石上的人物造型以及指环上的连珠纹、两兽首相对之形皆来自西域。在墓葬壁画中的侍女长裙上也布满了萨珊波斯风格纹样的连珠图案。除此之外，在徐显秀墓中的壁画上还有一个更重要的发现，即出现了一种具有立体效果的色彩晕染法，使画面富有变化。此画法与龟兹石窟壁画具有一定的相似性。据张彦远《历代名画记》载，北齐时形成一种“简易标美”的新画风，此法源于印度和西域。这种画风在娄睿墓中已有体现，在徐显秀墓壁画中更加明显。

裴秀制图六法与历史学、地理学的突出成就

魏晋南北朝时期出现了“古代科学技术高速疾进的罕见局面”。山西的几位学者，对这个时期的学术贡献不菲。

裴秀(223—271)，西晋河东闻喜(今闻喜县)人。李约瑟称其为“中国科学制图学之父”。裴秀在阅读《禹贡》时发现，其中的山川地名沿用久远，与现实情况差距比较大，于是甄别资料，对其进行注解，写成了《禹贡地域图》18篇。《禹贡地域图》的编写标志着中国乃至世界上第一部以

文字形式记载的地图集的诞生，为当时的政治管理与军事活动提供了宝贵的科学依据。可惜的是，该著作在隋代时就已残缺不全。然而可喜的是，《晋书·裴秀传》保存了裴秀为《禹贡地域图》所作的序，为后世了解裴秀的地理学思想和地理学贡献提供了线索。裴秀在序文中提到了制作地图要遵循的六项原则（也称为“制图六法”），即分率、准望、道里、高下、方邪与迂直，也就是比例尺、方位、路程距离、地势起伏、倾斜角度、道路与河流的曲直。他提出的“分率”就是要求绘制地图时要设置经纬线，而“准望”则规定绘制地图时须以北方为上，这些成为后来世界各地绘制地图的基本法则。在中国地图学及天文学的发展史上具有划时代的意义。

隋朝的裴矩（约 547—627），河东闻喜人，在地理学尤其是西域地理学上的贡献也独树一帜。裴矩曾先后在北齐、北周、隋、唐等朝为官，著有《西域图记》。隋代时，他在张掖掌管与西域的互市，这为他收集、了解西域地区的地理、风土、政治、宗教、物产、交通等资料提供了便利。《西域图记》详细地记录了从敦煌出发通往地中海、中亚及南亚的道路，是最早记录中国及亚洲连通欧洲的交通情况的文献，也是关于边疆历史地理研究的最早成果。

裴松之（372—451），南朝宋河东闻喜人，东晋时期杰出的史学家。他为陈寿《三国志》所作的《三国志注》，是我国古代重要的史学著作，也成为陈寿《三国志》不可缺少的重要组成部分。裴松之作注时，引用魏晋时期的著作多达 200 多种，保存了这一时期许多珍贵的史料。另外，他还开创了史注的新方法。裴松之之前，史家作注时多采取解释音义、名物、地理、典物等方法，而裴松之的注文，不仅包括上述内容，而且把注的重点放在补阙、备异、惩妄、论辩等方面，为注书开创了一种更加完备的体例。裴松之对中国史学的贡献，主要有三个方面。第一是开创了史注新法；第二是开创了史料比较法，并发展了史料考证学；第三是裴松之是中国史学批评史上第一个有成就的史学家。[①] 裴松之除了《三国志注》之外，还有《文论》《晋纪》《集注丧服经传》等著作。

裴骃，裴松之的儿子。他为《史记》作的《史记集解》补充了大量的历

①杨翼骧：《裴松之与范晔》，载于《光明日报》1962 年 7 月 14 日。

史、地理、典章制度等史料。另外，他为《史记》作解时，除了进行传统的训诂注音，还继承发展了其父裴松之补充史料的特点，形成《史记》注释的新传统。之后，裴骃的《史记集解》成为与唐代司马贞的《史记索隐》、张守节的《史记正义》并列的“史记三家注”。这里，裴骃对《史记》作注的开启之功是不可忽视的。

裴子野（466—528），裴松之曾孙，裴骃之孙，在史学上也有突出表现。他继承祖辈的传统，要完成一部“宋书”。但当时沈约所著的《宋书》已流行于世，裴子野于是就把已经完成的《宋书》删编成一部 20 卷的《宋略》。

这一时期的史学成就还有一位值得大书特书的人物。那就是除“史家三裴”之外的郭璞。郭璞（276—324），河东闻喜人，东晋时期的著名学者。他既是文学家和训诂学家，又是道学术数大师和游仙诗的祖师。而他在史学上也有非常大的成就，这集中表现在他对《山海经》的注释上。郭璞的《山海经注》不仅将文本内容做了训诂方面的注释，还将自己对《山海经》的理解融汇于其注文中，影响深远。郭璞除了《山海经注》之外，也对《尔雅》《方言》《穆天子传》作了注释。这四部注书现今见到的最早注本均为郭璞所注。

地理上的学术成就除了郭璞的《山海经注》和裴秀的“制图六法”，还有郦道元的《水经注》。由于郦道元是北朝人，对北方水系的记录非常详细。以山西地区为例，他亲自勘察，几乎记录了山西境内所有水系及其沿途的情况。这为研究北朝时期山西地区的自然地理和人文地理风貌提供了丰富的资料。

璀璨的艺术瑰宝

魏晋南北朝时期是中国政治上最混乱、社会上最苦痛的时代，然而却是精神史上极自由、极解放，最富于智慧、最浓于热情的一个时代。三晋地区作为各种文化交汇的空间，有诸多璀璨的艺术瑰宝，如书法、绘画、民歌等，镶嵌在历史的画卷上。

这一时期是书法史上字体变革的关键时期，是书法理论兴起和对书写审美关注的时期。这一时期的书法实践开启了“魏晋风流”尚韵之风，产生了诸多在书学领域对后世有深远影响的书法家、书论和书作，河东卫氏就是其中的代表之一。河东卫氏在曹魏时期已经登上历史的舞台，其代表人物是卫觊。卫觊之后，卫瓘成为卫氏家族的代表。卫瓘在书学上的表现独树一帜。其书风中的流便之美，是字体“以趋约易”的历史趋势。他对字体结构的美化处理，既保留有汉代以来的古朴风貌，也开启了东晋以二王为代表的成熟行书的先声。这一时期不仅书学代表人物增多，有卫恒、卫铄、卫宣、卫庭等，而且也出现了书学理论的代表作《四体书势》和《笔阵图》。[①]卫恒是卫瓘之子，在书法实践和理论上都有很高的造诣。他所作的《四体书势》汇集篆体、隶体和草体于一体，首次尝试了以系统的方式对书体从审美方面进行整理。对分散的书法审美认识加以集中，是书法史研究的雏形，也是第一篇对字体发展历史所作的整理文献。卫铄，又称卫夫人或李夫人，因“王遗少（王羲之）之师”而留名史册。卫铄的书法风格以工丽见长，除了在书法实践上身体力行，在书学理论上也颇有建树。传为卫铄所著的《笔阵图》既是魏晋以来书法美学思想的概括集中，也是书学家对技法及工具的实践总结。处在书法源头之先的卫氏家族关于书学的审美思想流布南北，成为构建南北书法审美风格的理论依据。特别需要提到的是北魏平城时期大量的碑刻墓志，如《司马金龙墓志》等，高古质朴，楷笔隶意，雍容大度，是魏碑体的先声，亦是中国书法的重要贡献。

在外来文化的激荡之下，魏晋南北朝时期的绘画艺术也具有承上启下的作用。山西地区出土的娄睿墓和徐显秀墓的壁画表现最为突出，它们代表了北朝现实题材绘画的最高水平，“在整个中国美术史上也是屈指可数的杰作”。[②]

①关于《笔阵图》，有学者认为是卫铄所作，但也有学者持反对意见，认为是在唐代一步步繁衍构造出来的。但不管怎样，《笔阵图》与卫氏有着千丝万缕的联系。详见：殷全增：《魏晋时期卫氏家族书学研究》，郑州大学硕士学位论文（2012 年）。
②陈建军、高剑军：《北齐绘画艺术散论》，载于《艺术百家》2008 年第 7 期。

以娄睿墓和徐显秀墓为代表的壁画所采用的构图方式，已具有了类似于卷轴画特征的表现手法。在造型风格上，用笔简洁准确，比例适当，注意表现人物、牛马的整体轮廓和结构动态，呈现出简洁概括的造型风格。同时，在人物造型中表现出明显的北方民族特征。在线条运用上呈现出简洁疏朗、遒劲有力的特点，反映了北齐画家对传统用线手法的继承和发展。其中在人物特征上，用色彩晕染的手法来表现人物的表情，使其更具有立体感。而这种方法的使用不是中原旧有的绘画传统，而是对印度绘画方法的吸收。在画面色调上，注意色彩冷暖的搭配、明度纯度等方面的对比，表现出明显的西域、甚至中亚地区的特点。这再一次说明，魏晋南北朝时期的并州地区是中外艺术的交汇空间。

娄睿墓壁画

新近出土的忻州九原岗壁画在娄叡墓和徐显秀墓壁画的基础上，进一步发展了卷轴画的特征，是北朝晚期壁画长卷样式的代表。同时，九原岗墓葬中墓道北壁壁画中的建筑物是第一次用绘画的形式展现了北朝木结构建筑的风采，在同时期墓葬中也是首次发现。墓葬中的壁画再现了斗拱结构在当时普遍使用的场景。斗拱的出现比《营造法式》的记载和建筑学家梁思成发现的佛光寺东大殿斗拱构造提前了百年以上的时间，足可以重写中国建筑史。这对研究北朝社会生活、绘画艺术，以及我国古代建筑史都具有非常重要的意义。

外来艺术与中国本土艺术经过长时期的交流融合，形成了新的美术样式。以娄睿墓壁画和徐显秀墓壁画为代表的北齐绘画艺术奠定了

太原北齐徐显秀墓壁画

中古时期中国绘画艺术的造型基础，并为隋唐绘画艺术的全面繁荣准备了条件。

忻州九原岗北朝墓葬壁画

北朝民歌是我国文学史上的一枝奇葩，大多格调粗犷豪迈，气势苍凉慷慨。三晋地区作为北朝时期的重要空间地带，从北魏定都平城起，到北齐、甚至隋唐时期，在政治、经济、文化等方面都有卓越的表现。从广为流传的《敕勒歌》中可见其一斑：

敕勒川，阴山下。天似穹庐，笼盖四野。天苍苍，野茫茫，风吹草低见牛羊。

除上述书法、绘画、民歌之外，在音乐舞蹈方面，这一时期的三晋地区也有着突出的表现。《晋书·刘琨传》载，在晋阳被匈奴兵包围时，刘琨曾乘月登楼吹奏胡笳，匈奴军士听了“流涕歔欷，有怀土之切，向晓复吹之，贼并弃围而走”。近些年来，山西地区不断发现有这一时期的琵琶俑

忻州九原岗北朝墓葬壁画中的木结构建筑图形

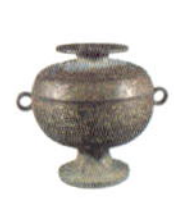

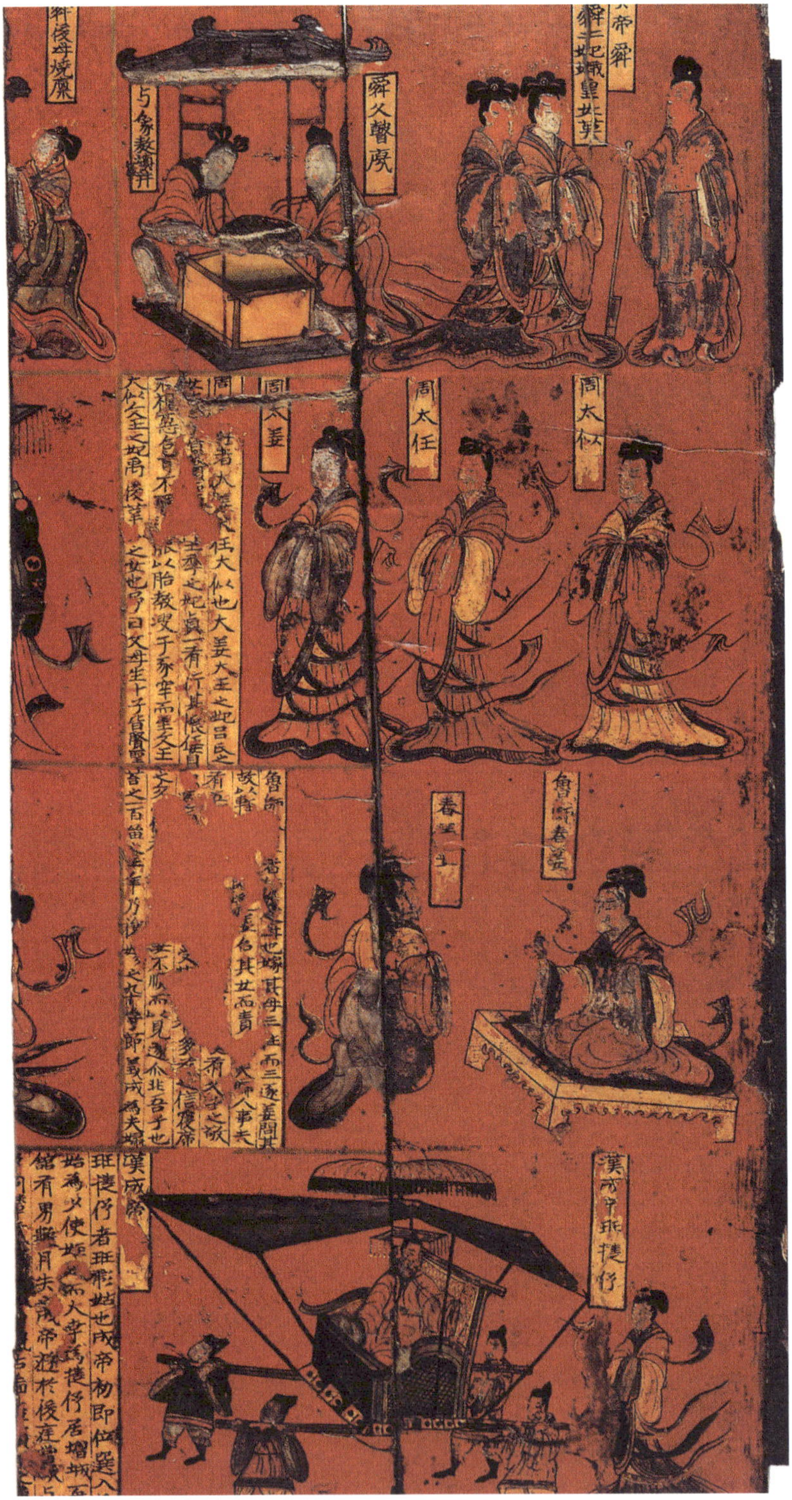
舜父瞽叟
周太姜
周太任
周太姒
魯師春姜
漢成帝
漢成帝班婕妤

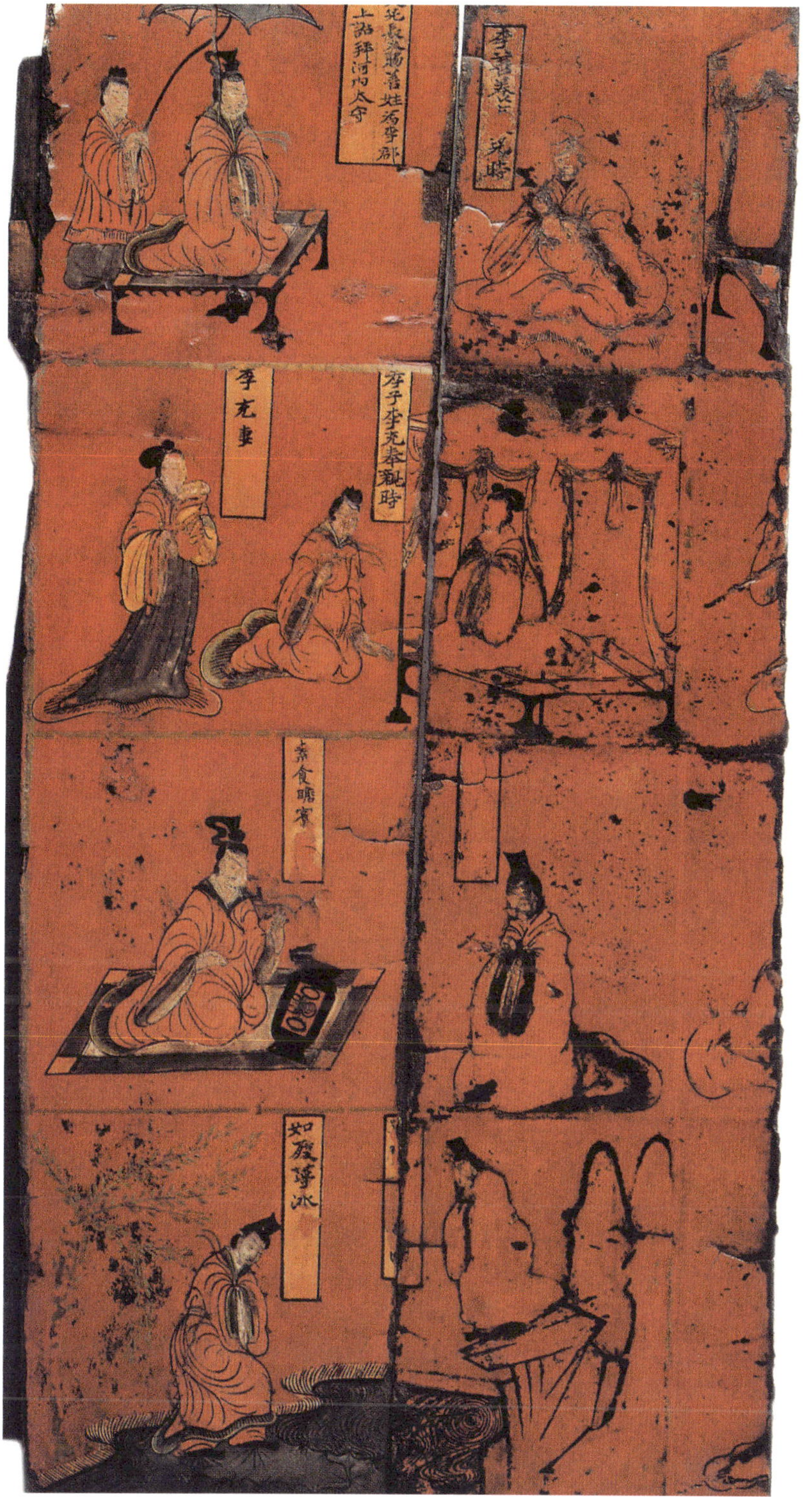

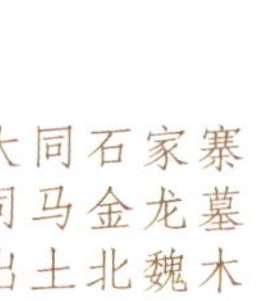

大同石家寨司马金龙墓出土北魏木板屏风漆画

出土,如寿阳的北齐库狄回洛墓和大同司马金龙墓等。另外云冈石窟的雕像中也随处可见这些来自西域的乐器。建都平城(今大同)的北魏在宫廷乐的建构中,既吸取汉魏的传统,又吸收南朝的经验,将中华雅乐精神和传统作为仪式音乐文化建构的主框架,并积极提升鲜卑民族音乐,使之纳入中华雅乐之体系中;另一方面,又兼采四夷之乐与五方之音。北齐、北周的宫廷音乐文化策略也大致如此。这为汉胡音乐交流、融合提供了极大方便,成为隋唐燕乐空前发展的发端。

多元文化汇聚的云冈石窟

云冈石窟位于山西省大同市西郊武州山南麓,依山而凿,东西绵亘约 1 公里,现存主要洞窟有 45 个,大小窟 250 多个,石雕造像 51000 余身,堪称公元 5 世纪中国石刻艺术之冠,被誉为中国古代雕刻艺术的宝库。石窟借鉴希腊、波斯、印度雕刻艺术风格,又有机地融合中国多民族的艺术传统,形成了独具特色的"云冈风格"。云冈石窟不但是了解和研究我国古代历史、雕刻、建筑、音乐以及宗教信仰等方面的重要资料,也是追溯古代中西文化交流和人民友好往来的实物佐证。

随着北魏政权的发展与巩固,佛教的发展陷入了囹圄之中。太武帝下诏灭佛,导致了佛教及其相关艺术发展的停滞。随着文成帝的即位,佛教的发展迎来了春天。僧人昙曜鉴于太武帝灭佛时,土木工塔等皆被焚毁的教训,选择了开凿石窟这一可以永存的造像方式。和平元年(460),"昙曜白帝,于京城西武州塞,凿山石壁,开窟五所,镌建佛像各一。高者七十尺,次六十尺,雕饰奇伟,冠于一世"(《魏书·释老志》)。石窟建成后,云冈便成为皇家崇佛祈福的圣地,在此地朝圣礼佛者连绵不断。云冈石窟也成为我国第一座由皇室经营的石窟。根据开凿的时间,云冈石窟被分为三期。昙曜五窟的初建为第一期,双窟洞开凿为第二期,构成了云冈石窟的基本面貌。第三期则是北魏迁都洛阳之后开凿的

大同云冈石窟第6窟东壁中层南侧坐佛龛"鹿野苑初次说法"

石窟,规模较小。三期呈现出了各具特色的造像风格。

第一期以"昙曜五窟"为代表。其艺术风格的主要特点,既有秣菟罗佛像躯体粗壮,肩幅宽阔,显得威严强健而坐姿稳定的佛像创作风格,也有印度以及犍陀罗佛像的特色。在云冈石窟开凿时代,北魏政权的国际交流异常发达,特别是在对佛教文化的吸收和消化过程中,非常注重采纳来自于印度及西域诸国的文化元素。第二时期"太和石窟"第7窟

大同云冈石窟

云冈石窟石佛像

后室南壁明窗与窟门间雕刻的六胡跪供养者的画面布局，不仅呈现了犍陀罗希腊式石雕横版画面的格局，其人物数量也与犍陀罗画面相同。画面两边均雕刻了类似于犍陀罗希腊式科林斯浮雕柱的立柱，充分表现了犍陀罗艺术的风格。其中关于“飞天”的造像，表现出了艺术融合的特性。古埃及和希腊、罗马及印度文化中原有的那些有翼天神、有翼飞鸟、飞人在云冈石窟中变成了无翼飞人——“飞天”，显示出云冈石窟的相融性、独立性和创新性。第三期的石窟多开凿于北魏迁都洛阳之后。这一期的造像艺术中，汉民族的风尚开始显现，褒衣博带、秀骨清像，成为云冈石窟造像的主流，并从此成为时尚。如果说云冈第6窟中最早出现的褒衣博带式佛像，尚未脱离“胡貌梵相”，那么这一期石窟外壁的众多造像则是完全“改梵为夏”了。

云冈石窟是石窟艺术“中国化”的开始。云冈中期石窟出现的中国宫殿建筑式样雕刻，以及在此基础上发展出的中国式佛像龛，在后世的石窟寺建造中得到广泛应用。云冈晚期石窟的窟室布局和装饰，更加突出地展现了浓郁的中国式建筑、装饰风格，反映出佛教艺术“中国化”的不断深入。此外，石窟中留下的乐舞和百戏杂技雕刻，也是当时佛教思想流行的体现和北魏社会生活的反映。这一时期的石窟造像除了云冈石窟之外，在平城到洛阳的重要转折点晋阳也有遗存。具有代表性的是开凿于东魏北齐时期的天龙山石窟、蒙山大佛。

第六章

盛世下的辉煌

（隋唐时期）

概述

隋唐文明，与山西历史渊源极深。

隋代地方行政制度实行郡、县（或州、县）两级制。隋朝在今山西境内设立 13 个郡（州），包括太原郡（并州）、西河郡（介州）、离石郡（石州）、雁门郡（代州）、马邑郡（朔州）、楼烦郡、上党郡（潞州）、长平郡（泽州）、临汾郡（晋州）、龙泉郡（隰州）、文城郡（汾州）、绛郡（绛州）、河东郡（蒲州），分统 88 县。

唐朝地方行政管理制度基本沿袭隋朝。不过，从贞观元年（627）起，开始设立“道”。“道”起初只是一种监察区，后来逐步成为一级地方行政机构。当时在今山西境内设立的是河东道，在较长时间内，河东道统辖 2 府 16 州。唐高宗时期设立的单于大都护府（主体在内蒙古）当时也属于河东道管辖。其所辖 2 府是：太原府（太原郡）、河中府（河东郡）；16 州是：绛州（绛郡）、晋州（平阳郡）、慈州（文城郡）、隰州（大宁郡）、汾州（西河郡）、潞州（上党郡）、泽州（高平郡）、沁州（阳城郡）、仪州（乐平郡）、代州（雁门郡）、忻州（定襄郡）、岚州（楼烦郡）、石州（昌化郡）、朔州（马邑郡）、蔚州（安边郡）、云州（云中郡）。

隋唐王朝统治者的先祖，起源于北魏在山西北边及内蒙古中部设立的鲜卑六镇戍兵，后随宇文泰入关，成为关陇权贵集团的核心成员。他们与山西这块地方，有着一种天然的血肉联系。隋文帝杨坚的先祖是山西人。做过晋王的隋炀帝更对山西偏爱有加，修杨广道，建汾阳宫，三次巡幸山西；意犹未尽，竟把历史的接力棒传给了他的表亲——唐王朝的创立者李渊。晋阳起兵，太原成为唐朝“国之根本”。唐太宗李世民、唐高宗与武则天、唐玄宗李隆基，这些鼎盛时期的唐朝帝王对山西一直有一种眷恋情结，不时巡幸山西，观览雄浑的山川风貌，缅怀先人的创业伟绩。

山西的战略地位重要，主要因为太原是东、西两京的北大门。天下强兵屯集太原，太原遂成“治世之重镇，乱世之强藩”。进而整个山西系天下之安危，即所谓“天下之形势，必有取与山西”。李勣守太原十六年，被唐太宗誉为“贤长城远矣”；李光弼太原保卫战的成果，为安史之乱后唐朝的重建立下不世之功。而五代，一个个崛起于太原的野心家军阀，成为中原王朝频繁更迭的祸乱之源。

隋唐时代的太原，有很多来自中亚、西亚的商人，可以说已是一个国际化的大都市。河东道在隋唐经济上的地位同样不可忽视。当时晋南一代，经济发达，粮食、盐、麻布都要供应京师，所谓“河东富实，京邑所资”是也。河东的铸铁、铸铜居全国领先水平。“太谷张老的梨”天下知名。太原是内地最早种植葡萄的地方之一。牡丹也是从山西移植到两京的。唐代木构建筑保存至今仅有的四个大殿，全在山西。

山西人为隋唐文明做出的贡献极大。甚至可以说，山西人是李唐王朝这场历史大剧的导演，而且其中许多重要角色由山西人扮演。著名学者李泽厚曾说，魏晋“有一个突破数百年的统治意识重新寻找和建立理论思维的解放历程”，这个过程到隋朝，随着地主阶级的局部更新，新的统治理念得以确立，王通思想正是这一社会更新的体现。以裴寂、刘文静、温大雅、武士彟为代表的“太原元从将士”，是唐朝的缔造者。唐开国以后，杰出的政治家有王珪、武则天、狄仁杰、裴炎、裴耀卿、裴垍、裴度，杰出的军事家有尉迟敬德、薛仁贵、裴行俭、王忠嗣，至于文坛大师，举凡王绩、王勃、王维、王之涣、王昌龄、柳宗元、白居易、温庭筠、司空图，皆名震寰宇。隋唐文明，如果少了山西这一重要元素，简直不可想象。

隋朝在山西的统治与隋炀帝北巡

隋朝与山西，关涉甚多。下面我们从四个方面作出说明。

一是隋朝杨氏的祖先源出山西。建立隋朝的文帝杨坚，其先祖出自六镇。据《周书·杨忠传》记载，其祖上镇边，“因家于神武树颓焉”。神武树颓，查《魏书·地形志》，朔州有“神武郡殊颓县”，“殊颓”即是“树颓”。今山西右玉县苍头河，北魏隋唐时代称树颓水，树颓县应该就在右玉县一带。由此说来，今右玉县是隋文帝、隋炀帝的老家。

二是作为“天下精兵处”的并州，在隋文帝篡周改朝换代过程中，发挥了至为重要的作用。杨坚的小名叫那罗延，因其父杨忠的关系，周武帝对他极为器重，让他袭爵为随国公，并聘其长女为皇太子妃。武帝儿子周宣帝即位后，外出巡幸，常委任他担任留守京师的要职。周宣帝是一位非常荒淫的君主，当皇帝没多久就因沉湎酒色而死去。死时“不能言”，连遗诏也未能留下。威望极高的外戚杨坚便入宫辅政，“挟幼主而令天下”，密谋取周而代之。手握重兵的相州（治今河南省安阳市）总管尉迟迥举兵反杨。并州总管李穆意识到杨坚的优势难以动摇，不愿尽愚忠以灭族，就明智地投向杨坚一方。当时并州为“天下精兵处”，对杨坚举足轻重。得到李穆的支持，杨坚遂在公元581年三月，让周静帝“禅位”于己，黄袍加身，建立了隋王朝。周隋“禅代”的成功，并州总管李穆起了关键性作用。

三是震动全国的“汉王谅叛乱”平定后，隋炀帝废除了并州总管，历史影响深远。开皇元年（581），杨坚深鉴宇文氏“孤弱而亡”之弊，推行宗王出镇制度，让他的儿子们以宗王的身份分莅方面之任，担任要害地方的总管，控制地方军权。他首先征李穆入朝，让自己最看重的次子晋王杨广出任并州总管。开皇二年（582），隋文帝推出行台尚书制度，在并州设立河北道大行台，以次子杨广为尚书令。开皇十七年（597），隋文帝又

太原南郊隋代虞弘墓石棺雕刻

隋炀帝画像

任命自己的小儿子汉王杨谅为并州总管。仁寿四年(604)七月,隋文帝在仁寿宫大病不起,觊觎帝位已久的太子杨广就与杨素密谋,让自己的亲信张衡入寝殿,将隋文帝“拉杀”。隋炀帝杨广一上台,就迫不及待地派遣屈突通带着假拟的隋文帝玺书去征召汉王杨谅。杨谅知道京师有变,就打起“入京诛杨素”的大旗,举兵反叛。后杨谅不敌,兵败投降,被隋炀帝幽闭而死。隋炀帝穷治汉王杨谅余党,并州士民因“从乱”罪而被诛、被流放者多达20余万家。历史影响更大的是,隋炀帝由此废除宗王出镇制度,不再任命并州总管。他用不断巡幸山西来压制这里的“王气”。

四是隋炀帝三次巡幸山西,“雁门之变”成为隋朝历史的拐点。在中国历史上,隋炀帝以“暴君”而闻名。其实隋炀帝杨广天赋甚高,文笔华美,胸襟抱负不凡,建东都、开运河、战高丽,都是想有一番作为,但男丁用光了,“力役及于女人”,这是对农业生产的致命性破坏,“亡不旋踵”是必然的。①隋炀帝以好游玩而出名,曾三次巡游山西。第一次是大业三年(607),征发河北丁男十余万,打通太原至河北(指榆林的黄河北)的驰道。隋炀帝率六宫及百官家属旌旗千里,进入山西。在入塞南返的途中,经楼烦关到太原,下诏营建晋阳宫。然后出晋东南,上太行,开直道90里,到达济源(今河南省济源市)。第二次是大业四年(608)三月,隋炀帝车驾再次出塞,同时下诏,在楼烦“汾州之北汾水之源,营汾阳宫”(《资治通鉴》卷181)。据说同时还下令在“汾北四十里,临汾水起临汾宫以避暑”。这年八月,隋炀帝在“亲祠恒岳”之后,南下登上汾阳宫围猎。第三次是在大业十一年(615)。连年亲征高丽(今朝鲜半岛)却几乎一无所获的隋炀帝,在汾阳宫住了近5个月。到八月,才决定离开汾阳

①黄仁宇:《赫逊河畔谈中国历史·隋炀帝》,三联书店,2008年。

宫北巡边塞。车驾刚入雁门郡(治今代县),突厥新即位的始毕可汗谋袭乘舆。炀帝大惊,率队火速驰入雁门郡城悬赏固守,征调四方之兵入援。始毕看到雁门一时难克,就将雁门郡掳掠一空,解围而去。这就是隋朝历史上有名的"雁门之变"。

雁门之变后,隋炀帝厌烦山西,于大业十一年(615)任命李渊为山西、河东抚慰大使,去处理让他头痛的突厥捣乱和不断爆发的农民反隋起义,他自己筹备次年的第三次南下江都。历史在这里出现了拐点。隋炀帝南下再也没能回来,而李渊父子却因为"山西的任命"最终得以创立唐朝。

王通:儒学的复兴与"三教合一"思想的提出

隋朝山西史上最值得称道的思想家是王通。他被誉为是隋唐儒学变革的发端者、宋明理学思潮的先驱者。王通(584—617),字仲淹,隋河东郡龙门县通化镇(今地属万荣县)人,死后门人私谥为"文中子"。王通出生在一个儒学世家,少年时代即"有四方之志",到处游历访学。后弃官归乡,在河、汾交汇处的黄颊山下白牛溪畔,一边潜心研究经学,一边聚徒讲学。王通讲学,在当时社会上影响较大,四方学者不辞万里而至者千余人。

王通画像

王通在讲学时,模仿孔子删订"六经",用了 9 年的时间,写成《续六经》675 篇,分 80 卷。《续六经》最初主要是作为教材来用的,难免粗疏一点,在经学史上的学术价值也不是很大,在唐代就渐渐散失了。现存《元经》一书,为宋人阮逸伪作。今天研究王通的思想,主要依靠《中说》一书。《中说》虽非王通生前自著，但其原本是王通弟子汇集王通言论而编成的，大体上可视为是弟子们对其师言行的回忆和追录，类似孔子的《论语》，基本上反映了王通的思想。王通思想对宋明理学的影响，主要表现在以下三个方面。

毁于5·12汶川大地震的运城盐湖区唐代泛舟禅师塔

一是“三教可一”的观点。所谓“理学”，实际是一种以儒家文化为主体而又兼容佛、道二教文化的新儒学。王通面对南北朝儒学衰微，佛、道二教愈演愈烈的现状，提出对于佛、道二教，既然“知其不可废而知其各有弊”，那就应当“共言九流”“共叙九畴”，互相融通，得出了“三教于是乎可一矣”的结论。王通的这一观点对宋儒的启发意义是不言而喻的。

二是“以性制性”“穷理尽性”说。理学又称为性理之学、心性之学、性命之学。“理”“性”“情”是理学最基本的范畴，重视道德修养，是理学的突出特点。王通提出要“存道心，防人心”，又进而指出，人的性通“道心”，所以性本善；情通“人欲”，所以情不善。因此，“以性制情”是道德修养的基本途径。此外，王通还提出“正心”“诚静”“义利”“德功”等道德修养的范畴，这都为理学范畴体系的建立做了直接的思想准备。

三是周孔道统说。王通明确赞扬：“卓哉周、孔之道，其神之所为乎！顺之则昌，逆之则亡。”这开了理学构造道统说的先河。

史书虽称王通为隋末“大儒”，但在唐代很少有人重视王通。到了宋初，文化界的名人柳开、石介非常推崇《中说》一书。阮逸注本出来以后，推崇王通与《中说》的人更加多起来。著名学者司马光、朱熹等都肯定王通。著名理学家程颐更尊称王通为“隐德君子”。现代学者认为，王通与《中说》之所以受到宋儒的重视，是因为王通是隋唐儒学变革的发端者，是理学思潮的先驱者。

晋阳起兵与唐太宗李世民的“太原情结”

雁门之变，把一向注重经营山西的隋炀帝吓坏了，决定把山西这个烂摊子扔给李渊，自己南下江都。大业十一年(615)，隋炀帝任命李渊为山西、河东抚慰大使，让他去抵抗日益强大的突厥人，剿捕因他的祸害而引起的多如牛毛的农民起义。进入山西的李渊很快平定了山西境内的农民起义队伍，军事力量迅速壮大。

李渊(566—635)，字叔德，自称陇西狄道人，7岁即袭爵唐国公。早在太原起兵前四五年，李渊就意识到隋朝的统治恐怕很难长久。出任太原留守后，积极网罗人才，扩充自己的实力，秘密准备实施自己的创业计划。大业十三年(617)初，马邑军人刘武周发动兵变，杀死太守王仁恭，抢占汾阳宫，自称天子，并与突厥相勾结，图谋南下以争天下。李渊父子终于找到起兵的借口，以防备刘武周和突厥南下为名，在太原附近

太原晋祠龙兴晋阳人物群雕

唐高祖李渊画像

唐太宗李世民画像

公开募兵，在晋祠立起义堂（亦曰号令堂）誓师，公布了“长驱入关夺取长安”的战略方针。李渊率兵一路南下，攻城略地，攻破长安，用了不到半年的时间，就实现了“长驱入关”的战略目标。公元618年五月，正式建立唐朝，年号“武德”，李渊便是唐高祖。

李渊起兵南下夺取长安，马邑的刘武周乘机包围太原，从唐军手里抢夺地盘。武德二年（619）十一月，秦王李世民主动请战，率大军乘冰坚渡过黄河，消灭了刘武周保护运输线的黄子英所部，进而占领介休与平遥之间的张难堡（今张兰镇）。其时，李世民一昼夜行军200余里，战数十回合，三日未解甲，二日不食。当时军中只有一只羊，李世民与将士分而食之。李世民追至张难堡下，唐守将樊伯通等竟未认出而拒开城门。包围介州后，守城的尉迟敬德降唐。李世民得到尉迟敬德，礼敬备至，敬德也忠心报恩，成为唐朝一代名臣。至此，刘武周放弃并州，北投突厥。

争夺河东之战的胜利，为唐朝稳定了后方基地，为统一全国打好了基础。同时，李世民的卓越军事指挥才能被唐朝君臣充分认可。在以后两年统一全国的战争中，李世民发挥了巨大作用，从而确立了他在唐朝创立过程中的核心地位，历史也最终选择了李世民。公元626年，李渊退位，李世民登上皇位，年号贞观，这就是堪称帝王楷模的唐太宗。深知“创业难守成更难”的唐太宗，励精图治，选贤任能，善于纳谏，轻徭薄赋，缔造了历史上有名的“贞观之治”。

贞观十九年（645），唐太宗亲率大军十万渡过辽河讨伐高丽。年底，

太原天龙山唐代石窟造像

率众从定州过太行山到达太原。这一年，唐太宗在太原过了一个春节。除夕之夜，他召群臣一同守岁，题诗一首："四时运灰琯，一夕变冬春。送寒余雪尽，迎春早梅新。"贞观二十年（646 年）正月二十六日，唐太宗率群臣游晋祠。故地重游，触景生情，欣然命笔，"树碑制文，亲书之石"，成就《晋祠之铭并序》碑。此碑一出，便广为流传。唐朝还常将其拓片作为珍贵礼物馈赠外宾。唐太宗极喜书法，对王羲之尤为推崇。他的《晋祠之铭并序》碑，可称行书上品，充分展示了李世民在书法上的极高造诣。

一代女皇武则天的文治武功

武则天是中国历史上唯一的女皇帝，山西文水人。贞观十年（636），唐太宗听说大臣武士彟的二女儿"美容止"，就召入宫中立为才人，并赐号"武媚"。武则天 14 岁入宫，到唐太宗死时 26 岁，十几年中她并没有得到唐太宗的宠幸。唐太宗一死，没有生育的宫女例皆出家为尼。武则天只能到长安感业寺削发为尼。继承皇位的唐高宗李治性格懦弱，喜欢聪明、英发的武才人。永徽三年（652），武则天再次入宫，生子，并进封为昭仪。由此，开始了武则天的政治生涯，大致可分为五个阶段。

武则天画像

第一个阶段是武昭仪时期。这个时期约 3 年多，武则天的政治目标主要是争当皇后。武则天二次入宫后，唐高宗十分宠爱她。大臣许敬宗、李义府揣摩准了唐高宗的心意，就与武昭仪合谋，诬陷王皇后有种种不端行为，促使唐高宗在永徽六年（655）下诏废掉王皇后，立武昭仪为皇后。这一年武则天 33 岁。武则天当皇后成了唐朝历史上的一个标志性事件。

第二个阶段是武则天以皇后的身份“参预国政”时期。当上皇后以后，武则天开始直接处理政事，但朝政最终决断权还在唐高宗手里。这样的状况持续了 10 年。值得一提的是显庆五年（660），她与唐高宗一同巡幸故乡并州，逗留了 45 天左右。武则天在太原朝堂宴请来自文水的亲故，又让高宗下令祭祀晋阳起兵时义军的死难者，可见其对故乡之情甚浓。

第三个阶段是“二圣共治”时期。麟德元年（664），唐高宗对武则天彻底放手。史称“群臣朝、四方奏章，皆曰‘二圣’，每视朝，殿中垂帘，帝与后偶坐，生杀赏罚惟所命”。上元元年（674），大臣们干脆推尊唐高宗为天皇，武则天为天后。直到唐高宗去世，朝政大权实际掌握在武则天手里共 20 年。

第四个阶段是“临朝称制”时期。弘道元年（683）十二月，唐高宗病死，太子李显即位，是为中宗。唐中宗是个昏庸、荒唐的皇帝，竟然说要把皇位让给岳父韦玄贞，武则天就和裴炎废中宗为庐陵王，另立李旦为帝，这就是唐睿宗。武则天对自己的这个儿子也不放心，就“临朝称制”，“居睿宗于别殿”，不让他参与政事。这一时期大概有 6 年时间。

第五阶段是大周女皇时期。公元 690 年，武则天正式登则天门楼，宣布“革命”，改唐为周，以洛阳为神都。群臣尊其为圣神皇帝。武则天以皇帝李旦为皇嗣，并赐姓武氏。还把文水县改为武兴县。中国历史上的第一位女皇出现了，这一年武则天 68 岁。长寿元年（692），她下令在太原设北都。当女皇的 15 年，武则天为了稳定自己的皇位，一度曾实行酷吏政治，滥杀无辜，劳民伤财。所以，武周时期是政治上比较复杂的时期。在皇位稳定之后，武则天及时结束了酷吏政治，诛杀了周兴、来俊臣等，还选拔任用了姚崇、宋璟、狄仁杰等忠直的大臣。

狄仁杰（630—700），字怀英，唐并州太原（今太原市）人。在唐高宗执政中期，狄仁杰先后担任大理丞、侍御史等宪官，表现出执法不阿、断事公允的政治品质。天授二年（691）九月，狄仁杰被武则天擢任为宰相。武则天称帝后，对于究竟是由她的儿子、还是侄儿来做她的皇位继承人，内心十分矛盾。狄仁杰就对她说：“立子，则千秋万岁后配食太庙，承继无穷；立侄，则未闻侄为天子而祔姑于庙者也。”（《资治通鉴》卷 206）

唐·张萱《唐后行从图》(局部)
描绘武则天在宫廷巡行的情景

武则天感悟，于是迎立李显为皇嗣。由此，武则天对狄仁杰更是信任有加。狄仁杰乘机向武则天推荐了桓彦范、敬晖、窦怀贞、姚崇、张柬之等贤臣。神龙元年（705），武则天已经83岁了，既老且病，被迫下诏传位给太子李显，并恢复了唐的国号。不久，病死于上阳宫。一代女皇退出历史舞台。

狄仁杰画像

武则天在中国政治舞台上活跃了50余年，并最终登上皇位，成为一代女皇。其文治武功可称者，有以下几点：

一、热衷于政治革新，使朝政不断出现新气象。武则天改变官僚机构的设置和名称，大力发展科举制度，开创殿试、制举、武举、南选等新的选拔官员制度，用试官等办法大胆提拔年轻官员，让官僚队伍持续更新。二、善于用人，受到普遍肯定。武则天当政时期，涌现出狄仁杰、李昭德、魏元忠、姚崇、宋璟等一批名臣，及娄师德、王孝杰、郭元振、黑齿常之等一批武将，常为后人称道。三、重视发展文化事业。武则天几次召集文人学士编书，《新唐书·则天皇后传》记载：高宗末年，"后乃更为太平文治事，大集诸儒内禁殿，撰定《列女传》《臣轨》《百寮新诫》等，大抵千余篇"。也曾召集文学之士，撰修《玄览》《古今内范》《兆人本业》《乐书要录》等。她当皇帝后，集学者47人，编《三教珠英》1300卷，皆"藏于秘阁"。她对文化的发展是有贡献的。四、大力对外拓展疆域和领地，"武功"卓著。总章元年（668），唐朝廷派名将李勣出兵灭了高丽政权，于平壤设立安东都护府，这是隋炀帝、唐太宗想办而没有办成的事。长寿元年（692），派王孝杰出兵西域，赶走了吐蕃人，收复安西四镇，保证了丝绸之路的畅通。

所以，抛开政治偏见，史学界一般都认为，武则天当政50余年，上承贞观之治，下启开元盛世，经济不断发展，人口不断增加，民安本业，社会稳定，这是武则天的客观历史贡献。正是在这个意义上，武则天是可以肯定的历史人物。当然，武则天为了打击政敌，肆意滥杀；为了当皇帝，荒唐佞佛，挥霍国家财力物力，都是应该否定的。

唐玄宗在潞州与“开元天宝盛世”

唐玄宗李隆基，也称唐明皇，是唐朝最风流的皇帝，也是大唐盛世的当家人。李隆基关涉山西者有二事，一是他做过潞州别驾；二是他宠爱的女人杨贵妃是山西人。

李隆基是武则天的孙子，唐睿宗李旦的三儿子。武则天退位，庐陵王李显复位，是为唐中宗。唐中宗景龙二年（708）四月，身为临淄郡王的李隆基出任潞州别驾，当时潞州的府衙即在今天的山西省长治市。唐朝州的第一长官是刺史，别驾是副长官。李隆基是宗王，是皇帝的亲侄子，他当别驾，可能也是在地方上锻炼锻炼而已。他在潞州只待了一年多一点时间，在景龙三年（709）唐中宗举行“祀南郊”大典时，就被征召还京了。

李隆基在潞州时，刚 20 岁出头，就已表现出杰出的政治才能与远大的抱负。史志称其在潞州“有德政，善僚属，礼士大夫，爱百姓”，颇有政声。他在潞邸的后面，建了一座“德风亭”（旧址在今长治市府上街），取《论语》“君子之德风，小人之德草，草上之风必偃”之意。李隆基常和当地名士及幕僚、契友在此赏景赋诗，谈论国事。每当酒酣，他便离席起舞，唱起汉高祖的《大风歌》。李隆基视潞州为其发迹之地。

唐中宗景龙四年（710），荒淫无耻的韦后和女儿安乐公主合谋，毒死唐中宗，企图效法武则天“临朝称制”。李隆基联合姑姑太平公主发动政变，杀死韦后和安乐公主，拥立自己的父亲相王李旦做了皇帝，这便是唐睿宗的再次复出。唐睿宗面对朝政中的诸多混乱和妹妹太平公主的专横，束手无策，就主动把皇位传给儿子李隆基，自己做了太上皇。李隆基称帝，是为唐玄宗。新登皇位的唐玄宗李隆基，首先果断铲除了骄横跋扈的太平公主及其党羽，把政权掌握在自己手里。唐玄宗前期，年号“开元”。开元年间的唐玄宗还是一位励精图治的好皇帝。他重用贤能

长治上党门李隆基浮雕

的姚崇、宋璟等为相，辅佐他整顿朝政，革除积弊。当时朝廷政治清明，社会安定，史称“开元之治”。开元十一年（723），功成业就的唐玄宗决定北巡河东。农历正月，他率大队侍从、兵卒从东都洛阳出发，登上了太行山。此次北巡的第一站是他的龙兴之地——潞州。

李隆基到潞州后，把过去住过的地方改为“飞龙宫”，在宫中大摆筵席，君臣写诗作赋，缅怀过去的岁月，抒发当今的雄心壮志。还下令赦免潞州百姓五年的租税，以示皇恩浩荡。离开潞州北上，第二站到达并州，当即下令改并州为太原府，并再次在太原设置北都。离开北都太原，南下到了晋州（今临汾市），然后又南下到达汾阴脽上“祠后土”，表达了开元君臣对农业、对农民疾苦的重视。三月初，唐玄宗一行才回到京师长安。这次北巡历时两个月。开元二十年（732）冬十月，唐玄宗决定再次北巡，这次北巡的路线和开元十一年（723）那一次几乎完全相同。唐玄宗并不像隋炀帝那样喜欢四处巡游，但他当皇帝后却两次巡幸山西，对潞州的眷恋恐怕是最主要的因素。

天宝年间，唐朝达到鼎盛，人口增至 5200 余万，国家仓库里的粮食多到“陈腐不可较量”。这时的唐玄宗就渐渐倦于政事，喜欢上了声色。他的儿媳妇杨玉环善歌舞、晓音律，他喜欢得不得了，就召入宫中，封为贵妃，“从此君王不早朝”。唐朝走上下坡路，不能否认与唐明皇沉湎于杨贵妃的美色有关。据《蒲州府志·古迹》记载：“唐贵妃杨氏，本弘农人，其父元琰家于蒲州之独头村，贵妃生其间”，独头村属今永济市的首阳乡。杨贵妃竟是山西人！

郭子仪、李光弼的“再造唐朝”之功

唐朝发展到开元天宝年间，达到了鼎盛，但同时各种潜在的社会矛盾也逐渐暴露出来。以唐玄宗为首的统治者这时安于享受盛世的浮华，不愿锐意改革进取。矛盾处置失当，久必酿成祸端。天宝十四年(755)，一直骗取唐玄宗信任的范阳节度使安禄山发动叛乱，统率以归降唐朝的北方少数民族将士为主体的15万安史叛军，“渔阳鼙鼓动地来”，从范阳(今北京市)一路南下，打下东都洛阳，西入潼关。老迈昏庸的唐玄宗仓皇出逃四川，百余年的大唐基业，面临毁于一旦的危险。在这危难时刻，两个与山西有关的人物站了出来。一个是后来被封为汾阳王的郭子仪，一个是镇守太原的李光弼。二人同心协力，共辅朝廷，最终平定安史之乱。唐肃宗在郭子仪收复东都后，感叹地说：“国家再造，卿之力也。”(《新唐书·郭子仪传》)郭子仪、李光弼确有再造唐朝之功。

郭子仪为华州郑（今陕西华县）人，武举出身。安禄山反，唐玄宗任命他为朔方节度使，统兵东出讨贼。朔方军是唐朝边防上的一支生力军，节度使驻镇灵武(今宁夏灵武县)。郭子仪接到命令后，东出河曲，击败进攻山西北部的安史叛军，收复云中(大同)、马邑(朔州)，然后出井陉，与李光弼合兵一处，向河北叛军史思明发起进攻。李光弼是营州柳城(约在今辽宁朝阳一带)人，契丹族，青年时特别受当时名将王忠嗣、哥舒翰的赏识。郭子仪出兵，推荐李光弼为河东

郭子仪画像

节度使，镇守太原。二人合作，连败史思明于九门（今河北省藁城县西北）、嘉山（在河北常山之东）。史思明败逃博陵（今河北保定）。郭子仪、李光弼追而围之。河北十余郡皆杀叛军守将而降，渔阳路再次断绝。当时，安禄山正占据洛阳僭称燕帝，闻河北有变，准备还军自救，形势对唐极为有利。然而就在这种情况下，宰相杨国忠谮言于玄宗，迫使哥舒翰轻出潼关，被叛军击败。潼关失守，长安告急，郭、李被迫收军退入井陉，击溃叛军的极好机会毁于一旦。

李光弼画像

安禄山叛军攻破潼关，唐玄宗仓皇出逃，要去四川避难。刚到马嵬驿，愤怒的兵士哗变，杀掉祸国殃民的杨国忠，逼迫唐玄宗缢杀杨贵妃姊妹，才肯跟随唐玄宗去四川。还有一些将士、百姓干脆劫留太子，拥戴他北上到灵武称帝，是为唐肃宗，进而召集天下英豪，图谋匡复社稷。但当时朔方精兵都已调出，只留了一些老弱守边。就在这时，郭子仪率精兵 5 万与李光弼从河东道回至灵武护驾，唐肃宗政权这才算有了军事依靠。天下人一时又看到了唐朝重振的希望。

长安失守，唐肃宗深知太原的重要性，马上让李光弼回兵守太原。肃宗至德二载（757）春，安史叛军调集重兵，“寇太原”。太原城下的一场血战开始。太原保卫战打得空前残酷。当时李光弼部下精兵都调往朔方，太原只留下不满万人的团练武装。史思明等率军抵达太原城下，对太原城发起猛攻。李光弼指挥军民守卫，与叛军展开了激烈的战斗。城墙毁坏，随即用土堑增修，致使叛军猛攻月余，毫无进展。史思明想出办法制作飞楼，堆筑土山。让飞楼、土山高与城齐，从高处攻击守城士兵。李光弼命人通过地道将城周围很多地方挖空，“飞楼”“土山”接近城墙就塌陷下去。李光弼又在城上做“大炮”，“飞巨石，一发辄毙二十余人。贼死者什二三，乃退营于数十步外，围守益固”（《资治通鉴》卷 219）。叛军围城日久，双方耗损很大。李光弼觉得有机可乘，就派人去向叛军诈

降。双方约好投降日期后,李光弼又命人穿地道到叛军营寨,将营寨下面挖空,然后支上木柱。到投降日,“光弼勒兵在城上,遣裨将将数千人出,如降状,贼皆属目。俄而营中地陷,死者千余人,贼众惊乱。官军鼓噪乘之,俘斩万计”(《资治通鉴》卷219)。恰在这时,安禄山被儿子安庆绪杀死,史思明撤回河北,李光弼出兵反攻,叛军大败,斩首者7万余人,军资器械,委积如山。

大约与此同时,郭子仪统率的朔方军,在回纥军队的帮助下,收复西京长安、东都洛阳。安庆绪退奔河北邺郡(治今河南省安阳市)。退入河北的叛军内乱不断。史思明杀安庆绪,史朝义又杀史思明。郭子仪、李光弼的朔方军部将仆固怀恩,在公元763年打败史朝义。安史之乱结束。唐朝能够重振,郭、李居功至伟。

蜚声政坛的河东名门望族

世族门阀制度,在魏晋南北朝时期达到极盛,以致出现了“士庶天隔”、世家大族累世相沿的局面。隋唐最高统治者起源于关陇军事集团,对旧的门第观念多所干预。隋文帝废除了九品中正制,唐太宗重修《氏族志》,武则天改修《姓氏录》,都意在压抑旧的门阀,崇尚当朝官品。隋唐时代的河东大族,首推裴、王、柳、薛。

闻喜裴氏隋代名人有裴肃、裴政、裴蕴、裴矩、裴仁基等。裴氏在唐代共有宰相17人:西眷裴一支有裴寂、裴矩,洗马裴一支有裴谈、裴炎,南来吴裴一支有裴耀卿、裴行本、裴坦,中眷裴一支有裴光庭、裴遵庆、裴枢、裴贽,东眷裴一支有裴居道、裴休、裴澈、裴垍、裴冕、裴度。唐高宗时还有能文能武的大将军裴行俭。裴寂为唐朝开国功臣;裴炎是武则天临朝称制时的宰相。

太原王氏隋代的名人有王通、王劭等。唐代王氏共出宰相13人,其中太原王氏有宰相7人:王珪、王溥、王缙、王涯、王晙、王播、王铎。王珪是唐太宗时期有名的政治家；王缙为著名诗人王维之弟。唐代太原王氏文人辈出，王维之外，尚有王绩、王勃、王翰、王之涣、王昌龄等。

河东柳氏曾因有先祖食采于柳下（一说在今山东省新泰市柳里，一说在今河南省濮阳县东柳下屯）而得姓。秦末，柳下惠裔孙安，始居解县（治今运城市西南解州镇）。隋代河东柳氏名人有柳裘、柳俭、柳机、柳庄、柳彧、柳述等。唐代柳氏有宰相 3 人：柳奭、柳璨、柳浑。其中柳奭、柳璨籍贯为今山西。柳浑籍贯为襄州（治今湖北省襄樊市），但其先祖是从河东（即今运城地区）迁去的。著名的文学家柳宗元、谱学家柳冲、史学家柳芳也属于河东柳姓。

汾阴薛氏出自任姓。三国时，薛永跟从刘备入蜀，为蜀郡太守。蜀亡，薛永子齐降魏，拜光禄大夫，徙河东汾阴（治今万荣县西南庙前村北古城），世号蜀薛。薛齐生二子：薛懿、薛始。薛懿生三子：薛恢、薛雕、薛兴。薛恢一名开，河东太守，号“北祖”；薛雕号“南祖”；薛兴号“西祖”。其中南祖、西祖在隋唐时代为著姓。隋代薛氏名人有薛道衡、薛世雄、薛举等。唐代出宰相 3 人：南祖有薛讷，西祖有薛稷、薛元超。唐代名臣薛收、名将薛仁贵、名吏薛大鼎、小说家薛用弱，均为河东薛姓。薛稷，是魏徵的外孙，著名的书法家。

河东张氏，因黄帝子少昊青阳氏第五子挥为弓正，始制弓矢，子孙被赐为张姓。汉初有张良，为宰相。西晋有司空张华，还是一个博物学家。隋朝自范阳

俗称“宰相故里”的闻喜裴柏村

（今北京市）徙居河东猗氏（治今临猗县）。唐朝时的张嘉贞为玄宗时宰相。嘉贞子延赏，为德宗时宰相。延赏子弘靖，为宪宗时宰相，故有“三相张家”之称。

太原白氏出自百里奚之孙白乞丙，秦始皇时封于太原，子孙世为太原人。唐代白氏有宰相一人：白敏中。大诗人白居易也是太原白氏之后。白行简，乃白居易之弟，作品以《李娃传》影响最大。

阳曲郭氏出自周文王弟弟虢叔、虢仲。周平王灭东、西二虢国，求虢叔裔孙序封于阳曲（今太原市阳曲县），号曰郭公，因以为氏。出自太原的郭氏，后来外迁。唐代郭氏有宰相 4 人：郭待举、郭子仪、郭元振、郭正一。其中除待举为中山（治今陕西淳化县东南）郭姓之后外，郭子仪、郭元振、郭正一均为阳曲郭姓之后。又唐宪宗懿皇后郭氏为子仪之孙女。五代时期名将郭崇韬也是山西人。

文水武氏因周平王少子“生而有文在手曰武”，遂以为氏。武氏传至晋阳公洽时，别封大陵县（治今文水县东北武陵村）而定居。唐代武氏有皇帝 1 人，即著名的女皇武则天。武氏有宰相五人：武三思、武承嗣、武攸暨、武攸宁、武元衡。

代北李氏，本沙陀部落，姓朱邪氏。至国昌，赐姓李，附唐皇室宗族郑王属籍。代北李氏李克用、李存勖父子创立后唐，李氏皇族就成为代北大姓。

文水南徐村则天庙

太原狄村唐槐公园狄梁公故里碑

此外，唐代出过宰相的山西著姓还有，太原温氏（温大雅、温彦博）、太原狄氏（名相狄仁杰）、壶关（今壶关县）苗氏（苗晋卿）、河东吕氏（吕諲）、太原乔氏（乔琳）、河东董氏（董晋）等。

经济的发展及开采冶炼技术的进步

隋唐时期的山西是全国经济相对发达的地区。据研究，在隋炀帝大业五年（609）时，河东诸郡总计有户数 867 290。根据全国户均人口推算，当时河东诸郡约有人口近 450 万。这是隋朝社会安定、经济发展的成果。隋唐时期山西农牧业有较大的发展。晋南的所谓汾晋地区，粮食生产最为发达。贞观二十三年（649），龙门县令孙恕修筑十石垆渠，“溉田良沃，亩收十石”（《新唐书·地理志》），这是一个相当高的亩产纪录。隋唐时期经常“漕关东及汾晋之粟，以给京师”（《隋书·食货志》），说明当时汾河中下游的晋州、蒲州地区，是京师长安所依靠的精食供应基地。

隋唐五代时期，山西的矿冶业，以冶铁和冶铜最为有名。据《新唐书·地理志》记载，唐代已经开采铁矿或冶铁的县，计有岳阳（今安泽县）、汾西、翼城、绛（今闻喜东北）、吉昌（今吉县）、昌宁（今乡宁县）、温泉（今隰县）、盂、交城、绵上（今介休东南）、玄池（今静乐县东南）、秀容（今忻州市）、五台、阳城、黎城等 15 县。山西冶铁点的数目占全国总数的 32%，比西汉时期山西的冶铁点多出 1.5 倍。不仅冶铁的产量大，而且冶炼铸造工艺也有很大的提高。唐开元十二年（724）在蒲州蒲津关架设的蒲津桥，两岸各有 4 个铁牛，并各有一人牵引。并州铁的质量非常好，用并州铁造的剪刀，当时名满天下。杜甫在《戏题王宰画山水图歌》中写到，“焉得并州快剪刀，剪取吴淞半江水”。

唐代河东道的冶铜业比较发达。河东道产铜的县有阳城、解县（今运城解州镇）、闻喜、翼城、曲沃、盂县、五台、飞狐（今河北涞源）等。宋代欧阳修在宋庆历四年（1044）曾到河东考察唐代铜冶遗迹，发现未见唐人记载的铜冶遗址还有稷山县甘祚乡铜冶村、绛县铜冶、垣曲钱坊等。此外，当时属于河南道陕州的平陆县，也有铜穴 48 个。可知唐代山西铜的产量很大。太原的铜镜等铜制器皿和铸铜手工艺品制作精良，不仅是贡品，而且在西域和边境诸国中很受欢迎，不少被视为可供收藏的艺术品。据统计，唐天宝年间天下共有官铸钱炉 99 炉，河东道的绛、蔚二州就有 40 炉。天下铜钱近一半出自山西。

除铁、铜外，当时山西还出产锡、银及非金属矿石炭、矾、硝石、石膏等。山西的煤炭开采历史悠久。北魏郦道元《水经注》即有大同附近煤炭燃烧情景的记述。隋代晋阳人王劭也讲："温酒和炙肉，用石炭、柴火、竹火、草火、麻火，气味各不同。"(《隋书·王劭传》)唐文宗开成五年(840)，日本僧人圆仁法师赴长安途中，曾经目睹太原西山"遍山有石炭，远近诸州人尽来取烧"(《入唐求法巡礼行记》)的情景。

唐代蒲州、绛州二州所产的丝织品，在当时是上等的。蒲州的丝织品在天宝年间(742—755)还输往吐鲁番地区，在吐鲁番出土的交河郡物价文书中，就有蒲州绝(一种粗绸子)。蒲州的织匠技术高超。杜环《经行记》记载，杜环随高仙芝西征，在怛逻斯战役中战败，被俘至大食居留了 10 年，后被释放，从海路归国。他在大食国的都城亚俱罗(在今伊拉

永济蒲津渡遗址抬升后的铁牛铁人

唐三彩贴花瓶

唐白釉执壶

唐三彩豆

唐白瓷唾壶

唐三彩双耳罐

唐四耳瓷罐

克境内）看到当地“绫绢机杼”如同华夏。这种丝织技术是从中国输入的。杜环在当地就见到“织络者河东人乐隈、吕礼”，说明蒲州（河东郡）的丝织技术输出到了中亚。泽、潞二州也是盛产丝织品的地区。《隋书·地理志》就讲长平（潞州）、上党（泽州）二郡“人多重农桑”。

唐代河东两池盐，又称蒲州盐池、河中盐池，习惯指安邑的大盐池和解县的女盐池。两池的面积很大。环池一周，百里有余。唐代两池盐的产量很大。《新唐书·食货志》有所谓“岁得盐万斛，以供京师”的记载。安史之乱以后，河东盐池每年税收达150万缗（唐代货币单位，指铜钱串，每串一千文），占当时全国盐利的20%，财政总收入的12.5%，成为国家财政的支柱之一。

唐代陶瓷业十分发达，山西也有许多专门烧造瓷器的瓷窑。平定柏井村的瓷窑受河北邢窑、定窑的影响，生产玉璧形底白釉碗；长治壶关、朔州吴家窑、浑源瓷窑都发现过陶瓷与琉璃残片。浑源古窑出土大量唐瓷标本，除白釉碗外，尚有外施黑酱釉里施白釉的碗片。这种碗在其他唐窑中很少见，极有特色。此外，唐代蒲州生产的一种“百日油细薄白纸”，也是列入贡品的，说明唐代山西造纸业也有一定的水平。

隋唐时代，山西的商业与商人非常活跃。隋大业时，裴矩亲自遣人告突厥大臣史蜀胡悉曰：“今在马邑，俗共蕃力多作交关。”胡悉立即“率其部落，尽驱六畜，星驰争进，冀先互市”（《隋书·裴矩传》）。政府还出于军事目的高价市马。山西闻喜人裴仙先，在边境贸易中“货殖五年，致资财数千万”。

城市及建筑艺术的辉煌成就

隋唐是中国封建社会的黄金时代，其中城市和建筑是物质文明的固化，最能从整体上反映物质文明的发展水平。可惜唐代的城市都毁灭了。我们除在日本的奈良看到一丝踪影外，只能从文献和大遗址考古中

太原晋源区晋阳古城遗址石碑

推测唐城的原貌。至于建筑，庆幸的是，保留下来的4个半唐代地面木构建筑，有4个在山西。

先说晋阳城。唐代晋阳城的建筑规模，《新唐书·地理志三》有记载：“都城左汾右晋，潜丘在中，长四千三百二十一步，广三千一百二十二步，周万五千一百五十三步，其崇四丈。汾东曰东城，贞观十一年长史李勣所筑。两城之间有中城，武后时筑，以合东城。”当时太原城周长约四五十里，城市建设的重心在汾水之西的州城，或称府城。府城也是一座城套城的连环城，城中又有3个城，一个是大明城，也就是古晋阳城。另一个是新城，位于大明城北，另外还有一座仓城。府衙门设在府城中。东城为太原县治所在。武则天统治时期，并

永济市西蒲州古城遗址

州长史崔神庆筑中城连接东西二城。至此，太原西、东、中城结为一体，成为一座三城相连、一水居中，城中有城、城外套城，规模宏大、功能齐全，世所罕见之城市。

其次说说蒲州城。蒲州（今永济）州城，即蒲坂城，是唐代蒲州河东郡的首府。唐朝一度在蒲州城设立中都。蒲州城是当时河东道的第二大城市。蒲州城“郁关河之气”，因为它就在黄河边上，紧靠蒲津关。城中有大舜庙、逍遥楼、白楼等名胜建筑。走出城西，就是黄河洲，有河亭，“河中高阜处”有北周宇文护所建鹳雀楼，“楼高三层，前瞻中条，下瞰大河”，是唐人登临游玩的胜地。河边蒲津关上建有浮桥，又称浮梁，是唐玄宗开元十二年（724）所建。在河两岸浇铸铁山，铁山上各铸 4 个铁牛，每个铁牛边上有一个牵牛铁人，河中用竹索把船系起来拴在铁牛上，就形成浮桥。这是中国造桥史上的奇迹。州城东的峨眉原上就是普救寺，它创建于隋代，唐朝为游玩胜地。唐朝大诗人元稹写的《莺莺传》及《莺莺诗》使普救寺声名大振，就有了后来的莺莺塔和《西厢记》。

山西境内保留至今的唐代木构宗教建筑有五台山的佛光寺、南禅寺、平顺的天台庵、芮城的广仁王庙等 4 座大殿。佛光寺是唐宣宗大中

忻州五台山佛光寺东大殿

忻州五台山南禅寺大殿

平顺天台庵

芮城广仁王庙大殿

平遥镇国寺万佛殿

十一年(857)重建的,位于今五台县豆村镇东北十几里外。现存东大殿及彩塑、壁画等为唐代遗构。东大殿位于寺内东向山腰,是佛光寺的大雄宝殿。南禅寺位于五台县城西南22公里的李家庄。寺内的大佛殿,梁架题记有“唐建中三年”(782)字样,证明此殿是唐代原物,也是我国现存最古老的木构建筑。殿内大佛坛上,一组以佛为中心的塑像群(17尊)为唐代艺术珍品。天台庵位于平顺县城北王曲村口的坛形孤山上,有唐代石碑和佛殿。佛殿三间,单檐歇山顶,屋顶举折平缓,为典型的唐代风格。广仁王庙位于芮城县龙泉村,又称五龙庙,属于民俗神庙。大殿建于唐文宗大和五年(831),面阔五间,单檐歇山顶,建筑手法明显属于唐代。另外,平遥镇国寺的万佛殿、龙门寺的西配殿、平顺大云院的弥陀殿是五代时期的建筑。

佛教的兴盛

佛教自十六国时传入山西,经北魏弘扬,在隋唐达到极盛。这与两位皇帝的推动密不可分。这两位皇帝,一个是隋文帝杨坚,一个是女皇武则天。

杨坚幼年时曾被河东尼姑智仙“抚养”于庵中13年。他当上皇帝后,其他方面均秉承北周汉化国策,唯宗教方面放弃周武帝“灭佛”政策,大力扶持佛教。他下令让“天下诸州名藩建灵塔,分送舍利于三十一州”。据说晋祠的舍利生生塔、代县的阿育王塔,以及蒲州栖岩寺舍利塔、并州无量寺舍利塔,都是这时建造的。隋文帝佞佛,他的几个儿子晋王杨广、秦王杨俊、汉王杨谅先后出任并州总管驻太原,也在管辖范围内大兴佛教。可见,隋朝是佛教在山西境内大推广、大普及的一个时期。

当过尼姑的武则天执政,从佛经中找到女人可以当皇帝的理论根据,大肆弘扬佛教。影响最大的,一是颁布法明的《大云经疏》于天下,又组织佛学家在晋译“六十华严”的基础上,翻译出八十卷本《华严经》,这

五台山佛光寺彩塑

是《华严经》的最全译本。二是在家乡并州大搞佛事活动，不仅瞻礼佛像，还大舍珍宝、财物。

隋唐时代，山西是中国佛教活动的中心之一。这种地位的奠定，一是缘于玄中寺成为净土宗的祖庭，更主要的是五台山正式成为文殊菩萨的道场，成为中外佛教高僧巡礼的圣地。

净土宗宣扬人类世界是秽土，阿弥陀佛世界是极乐净土。谁肯念佛，

善导画像

太原花塔村出土汉白玉释迦头像

便可往生净土享安养之福。中国净土宗尊东晋时的慧远(山西雁门人)为初祖，不过，一般认为净土宗的实际创始人是唐代的善导。隋炀帝大业五年(609)，并州文水人道绰到玄中寺瞻仰昙鸾功绩，遂住持玄中寺三十余年，被称为“西河禅师”。唐贞观十五年(641)，善导赴玄中寺向道绰请教，道绰授以《观无量寿经》奥义。于是他在玄中寺修学念佛。后来，善导又到京师长安传教。净土宗因善导而发达，所以善导被称为净土宗的实际创始人。唐代，日本高僧圆仁把净土宗传到日本。日本净土宗追尊昙鸾、道绰、善导为三大祖师，把玄中寺奉为祖庭。

佛教在隋唐时代传播中土的过程中，分为众多流派。上述净土宗而外，法相唯识宗的创立，创基于玄奘而完成于窥基。窥基(632—682)，唐初开国名将尉迟恭的侄子，后来成为玄奘的大弟子。他协助玄奘译成《成唯识论》10卷，为法相唯识宗的创立奠定了理论基础。玄奘将唯识论、因明学、五种姓说秘传给窥基。玄奘死后，窥基在长安大慈恩寺勤为撰述，论著宏富，号称“百本疏主”。唯识宗最终完成开宗立派。

五台山殊像寺大文殊殿

五台山菩萨顶牌楼

五台山显通寺铜殿

佛教圣地五台山

在北魏、高齐时期，五台山兴建起了很多寺庙，被称为“灵山”。后隋文帝又两次遣使到五台山“设斋”。五个台顶五座寺庙建立五尊文殊像，这应该是五台山被确认为文殊菩萨道场的标志。到了唐代，唐太宗李世民认为：“五台山者，文殊閟宅，万圣幽栖，境系太原，实我祖宗植德之所，尤当建寺度僧，切宜祗畏。”因而在五台山“建寺十所，度僧百数”。武则天佞佛，又多次派人到五台山，在中台、北台、西台、东台等处建造“则天塔”多座（见《圆仁入唐求法巡礼行记》）。麟德年间（664—665），武则天恩准狮子国僧人释迦密多罗礼谒五台山，同行僧人慧祥，后来写成《古清凉传》两卷，成为研究唐代以前五台山佛教的宝贵资料。长安年间（701—703），当上女皇的武则天，敕命并州刺史重建清凉寺，并敕封德感法师为清凉寺主，掌管全国僧尼事。五台山得名“清凉山”（《古清凉传》），文殊菩萨的应化道场就在五台山了。

唐代，五台山成为佛教灵山圣地，许多佛学大师到五台山巡礼、弘法。其中最著名的有密宗大师不空，华严宗大师李通玄、澄观等。由此成就五台山成为隋唐佛教的中心之一。

密宗在五台山的最大成就是不空大师兴建金阁寺。同时还传译了《金刚顶瑜伽经》中的“文殊五字法”等多部佛经。《华严经》全称《大方广佛华严经》。武则天称帝后，命于阗高僧实叉难陀主持译出“八十华严”。其集大成者是李通玄。李通玄，太原人（或说出生河北沧州），李唐皇室后裔。倾心于阐释华严经义学，别出新意，著《新华严经论》40卷等，其判教着重印度本源化的立意，注重实践为主的华严学风。澄观（738—839），越州山阴（今浙江绍兴）人，以博学多能著称一时。大历十一年（776），澄观到五台山巡礼，入住大华严寺，用近二十年时间研习“华严之义”，著《华严经疏》60卷，被称为《华严》的“清凉宗”。一生著作400余卷，人称“华严疏主”“百部疏主”。他在阐释华严玄理时，大量征引中国古典思想观

流落海外的天龙山佛像

晋城青莲寺释迦殿

念，这对华严宗的传播极为有利。澄观在唐朝的政治地位几乎无僧人能比，号称“七帝门师”，华严宗由此达到极盛。

隋唐山西高僧还有与庐山慧远（“大远”）并称为“佛门二远”的青莲寺慧远（“小远”）。慧远（523—592），俗姓李，泽州霍秀村人。北齐天保年间，回晋城创建青莲寺。慧远一生著述颇丰，世称“疏王”“释义高祖”。其中，《大乘义章》被称为佛教之百科全书，故而慧远在“齐隋之间，推为泰斗”。

星光闪耀的山西作家群体

隋唐文苑，百花盛开，可谓群星璀璨。隋朝短暂，文学上的大家首推薛道衡（539—609）。薛道衡，河东汾阴（今万荣）人，在北齐官至中书侍郎，诗名大著。入隋后，历官显要，文才“无竞一时”。他的代表作是《昔昔盐》《出塞》《夏晚》等，写情、写景，笔法细腻，文辞焕然。绛州龙门（今属万荣县）王氏三兄弟，也可谓隋唐之际的耀眼“三星”。王通为“隋末大儒”；王度的《古镜记》则是现存最早的“传奇”作品；最有成就的是小弟王绩（约在585—590），他自号东皋子，又号五斗先生，是个不受礼教束缚的大诗人。其代表作有《野望》《秋夜喜遇王处士》等，开唐代山水田园诗的先声。

被杜甫称道的“王杨卢骆当时体”的“初唐四杰”，居首的是绛州龙门人王勃。王勃（650—676），字子安，王通之孙。《旧唐书》有传，说他“六岁解属文，构思无滞，词情英迈”。虽然他死得早，留下的诗不多，但仅“海内存知己，天涯若比邻”就足以奠定他在初唐诗坛的地位。他的骈体文《滕王阁序》名句“落霞与孤鹜齐飞，秋水共长天一色”，传诵千古。

武则天时期的宫廷诗人宋之问（？—710），是汾州（今汾阳）人。据说武则天曾在朝会上令群臣赛诗，东方虬诗先成，武则天赐锦袍，及读到宋之问的诗，大加称赏，夺东方虬锦袍转赐宋之问，可知宋之问在宫廷诗坛中的名头之大。他与沈佺期创作的诗讲究格律，号称“沈宋”体，士人争相模仿。唐代的诗词声律化，到此定型。

进入盛唐，诗坛百花齐放，涌现出李白、杜甫这样“诗圣”级的大诗人。山西的王维，与李杜齐名，且成名更早。王维（701—761），字摩诘，先世为太原祁（今祁县）人，其父迁居于蒲州（治今永济市西），遂为河东人。后官至尚书右丞，世称王右丞。王维的诗，以五言律和绝句著称。他的五七言绝句，与李白同为唐人绝唱。他前期的诗，富于进取精神，如《少年行》写少年游侠的昂扬意态，充满浪漫情调。后来仕途波折，笃信佛教，写诗也以描写田园山水景物为主，寄托闲情逸致，参禅悟道，是田园山水诗的代表。加上他善绘画，“诗中有画，画中有诗”，如“明月松间照，清泉石上流”，“大漠孤烟直，长河落日圆”（《使至塞上》），这样清新、富于画面动感的句子，令人千古折服，连杜甫都盛赞王维是“高人王右丞”。

可与李白七绝比肩的还有王昌龄（约698—757），太原人，开元十五年（727）中进士，后又中博学宏词科。但他一生仕途不显，多在地方上任职，诗作以边塞诗最为著名，《从军行》《出塞》为代表作。其中《出塞》被推为唐人七绝的压卷之作，王昌龄也被称为“七绝圣手”。与王昌龄、高适同时且常相唱和的王之涣（688—742），本家晋阳（今太原），因官徙居绛郡(今新绛)。《全唐诗》仅存王之涣诗6首，但仅凭他的《登鹳雀楼》"白日依山尽，黄河入海流。欲穷千里目，更上一层楼"和《凉州词》"黄河远上白云间，一片孤城万仞山。羌笛何须怨杨柳？春风不度玉门关"及"旗亭画壁"的故事，就足以不朽。太原王翰，生卒年不详，也是当时知名的边塞诗人。他流传下来的诗作《凉州词》："葡萄美酒夜光杯，欲饮琵琶马上催。醉卧沙场君莫笑，古来征战几人回。"悲壮情怀，感动千古。

王维画像

中唐时期河东文苑涌现出的大师有蒲州(今永济)人卢纶、柳宗元、白居易等。他们中最早闻名诗坛的"大历十才子"之一卢纶，承盛唐诗之余韵，也以写边塞诗而出名。名作如《和张仆射塞下曲》："林暗草惊风，将军夜引弓。平明寻白羽，没在石棱中"；"月黑雁飞高，单于夜遁逃。欲将轻骑逐，大雪满弓刀"，诗风粗犷，雄放中透着细腻。

柳宗元(773—819)，字子厚，河东(今永济)人，唐德宗贞元年间进士，后又中博学宏词科。因参加"永贞革新"失败，被长期流放南方，先为永州司马，终客死柳州。柳宗元写诗学陶潜，与当时诗风不合。他的主要文学地位因散文奠定，与韩愈齐名，是唐代古文运动的主将。他主张为文要学西汉的司马迁、司马相如、扬雄等的散文，进行自由创新。他的议论文章如《封建论》，传记文章如《段太尉逸事状》，叙事文章如《捕蛇者说》，寓言讽刺文章如《黔之驴》，山水游记文章如《永州八记》等，当时即为天下人传咏。

比柳宗元出生稍晚的白居易(772—846)，字乐天，晚号香山居士，原籍太原，后迁居下邽(今陕西渭南)。他与元稹合称"元白"，是唐诗新乐府运动的主将，而白居易的人品及作品成就，均超过元稹。白居易诗尊杜甫，他的新乐府诗50首，如《杜陵叟》《卖炭翁》《观刈麦》等，以浅显明白的形式，关注现实，关心民间疾苦，颇富讽喻之义，所以称讽喻诗。白居易自己说，时人喜欢我的杂律诗，如《赋得古原草送别》与《长恨歌》,但我更看重的是我的讽喻诗,千百年后一定有人喜欢。他的见解是对的。事实上没用千百年,元白诗出二十年间,官署、寺观、驿站的墙壁上就到处题写的是元白诗,王公、妾妇、牧童、走卒之口吟唱的都是元白诗。足见他的诗深得人民的喜爱。

白居易画像

晚唐文苑中最杰出的河东文人有聂夷中、司空图、温庭筠。河东(今永济市)诗人聂夷中以一首《伤田家》名闻后世;河东虞乡(今属永济)人司空图则以其品评诗歌的理论著作《二十四诗品》而奠定其在中国文学史上的地位。创作则以温庭筠为最。温庭筠(约812—866),本名歧,字飞卿,太原祁(今祁县)人。一生仕进不得志。他的诗与李商隐齐名,时称"温李"。他的文学成就主要在词方面,被文学史家推为"词的重要创始人"。

唐之中后期,传奇小说渐盛。河东文坛中也涌现出几位写传奇的高手。白居易的弟弟白行简(776—826)作《李娃传》,通过描述妓女李娃与荥阳公之子某生相爱的故事,塑造了李娃真挚感人的妇女形象,具有打破门阀观念的积极意义。薛调(830—872),河中宝鼎(今万荣)人。他的《无双传》描写一对青年男女悲欢离合的故事,情节生动,叙述自然。这两篇作品都是唐代文学史上极有地位的代表作。

隋唐山西学人的突出成就

隋唐时期,山西人在文化界非常活跃。不仅文坛群星闪耀,而且在哲学、史学、地理学、文艺理论等方面都有杰出的建树。

在哲学方面，首先值得推崇的是王通。他是隋唐儒学变革的发端者,宋明理学思潮的先驱。在哲学上最有成就的其实是柳宗元。柳宗元的政治思想具有突出的人民性。他认为官吏是人民的仆役,并非人民是官吏的奴仆。人民“十出其一”雇佣官吏来为他们服务,所以,官吏不能“受其直”而“怠其事”。柳宗元对哲学上的一系列基本问题都进行过深入的思考,特别是对天人关系的探讨,提出了很多有价值的观点。他认为天是由元气构成的,就像“果瓜、草木”一样,都是物质的,不具有意志和精神。“天”“人”各按自身的规律发展,“天人不相预”。这种朴素的唯物主义和无神论思想,在中国古代思想史上闪耀光辉。柳宗元不愧是中国历史上著名的文学家和思想家。

隋唐时期,山西出现了几位有影响的史学家,如王劭、温大雅、柳芳等。王劭,字君懋,太原人,生卒年不详。他著有《读书记》30 卷,采摘经史谬误,“时人服其精博”。开皇年间,专典史职 20 余年。一生的史学著作,主要有编年体《齐志》20 卷、纪传体《齐书》100 卷、《平贼记》3 卷及《隋书》80 卷。王劭的《齐志》是一部颇具特色的史学著作。人谓其优点有三:一是敢于直书;二是多用口语,有历史感;三是长于叙事。温大雅(约 572—629),字彦弘,太原祁(今祁县)人。李渊在太原起兵时,征召温大雅为大将军府记室参军。他写出《大唐创业起居注》。这是一部编年体的史著,记事起自隋大业十三年(617 年)五月,记述了李渊从太原起兵到建唐称帝 357 天的言行动止及唐朝建立的过程。唐后期的史学家柳芳,蒲州河东(今永济市)人。唐玄宗开元末年进士及第后,长期在史馆工作,一生“笃志论著”。他的史学贡献,主要在唐朝“国史”的修撰方面与谱学方面。唐肃宗时,他与史官韦述完成了一部“上自高祖,下迄乾元”的《国史》130 卷,这是唐前期国史的最后一个定本。后来他又写成《唐历》40 卷。柳芳在谱学上的成就主要是撰写《永泰新谱》20 卷。后来唐文宗曾赞赏《永泰新谱》“甚为详悉”,就命令柳芳的孙子柳璟“续德宗后事,成十卷,以附前谱”,这样就完成了一部详细的唐皇室史。

地理学在古代实际上是史学的一个分支。今天我们读《隋书·西域传》,看到有那样丰富的有关西域的记载,这全得益于裴矩的《西域图记》。裴矩(? —627),字弘大,隋河东郡闻喜县(今闻喜)人,他是隋唐之际著名的政治家、外交家、学者。裴矩在隋炀帝时,充当“通西域”的具体策划者与执行者。他多次亲自到张掖、敦煌、高昌、伊吾等处接洽，说服西域诸国来隋朝"遣使贡方物"。据初步统计，隋炀帝大业年间（605—617），西域的高昌、党项、康国、安国、石国、焉耆、龟兹、疏勒、于阗、钹汗那、吐火罗、挹怛、米国、史国、曹国、何国、乌那曷、穆国、波斯等20余国，曾遣使到隋朝朝贡。他乘便走访了许多西域使节、商人，编成《西域图记》3卷，上奏给隋炀帝。裴矩是第一个用这种体裁记录西域史地的人。《西域图记》也是第一部图文并茂的记述西域史地的独创性著作，为以后《海国图志》之类著作的出现，提供了蓝本。

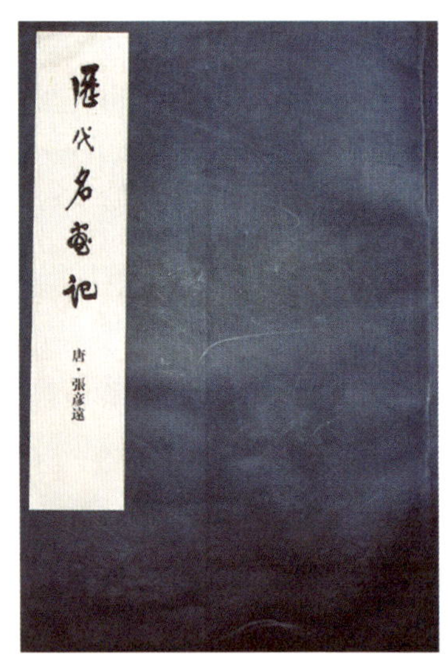

《历代名画记》书影

唐时，诗歌、绘画、书法等艺术创作的繁荣，也推动艺术评论大师的涌现。张彦远（约812—877），字爱宾，唐河东猗氏（今临猗县）人，出身河东名门望族。张彦远，其家数代为相，所藏画书丰富。他自幼爱好书画艺术，正是靠了这长年的鉴赏、研究的积累，完成了《历代名画记》与《法书要录》这两部不朽的著作。《历代名画记》共10卷，前3卷为画论，收彦远文章15篇。后7卷为史传部分，记述历代画家372人，每人名下列小传。这部著作可以说是对唐会昌（841—846）以前的中国绘画理论与演变发展史的一次系统总结，为"画史之祖"。《法书要录》共10卷，辑录东汉以来至唐元和年间历代名家论书法的文章近百篇，皆照录原文。它可以说是中国第一部书法理论文集。司空图（837—908），字表圣，自号知非子、耐辱居士，唐河中虞乡（今属永济）人。唐末官至中书舍人，后因世乱退隐中条山王官谷。诗多闲适之作。他的成名，主要是因为他的诗歌批评理论著作——《诗品》。司空图把诗歌分为"二十四品"，辨析各诗品不同的意境和风格。他欣赏和倡导的是一种"妙造自然""超以象外，得其环中""不著一字，尽得风流"的艺术境界。其诗论的核心是"景外之景""象外之象""味外之旨""韵外之致"，丰富和拓展了我国传统文艺和批评的"意象""意境""韵味"等美学范畴。

第七章

多元文化的汇聚

（宋辽金元时期）

概述

五代辽宋金元时期是中国历史上继魏晋南北朝之后又一个民族大融合的时期。北部草原上的契丹、党项、女真、蒙古等游牧民族相继兴起。他们南下中原，饮马黄河，带给汉民族以强烈的冲击。

战端屡起，王朝更迭频繁，山西的建制沿革也不断发生变化。五代时期，后唐、后晋、后汉、北汉四个王朝相继占据山西，并以山西为根据地扩充势力，建基立业。北宋统一全国后，以白沟河（今河北雄县北）一线为界，与契丹族建立的辽王朝形成对峙。整个雁北地区及邻近雁北的忻州北部的代县、宁武、神池、繁峙等县的一部分，约占今山西省面积五分之一的领土归属于辽朝。辽在这里建立了以大同为中心的西京道，下设京府大同府及应、朔、蔚3州。大同府及应州、朔州全在今山西省，蔚州则部分在今山西省。白沟河一线以南的今山西省中南部地区则属于宋朝的辖区。宋在今山西的最高行政建制为河东路，下辖太原、隆德、平阳3府，代、忻、宪、丰、府、麟、岚、石、隰、慈、汾、绛、辽、泽14州（其中3州、3县不在今山西境内），宁化、保德、火山、岢岚、庆祚、晋宁、平定、威胜8军。又另有永兴军路的一部分建置也在今山西省境内，为1府（河中府，治河中)、2州(解州,治解)、13县。12世纪,女真族建立的金朝兴起后,先后灭掉辽与北宋,完全占有今山西地区,并在此设立了西京路、河东北路、河东南路3路。西京路地跨今山西、河北两省及内蒙古自治区。在今山西境内有大同1府及朔、武、应、蔚4州,其中蔚州半在今山西省,半在今河北省。河东北路领1府12州,其中葭州在今陕西省,路治太原府。河东南路领2府10州,怀州、孟州在今河南省,路治平阳府。13世纪,蒙古族建立的政权在真正意义上统一了全国,建立了"大哉乾元"的元王朝,并在全国推行行省制。山西成为元朝的"腹里",属于中书省。最高行政建制为河东山西道,领大同、冀宁、晋宁三路。在今山西境内者为冀宁路、晋宁路之全部和大同路之部分州、县。另外上都路的灵丘、广灵2县,兴和路的天成县(今天镇)也在今山西境内。

作为农、牧民族的交汇地带、多民族人群聚居区,山西在边境冲突与民族征服的战争中饱受创伤,但也直接地参与了汉民族与少数民族之间全方位的交融共生,见证了多元文化的汇聚。

这一时期,山西地区农业生产持续进步,矿冶、纺织、印染、制盐、酿造……各类手工业技术不断提高。在此基础上,史学、文学、艺术、戏曲、宗教等领域全面发展。传统的农业文明吸纳、融合了游牧文明的精华。在史学上,出现了《资治通鉴》《壬辰杂编》《归潜志》等史学名著;在文学上,出现了北方文雄元好问这样的文学巨匠和一大批汉族文人。他们在对逝去的繁荣安定生活的诉求与身处边族统治的不甘与屈服的矛盾之中,竭力弘扬备受摧残的中原礼乐文明,经历着复杂的心理矛盾,创造了极具河汾特色的文学瑰宝。以萨都刺为代表的少数民族作家则又以其极具民族特色的诗文著作丰富了这一时期的文学内涵;在艺术上,涌现出了关汉卿、白朴、郑光祖等一流的戏曲大师,米芾、马远等技艺精湛的书画大家,以及永乐宫、广胜寺中精美绝伦的壁画艺术;在建筑上,则有晋祠圣母殿、应县木塔这样举世惊叹的建筑瑰宝……。它们共同构成了内涵异常丰富、多元一体的三晋地域文化。

“五代”更迭的中心

公元907年，靠农民起义起家的朱温在开封自立为帝，建立后梁，拉开了中国历史上五代十国分裂时期的帷幕。在中原，先后出现后梁、后唐、后晋、后汉、后周5个割据政权。后唐、后晋、后汉和十国中唯一在北方的北汉4个王朝又都是以太原为基础或基地建立的。这几个王朝的创立者都是沙陀人。三晋大地再一次被推上了历史风云变幻的最前沿。

后唐（923—936）是五代时期从山西起家的第一个割据政权。其肇基者李克用（856—908）因镇压黄巢起义而被封为唐河东（治今太原）节度使，以太原为中心的河东镇所统辖的广大地区便成为李氏兴起的大本营。李克用初到太原时，注重安抚人心，扩充实力，控制军队，占领了今山西境内的大部分地区，形成了以太原为中心的割据势力。随着自身势力的不断壮大，李克用与意图谋取帝位的朱温之间的矛盾便逐渐凸现出来。884年，朱温在汴州附近的上源驿袭杀李克用未遂，从此挑起了朱、李之间近40年的殊死较量。

起初，朱温基本处于优势，双方的战争也多集中在山西。907年，朱温废掉唐哀帝自立，是为后梁。为控制由东南进出山西的关口，占据进可威逼晋阳、守可确保河南京畿安全的战略优势，朱温派兵进逼潞州（今长治），但围困数月未下。908年，李克用病逝，其子李存勖（885—926）身着孝服，迅速出兵潞州，大破后梁军队。初步扭转了晋军的劣势地位。李存勖励精图治，锐意改革，使军队实力大增。923年，

李克用画像

李存勖画像

李存勖在魏州（今河北大名）称帝，以太原为西京，建国号唐。随即挥师南下，奇袭开封，消灭了与晋对峙40年的后梁政权。李存勖马上得天下，却不会治天下。他宠信宦官伶人，诛杀功臣，导致兵变频发。926年3月，后唐大将李嗣源在将士拥戴下即位，是为明宗。明宗为五代时期少有的明君。他改革弊政，宽仁爱民，杀宦官，废苛法，均田税，使后唐政局迅速安定下来。但李嗣源即位时已年过六旬，体弱多病，即位七年即亡。其子李从厚、养子李从珂勉强支撑四年后，后唐被后晋取代。

后晋（936—947）是五代时从山西起家的第二个割据政权。建立者石敬瑭（892—942）是后唐明宗李嗣源的女婿。他好兵法，精骑射，因多次救李存勖、李嗣源有功，成为李嗣源的心腹。932年，石敬瑭被李嗣源任命为北京（治今太原）留守、河东节度使，权势一时大盛。936年，后唐废帝李从珂调石敬瑭为天平节度使，石氏不满，起兵自立。李从珂派兵前往镇压。石敬瑭结援契丹，在晋阳大败唐军。936年11月，石敬瑭即位于柳林（今太原市东南），建立后晋，随即挥师南下，灭亡后唐。石敬瑭利令智昏，割让燕云十六州给契丹，致使晋北、冀北之险关尽失，中原门户大开，契丹铁骑纵横驰骋于繁华富庶的千里平原，一昼夜即可饮马黄河。此后四百余年中，辽、金、西夏时期数个民族政权对峙的格局即由此肇始。

石敬瑭的皇帝梦仅做了6年便因承受不住人们对“卖国贼”的唾骂，忧郁而死。其子石重贵即位，与契丹关系恶化。943年冬，耶律德光大举讨晋。947年，契丹攻入汴京，后晋被灭。同年，刘知远乘耶律德光北返之机，从太原出发进攻开封，建立后汉（947—950），成为五代时期第三个从太原起家的割据政权。

刘知远的父亲任职于李克用军，他本人也在李嗣源麾下效命。因救石敬瑭有功而受其器重。刘知远并不赞成石敬瑭对契丹称子割地的做法，只主张称臣即可，但未获采纳。后晋建国后，刘知远升任北京（治今太原）留守、河东节度使。他多次以保境安民为由，招募军士，在后晋的靠山契丹南下时，三次武力抵抗。947 年，刘知远在太原称帝建国。但后汉政权也很短命，只历高祖刘知远、隐帝刘承祐二帝，前后约四年，便被郭威建立的后周所替。

郭威篡汉，刘知远的弟弟、时任太原留守的刘崇在太原称帝，占有河东地区的并、汾、忻、代等十二州之地，与后周对抗，史称北汉。

纵观五代历史，群雄迭起，诸王争霸，你方唱罢我登场，好不热闹。但细究历史脉络，不难发现，五个政权中，有三个是以太原为根据地建立的。整个中国北方五代的历史，实际可以当做建都于开封（或洛阳）的中央政权同以太原为根据地的割据势力激烈斗争的历史来看。在风起云涌的五代争霸中，山西扮演了极其重要的角色。后世称“天下形势，必有取于山西”，“京师之安危，常视山西之治乱”。

北宋统一：平李筠与晋阳城的毁圮

公元 960 年，掌握后周禁军的赵匡胤在陈桥驿发动兵变，黄袍加身，自立为帝，建国号宋，定都开封。新建的赵宋王朝志在一统天下，但最令人头痛的是山西的两股异己势力。一个是北汉，一个是昭义李筠。可以说，北宋统一中原，从山西始，又从山西终。

赵匡胤登基后的第一仗便是和人称“河东白龙”的李筠打的。李筠为并州（今太原）人，历仕后唐、后汉。后周时以从驾之功，官至昭义军（治所在潞州，今长治）节度使。赵宋立国后，忠于后周的李筠几经踟蹰，终于还是决定起兵反对。建隆元年（960）四月，李筠命人草拟檄文，历数赵匡胤篡夺皇位之罪，公开与宋廷决裂。赵匡胤排兵布阵，夹击李筠。后又亲率大军北上，于泽州城下督战。双方激战十余日，泽州城破。李筠投

宋太宗赵光义画像

火自焚。李筠被灭，使宋控制了山西东南的泽潞地区，进一步稳定了宋朝的局势，不仅在其统治中心之北构筑了一道屏障，以防御北汉与契丹，也为日后北伐北汉奠定了基础。

北汉是刘知远的弟弟刘崇以河东十二州为基础建立的小朝廷，辖地集中在晋中、晋北，虽较当年后唐、后晋、后汉的地盘都小，但前后历 4 帝，延续 28 年，统治时间却是后唐、后晋、后汉三个王朝加起来的总和，也是十国中唯一的北方之国。宋开宝元年（968）秋，北汉主刘承钧去世，养子刘继恩即位。后刘继恩传同母异父之弟刘继元为国主。北汉政局混乱，赵匡胤乘机从潞州和汾州两路进攻，直逼晋阳城。但晋阳城池坚固，守军顽强，宋军久攻不下。次年春，赵匡胤再次御驾亲征，水灌晋阳。晋阳城虽一度被注水穿城，但被围攻三个多月，始终未被攻破。此后，赵匡胤实施“先南后北”的战略。开宝八年（975），金陵被攻克，南唐灭亡，宋基本完成了对南方的统一，转而北伐。

开宝九年（976）八月，宋军兵分五路，再次讨伐北汉。宋太祖赵匡胤却神秘去世，继承赵匡胤遗志的是其弟宋太宗赵光义。太平兴国四年（979）正月，宋太宗御驾亲征，第三次讨伐北汉。四月，宋军包围晋阳城，攻城战异常惨烈。城外宋太宗亲自督战，城内北汉军殊死顽抗。城外宋军负重 90 斤的抛石机、射程 3 里集束发射的弩箭日夜轰击，如暴风骤雨。狂攻之下，晋阳城墙伤痕累累，城头几乎没有完整的堞口。战争进入胶着状态。宋太宗下令再次决汾水灌城，使太原城内一片汪洋。刘继元在外无援兵、内无斗志的情况下，最终于五月初六出城投降。北汉战将杨业在刘继元投降后，仍拒敌苦战，坚守晋阳南城。直到接到刘继元的归降令，他才悲愤解甲。

以一统中原为己任的宋王朝，耗费十余年，两任皇帝御驾亲征，才拿下这个户不过 3.5 万、兵不过 3 万的地方割据势力。赵光义即下令将系舟山削去壁垒，称为拔龙角。又深恨晋阳城居民以死相抗，强行迁走百姓，并放火焚毁了这座历史悠久的晋阳古城。就这样，这个始创于春秋末期，有着 1476 年历史的文明古城，在熊熊大火中化为废墟一片。火焚之后，宋军又引晋水和汾水冲灌。豪华壮丽的大明宫、晋阳宫，铭刻唐室功业的起义堂、受瑞坛等，永远消失在历史的烟尘中。至此，山西中部、南部归入宋之版图。北汉的覆灭，也标志着自中唐以来藩镇专权割据和五代十国的分裂局面结束，实现了南北方主要地区的统一，促进了社会经济文化的发展。

千古忠烈杨家将

五代至元，山西作为汉族与北方少数民族交锋、交融的前沿，战事频繁，在宋辽、辽金、金元的争夺战中，催生出一批批独领风骚的人物，他们横刀立马、驰骋沙场，一个个英雄豪迈，熠熠生辉，长垂青史。其中最著名的无疑是威名天下的抗辽英雄——杨家将。

杨业，原名杨重贵，后改为杨继业，祖籍麟州新秦（今陕西神木），弱冠之年即受北汉皇帝信任，任侍卫新军都虞候，以骁勇闻名于军中，屡立战功，战无不胜。归宋后，因“老于边事，洞晓边情”，被委任为左领军卫大将军，知代州兼三交驻泊兵马部署，与河东三交口都部署潘美共同担负起了抗辽的重任。从此，他的一生就与山西，与抗辽紧密地联系在了一起。上任伊始，杨业就在边境要道严密布防，一年内连续修建了茹越寨（在今繁峙县南）、胡谷寨（在今代县东北）、大石寨（在今应县南）、阳武寨（在今原平市北）、崞寨（在今原平市崞阳镇）、西陉塞（在今原平市西北）等 6 个兵寨。杨业堵截契丹南下，大败十万契丹军于雁门。从此“杨无敌”威名吓破辽人胆魄。杨业驻守雁门关 8 年之久，契丹军未能侵入一步。

雍熙三年（986）正月，宋太宗误信边将的报告，以为“契丹主少，母后专政，宠幸用事”，执意组织三路大军对辽发起全面进攻。西路由潘

代县杨忠武祠

美、杨业统领，出雁门关（今代县北），攻取关外诸州，击退了耶律斜轸等部，捷报频传。但东路、中路军进攻受阻，奉命撤退。因此，西路军受命掩护寰、朔、云、应四州居民内迁，孤悬敌后，成为辽军唯一追击的目标。七月，杨业建议避敌锋芒，出大石路（今代县西北），配合云、朔守将撤离两州军民。但监军王侁贪功冒进，逼他与辽军正面交锋。主帅潘美不置可否。杨业无奈，只得出战，行前要求潘美在陈家谷口接应。但当他与耶律斜轸的大军浴血苦战退至约定地点时，潘美、王侁已率军退走。杨业拼死血战，中箭被俘，绝食三日而亡，享年约 59 岁。

杨业去世后，其子杨延昭担负起在河北沿边抗辽的重任。他在景州（今河北景县）、保州（今河北安新）等地驻守 20 多年，屡败契丹军，死后陪英宗葬于永安县（今河南巩义）。延昭之子杨文广，也是一代名将。仁宗朝时，他先后镇守河北、陕西边境，防范西夏对宋的侵扰。

杨家三代忠烈，为国恪尽职守。杨家将的事迹被不断扩充、加工，编成故事、戏曲舞台剧以至影视剧。南宋之际，民间艺人将杨家将的故事编成了话本在民间流传。元时，随着杂剧的兴盛，杨家将故事的形式也有了新的拓展，出现了杂剧《昊天塔孟良盗骨》等。明代又编成《杨家将演义》《杨家将传》等小说、评书。它们将故事发生的时间跨度加大，编织了从宋太祖赵匡胤登基到宋神宗赵顼时，杨家祖孙在约100年的历史中世代抗敌的英雄故事。明朝中后期纪振伦的《杨家将通俗演义》和清代熊大木的《北宋志传》，最终使杨家将故事定型，为后来的戏曲和说唱文学提供了丰富素材。据统计，明清两代，戏曲舞台上以杨家将为题材的剧目就有360出之多。直到今天，京剧和其他地方剧种还经常上演《四郎探母》《穆桂英挂帅》等剧目。这些小说和戏曲，与历史事实出入已经很大，成了英雄传奇。

杨家将的故事之所以能够深入民心，表达了人们对杨家将忠心报国世代相传的高尚情操的崇敬，反映了人们反抗侵略、保家卫国、追求和平美好生活的强烈愿望。它们以强烈的爱国主义精神、璀璨的理想主义光芒激励着一代又一代的后人。

宋辽金元及西夏在山西的攻守博弈

公元10世纪到13世纪，契丹、女真、蒙古等少数民族政权相继崛起，争夺领地。山西地区又是首当其冲，成为各方最为重要的争夺地带。最先开始的是宋与辽的交兵。自石敬瑭割让燕云十六州后，雁门关外便尽为契丹所有。北宋统一后，收复燕云成为其新的战略目标。雍熙三年(986)北伐失败后，宋辽之间攻守之势逆转，宋转为以防御为主，辽则以攻为守。辽统和二十二年(宋景德元年，1004年)，辽圣宗亲率大军南下，连败宋军，进至澶州。宋真宗接受宰相寇准的建议，率军亲征，极大地鼓舞了士气。宋军射杀辽统帅萧达凛，又于草城川大破辽军。但宋亦无再战的企图，双方遣使议和，签订“澶渊之盟”。此后辽宋百年间再未发生大的战事，辽在山西北部的统治也稳定下来。

辽宋干戈休止之时，崛起于甘肃东部、陕西西北部一带的党项族建立的西夏政权，却与辽、宋双方渐起争斗。山西虽非战区，但也扮演了重要的角色。因临近主战区陕北，山西逐渐成为北宋对夏战争的战略物资、伕役、兵源的重要来源地。宝元、康定年间，宋政府曾数次下诏从河东催粮实边。宝元三年（1040）六月至庆历二年（1042）三月，两年间三次在河东山西招募义勇、弓箭手77079人。鉴于代北一地的重要性，辽兴宗班师回朝后即"改云州为西京"，以此为据点，加强对西夏的战争态势。此后数年间，辽在对西夏的战争中彻底扭转了颓势。

辽后期，居住于按出虎水（今阿什河，在哈尔滨东南）的女真族完颜部逐渐统一了生女真各部，并在抗击辽朝的战争中强大起来。辽天庆五年（宋政和五年，1115年），都勃极烈（女真部落联盟酋长）完颜阿骨打以会宁府（今黑龙江阿城南）为都，建国称帝，国号为金。在灭亡辽朝后，金开始了南下灭宋的征程。山西军民又谱写了一曲曲可歌可泣的战歌。

金天会四年（宋宣和七年，1126年），金兵两路南下进取汴京。其中西路军由粘罕（宗翰）带领从西京（今大同）出发，试图从西线突破太原，与东路军会师汴京。粘罕军直抵太原城下时，驻守平阳的王禀率子王荀紧急应援，与守臣张孝纯一起带领太原军民屡出奇谋，坚守城池。太原久攻不下。靖康元年（1126年）二月，宋廷全盘接受了金军提出的巨额犒军费，以及割让太原、河间、中山三镇给金的退兵条件。北宋朝廷虽有屈辱求和之意，太原军民却没有投降之心。宣旨大臣路允迪到达太原宣读圣旨，王禀立即仗剑而起："国君应保国爱民，臣民应忠君守义。现并州军民以大宋国为重，宁死而不作金鬼，朝廷竟如此弃子民于不顾，何颜见天下臣民！并州军民坚不受命，以死固守。"城上太原军民也皆手握兵器，振臂高呼与城共存，决不退却！粘罕收取太原无望，以锁城法围困，断绝太原与外界的联系。太原军民在严密封锁中苦苦支撑。金兵前后九次攻城，都被王禀击退。但城中存粮逐渐用尽，太原城终被攻破。张孝纯被俘，王禀率士卒坚持巷战，最后背负着供奉于太庙的宋太宗御容投汾河自尽。太原城破后，粘罕率军乘胜南下，汾州知州张克戬奋力抵抗，城破自杀。平阳、威胜、隆德、泽州等地也相继被金军攻下。随后，粘罕渡过黄河，与斡离不在汴京会师。靖康二年（1127）四月，北宋灭亡。

金泰和六年（1206），杰出的蒙古部族首领铁木真（即成吉思汗）统一了漠北草原，建立大蒙古国，开始反金战争。在蒙古灭金的战争中，山

西仍然是主战场之一，遭受的破坏十分严重。金卫绍王大安三年（1211）十月，蒙古军对金朝西京、河东展开攻势。十一月，夺取武州、朔州，到达代州、忻州。次年秋蒙古军克西京大同府。贞祐元年（1213）秋，成吉思汗再次进攻大同，金朝不敌，遂放弃山西大部，迁朔州军民九万人于晋西、晋南地区。蒙古军攻城略地，一路屠城，仅忻州就屠数万人。贞祐二年（1214），蒙古军合兵中都（今北京）。三月，金求和并迁都汴京，史称“贞祐南渡”。兴定二年（1218）八月，木华黎率领步兵数万，从太和岭入河东，相继攻占代州、太原、汾州、绛州、潞州、隰州、平阳等地。兴定六年（1222）底，山西全境为蒙古军占有。

晋城泽州县梁兴兵寨遗址

据载，南宋太行忠义社首领梁兴，泽州周村人，在此占山为王，后被岳飞所部收编，带领太行义军镇守沁河与金兵作战，今遗址犹存。

金元光二年（1223），木华黎病死于闻喜县下马村。正大元年（1224），金哀宗即位，收回对宋之兵，全力抗蒙，曾一度收复曲沃、霍州、河中、泽州、潞州等重镇。但此时的金朝已是强弩之末。正大六年（1229）八月，成吉思汗第三子窝阔台继汗位后，蒙金战争进入实质性阶段。天兴三年（1234），蔡州亦被攻破，金哀宗自杀，金朝灭亡。1271 年，成吉思汗之孙忽必烈正式建立元朝。1276 年灭南宋，统一了中国。在“大哉乾元”的大一统格局中，结束了自五代开始的 300 多年的分裂局面，中华民族进入了一个新的融合期。

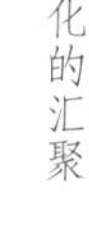

经济发展的新成就

公元10—13世纪期间，山西境内战争频仍，但其经济、文化等方面仍取得了长足的发展。尤其是金元时期，山西因其经济技术的发展而在全国占有十分重要的地位。

这一时期，山西的农业及以农业为基础的纺织、酿酒等手工业得到了较快的发展。五代至元时期，山西民众虽饱受战争之苦，但一旦政权稳定，政府都把恢复农业当做第一要务，颁布农书，劝课农桑，兴修水利，推广新的农业技术与方法。这一时期，小麦、大麦、黍等粮食作物在全省广泛种植，并供给军队与赈济灾荒。“输粟万石”“移粟万石”“输租税于北方”等记载不绝于史。经济作物亦种植广泛，其中又以桑、麻种植最为普遍。《马可·波罗游记》中就说，太原“种桑养蚕，产丝甚多”，平阳“产丝甚饶”，河中“出产姜及丝不少”，有些地方的蚕丝生产甚至接近于南方地区。麻的适应力要更强，岚、石、代、汾、晋、潞、慈、隰等州都盛产麻。棉花在元时被引入山西后也遍植于黄河流域。晋南的汾河、涑水流域都是著名的棉花之乡。山西的果品也很丰富，且各地均有不同的特产。西京的“花红果子”、芮城的石榴、安邑的葡萄都曾是贡品。山西药材也多是朝廷中的常用之物。忻州麝香在元朝被专门指定作为入贡物品。崞州、代州、台州、定襄的蟾酥与保德的自然铜，以及榆次的茴香、龙骨，也都为各代宫中必备品。

《马可·波罗游记》书影

农业的发展尤其是经济作物的广泛栽培与丰产，为手工业的发展提供了大量的原料，促进了纺织业、酿酒业等行业的发展。泽州、汾州和威胜、平定等地的丝织品被列为贡品。而麻织业，早在北宋时，河东进贡朝廷的麻织品就达到

15.1万多匹，居全国第一。金元时期更是在此基础上有所发展。棉花的种植同样刺激了棉纺工艺的极大提高。万泉（今万荣县西南万泉镇）人薛景石著《梓人遗制》，总结了棉纺生产管理的经验，并设计了新的织机。随着纺织活动的规模日益扩大，元廷陆续设置了各级各类的管理机构，在属于今山西的冀宁路与晋宁路都设有织染提举司。在河中府、襄陵、翼城、潞州、泽州、大同、朔州、云内州等十一地还设立了织染局、毛子局，这都是山西棉纺业发展的游记。

山西自古就是酿酒业最为发达的地区之一，历来以美酒佳酿闻名于世。安邑的葡萄酒尤负盛名，是当时的御酒之一。太原府的玉液酒、静制堂酒，代州的金波酒、琼酥酒，汾州的甘露堂酒、隰州的琼浆酒，河中府的天禄酒、舜泉酒、桑落酒，以及蒲州酒、襄陵酒、羊羔酒、潞州的珍珠酒均为当时名酒。宋至元时，政府推行榷酒政策，由政府控制产销。如元时，在今阳城、隰县、夏县等地都设有榷酒务官，专管酒税收取。

以自然资源为依托的手工业在这一时期也获得巨大发展。最突出的是制盐业和冶铸业。宋至元，均实行食盐国有政策，在河东设有解盐司来管理河东盐池。解盐生产的兴旺，使盐税成为历代政府的主要财政收入之一。山西铁、铜、煤等矿产资源丰富，冶炼业起步很早。辽宋金元时期，山西仍是铁的主产地之一，不仅铁矿分布广泛，而且冶炼规模较大。交城、晋州、石州（今离石）、泽州、威胜军（今沁县）、云内州，均有各代政府设置的管理机构。尤其是交城大通监，不仅在北宋时就是产铁四大监之一，而且它的生产贯穿了宋、元、明三代。冶炼技术自宋代起也得到不断改进，体现在以煤作燃料和还原剂，采用方炉坩埚炼铁。这种炼法在山西地区很流行。技术的改进促进了产量的提高。各地大量考古出土的辽宋金元时期的铁制器具、各地寺庙中铁铸佛像、巨钟与铁鼎，都说明了铁器在当时已经广泛应用于生产生活的各个方面。

山西盛产煤炭。北宋时，煤炭就已成为冶炼、烧石灰、烧砖、制陶、酿酒等工业行业的重要能源。这些行业的大量需求，使"仰石炭以生"的民户数量逐渐增多。金灭北宋后，成为世界上主要的石炭生产国，用煤相当普遍。此外，山西制瓷业也较为发达。浑源县的大瓷窑、青瓷窑在当时是知名的瓷器产地。它们生产的黑釉剔花瓷甚至远销海外。今英国伦敦大英博物馆还藏有一个"元大德八年"铭文的黑釉剔花婴戏纹瓶。

司马光的《资治通鉴》及山西学人的史学贡献

宋辽金元时期，是中国古代史学发展的繁盛时期，出现了《资治通鉴》这样的编年巨著。在这个时期史学的发展中，山西人居功至伟。

并州祁（祁县）人王溥，是五代至宋初的杰出史学家。他主持编修了《唐会要》和《五代会要》两部会要体史书。《唐会要》从帝号开篇，以四夷终卷，共分514个事目，唐史许多资料借此保存。该书是现存会要体史书中最早的一部，具有重要的史料价值。原本残缺，今本为清乾隆年间（1736—1795）重编。王溥还广搜后梁、后唐、后晋、后汉、后周诸朝旧史实录，分类纂辑，编成《五代会要》30卷，共分279个事目。除个别目次略有调整外，体例一遵《唐会要》。这是关于五代典章制度的最早撰述。五代时期许多重要史实及典章制度，都赖《五代会要》得以流传，可补诸史遗阙，极富史料价值。

宋神宗熙宁变法期间，因与王安石政见不同，时任翰林学士的司马光退居洛阳，在神宗的全力支持下，十五年不问政事，延揽有史官之才的刘攽、刘恕、范祖禹等作为助手，共同编撰成《资治通鉴》。作为我国第一部编年体通史，《资治通鉴》共294卷，300多万字，叙述了自周威烈王二十三年（前403）至后周世宗显德六年（959），共计1362年的史事。此书体例严谨，取材审慎，内容翔实，考订精确，历19年始成书，在中国古代史学史上产生了极大的影响。首先，它打破了之前断代写作的惯例，成为中国第一部编年体通史。其次，创建新的史学形式“通鉴体”，为后来的史学家多所效仿。第三，《资治通鉴》对于古代史料的保存有极大贡献。它取材广博，达三百多种，其中不少书籍今已亡佚，而其中的史实赖其得以保存。

金元时期，山西是重要的政治、文化中心。金在平阳设立了经籍所，专门负责撰写史著。

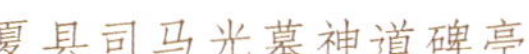

夏县司马光墓神道碑亭

元好问早年为金朝国史院编修，金亡后成为私家撰述金朝历史的第一人。他隐居不仕，在乡居构筑“野史亭”，决心以一己之力编写《金史》。虽未能实现夙愿，但他仍然以搜集到的史料为依据，撰写了《壬辰杂编》一部。该著不仅史料价值丰富，而且撰述严谨，是元朝编修《金史》的主要依据。元好问还编定《中州集》一部，为金代诗歌总集，收录了作者所知的有金一代的诗词2166首，并为每位作者编写了小传，填补了中国文学史的空白。元好问的另外一部史稿《金源君臣言行录》，是其根据搜集编写金史资料时获得的上百万字的关于金朝君臣遗言往行的资料编写而成的，同样成为元朝编修《金史》的重要史料来源。

刘祁，山西浑源人。蒙古兵破汴京，刘祁目睹其惨烈景象，回乡隐居著述，题其室为“归潜”，因此名其著为《归潜志》。《归潜志》为笔记体，共14卷，记载了金哀宗亡国始末、金朝叛将崔立降蒙及被杀等重要历史事件。刘祁之弟刘郁所著《西使记》，也是一部有重要影响的史著。这是根据元使者常德口述整理而成的一部旅行记，记录了蒙哥九年至中统四年（1259—1263）常德西行觐见旭烈兀（蒙哥之弟，伊儿汗国的创建者）于波斯的事。文中记录了波斯、印度、巴格达等地的风土人情，是研究西域古代史和中西交通史的珍贵资料。道光五年（1825）法国人莱麦撒将其译为法文。40年后，法国人鲍梯又自魏源《海国图志》中选出，将其译为法文。光绪元年（1875），俄国人白莱脱胥乃窦将其译为英文。半个世纪中有三种译本在国际学术界出现，足见其史料价值之高。

“北方文雄”元好问与金元河汾文人群体

辽、宋、金、元数个政权的对峙更加激发了山西文人的历史使命感和创作活力。以元好问为代表的文学家们以强烈的现实情怀与华实相扶的风格，独树一帜，为北雄南秀、异彩纷呈的中华文化增添了新的活力。

秀容（今忻州市）人元好问是金元时期公认的诗坛领袖。元好问，字裕之，号遗山，是北魏皇室——鲜卑族拓跋氏的后裔。其祖先于魏孝文帝汉化改革后改姓元，落籍汝州（今河南临汝），后由山西平定辗转北移忻州，遂为忻州人。元好问幼从名师路铎就学，14 岁时又改拜泽州陵川郝天挺为师，学六年而贯通经史百家，诗文创作更是冠绝当时文坛。几乎所有文学形式他都有涉猎，且运用自如，号称“一代文宗”。元好问一生诗词创作非常丰富，且成就极高。他的词，以苏、辛为典范，融豪放与婉约于一体，以金亡为界，前期清隽豪放，后期苍凉沉郁，独居金元冠顶，足以与两宋词家媲美。他的散文，集众体而大成，或叙事，或描写，或议论，或抒情，正大明达，有例有法，对元初文坛影响很大，流风遗韵甚为深远。他对诗歌理论的贡献尤为人所重。他倡导做诗要“自然”，主张性情之“真”，倡导雄劲豪放的诗风，提倡性灵、神韵、格调的兼容，提倡多元继承的手法。他的这些理论对于提倡风雅正体，扭转金代文坛“华而少实”的浮艳文风有着重要意义。他的《论诗三十首》，承杜甫《戏为六绝句》之后，辨正清浊，扬正斥伪，在中国文艺理论批评史上有着重要的地位。

元好问画像

元好问之外，金时山西还有许多

忻州元好问陵园野史亭

值得一提的文学名家。如被元世祖称为“求贤三十年,所得仅二位贤人”之一的泽州(今山西晋城)人李俊民、被元好问称为“中朝第一人”的应州浑源人雷渊。此外,还有金元之际山西最具影响的文人群体“河汾诸老”。“河汾诸老”是指生活在山西南部黄河、汾水之间的永济人麻革、临汾人张宇、临猗人陈赓与陈庾兄弟、临汾人房皞、稷山人段克己与段成己兄弟、应县人曹之谦。因房祺将这八人所作诗歌编录为《河汾诸老诗集》而得名。他们流传至今的547首诗词真实地反映了当时的时代特征、社会矛盾和文人心态,刻画出了一幅色彩斑驳的末世景观,对元诗复倡唐代诗风产生了深刻的影响。

郝经画像

降至元代,又有郝经、萨都剌、张翥三人最为引人瞩目。陵川人郝经是金元山西诗坛的又一座高峰。他与元好问渊源颇深,他的祖父是元好问的老师郝天挺,而他本人则又是元好问的弟子,深受元好问影响。他的诗歌以笔力、气格见长,擅于歌行体,多写天人之际、古今之变,既重说理,也注意修辞与风格,文艺性与思想性兼有。萨都剌先世为西域人,祖父与父亲均为武将,世代镇守云、代。他出生于雁门(今代县),善绘画,精书法,尤善楷书,人称“雁门才子”。他的文学创作以诗歌为主,内容涉游山玩水、归隐赋闲、慕仙礼佛、酬酢应答等方面,虽思想价值有限,但艺术个性鲜明,是南北文化交融孕育出来的杰出的少数民族抒情诗人代表。襄陵(今襄汾县)人张翥是元末著名诗词名家与显宦重臣。他早年苦读诗书,负才而傲,对道德性命之说颇有研究,以诗文知名一时,尤工近体、长短句,对诗论也颇有见地,主张诗歌“性情发所,出于自然,不假雕琢工巧”,极好地继承了河汾文学流派的文学宗旨,备受时人推崇。

书法绘画艺术的创新

山西画家，一直是中国古代画坛的劲旅。在宋辽金元时期，又有许多独步当时、影响深远的画家。河东米芾、米友仁父子，无疑是宋代画坛的领军人物。米芾祖籍山西太原，后迁居湖北襄阳。宋时，文人画渐趋成熟，米芾能够突破前人，自成一家，人物、山水、松石、梅兰竹菊无所不画，且以山水画著称。他的画作都是信笔而来，烟云掩映，落笔自然，重意趣而不求工细，人称"米氏云山"，将水墨渲染的传统技巧又提高了一步，在我国山水画史上影响极大。其子米友仁，画风随父。时人将二人并称为"二米"。

米芾不仅绘画造诣很高，而且善诗文、精书法。他一生所作诗文有百卷之多。他的书法成就更大，为后世推崇的"苏、黄、米、蔡"四大书法家之一。他初学唐代颜真卿、柳公权等书体，后又潜心魏晋，以晋人书风为指归。米芾的书法作品，用笔迅疾而劲健，尽兴尽势尽力，痛快淋漓、雄健清新。明代董其昌评其字为"宋朝第一"。米芾在书法理论上也有建树，所作《论书》中提出了为后人所遵循的"无垂不缩，无望不收"等理论。

河中马氏家族亦以画艺蜚声两宋，尤以马远、马麟父子成就最大。马远的曾祖父以工画花鸟、佛像、人物、山水而名显一时，祖父马兴祖善花鸟杂画，伯父马公显、父亲马世荣、兄马逵俱善花鸟、山水、人物。马远继承并发展了五代李唐豪放简洁、精炼概括的画风，尤善于在章法上大胆取舍剪裁，描绘山之一角、水之一涯的局部，画面上留出大幅空白以突出景观，时人以其别具一格的构图而称其为"马一角""马半边"。马远之子马麟亦是山水、花鸟、人物，无所不能，尤以花鸟画为佳。马氏几代画家，不仅创作出了很多风格各异的优秀作品，而且家族中多人为两宋待诏，在两宋宫廷绘画中占有非常重要的位置。

山西籍有名的画家，金代又有张公佐、马云卿、马云章、马云汉、姚

芮城永乐宫壁画

拟、姚升、杜文、白贲等人，元代有朱好古、张茂卿、畅云端、秦邦纪、高克恭等人，其中亦不乏画坛巨擘。金代的姚拟，工画山水，时人以为神品。白贲善画马，堪称超妙。元代高克恭则为“元六家”之一。他画山水虽师法董源、巨然的笔意，但又不拘泥于古人。

繁峙县岩山寺金代壁画

这一时期，山西画家在绘画理论上也颇有建树。继唐代张彦远《历代名画记》之后，宋代郭若虚完成了中国绘画史上的另一部重要文献——《图画见闻志》。这部引述画史、画论多达三十余部的著作，以六卷的篇幅，通过史论、画传、画事三大部分，记载了唐、五代、宋、辽284位画家的生平事迹。书中对各种题材的画法研究和有关绘画故事的记述，丰富了美术史论结合的研究领域。由于《图画见闻志》在时间顺序上与《历代名画记》前后相接，因而它被视为《历代名画记》的续篇，前后辉映，构成了一部当时完整的宋以前中国绘画通史。

洪洞广胜寺水神庙壁画

在文人画、宫廷画得到发展的同时，山西壁画更是成就卓著。永乐宫是道教宫观建筑的经典之作，其三清殿、纯阳殿、重阳殿三座高大殿宇的四壁上绘满了精美绝伦的壁画。主殿三清殿内西、北、东三壁画面连成一气，描绘了群仙朝谒元始天尊的情景。《朝元图》从场景、构图到笔墨的变化，都是中国传统绘画艺术精华的反映，无愧于中国元代艺术精品的美誉。纯阳殿、重阳殿内的壁画展示了丰富的社会生活。平民百姓的梳洗、打扮、吃茶、煮饭、种田、打鱼、砍柴、采药、教书、闲谈，王公贵族、达官贵人的宫中朝拜、君臣答理、开道鸣锣，以及道士设坛、念经等均跃然壁上。永乐宫壁画是青、绿冷色基调，用色多达十余种，并大量使用沥粉贴金法，在庄重深沉的画面中渲染华美富丽的艺术效果，是中国壁画史上的光辉篇章。洪洞广胜寺分上寺、下寺和龙王庙三部分。下寺大殿内的四壁壁画，大多被盗卖出国，藏于美国堪萨斯城纳尔逊艺术馆。下寺西侧的水神庙明应王殿中的壁画则保存相对完整，有《朝神图》《祈雨图》《降雨图》等，画面涉及园林、村舍、街市及各种人物等，好似元代社会的一个缩影。其中反映元杂剧展演的壁画，尤为珍贵，表现了元杂剧兴盛时期的真实情景。既有不凡的艺术价值，又有极为珍贵的史料价值。

从诸宫调到元杂剧:中国戏曲的辉煌时代

宋代是我国戏剧初步形成的时期。北宋时期泽州人孔三传在长期从事创作和说唱的基础上,将唐宋以来的大曲、词调、缠令、缠达、唱赚以及当时北方流行的民间乐曲加以糅合,按其声律高低归入各个不同的宫调,创立了流行于宋金的大型说唱艺术形式——诸宫调。

诸宫调承上启下,在由说唱、歌舞到戏曲的演化过程中起到了重要的作用,直接促进了元代北曲的产生与发展,被誉为"北曲之祖"。宋金元时期诸宫调相当流行,但流传至今的金元诸宫调剧本只有《刘知远诸宫调》《西厢记诸宫调》《天宝遗事诸宫调》三种。

元时,在诸宫调和金院本的基础上终于形成了歌唱、说白、舞蹈等有机结合的元杂剧,以及韵文和散文结合的结构完整的戏剧形式。这其中当然少不了山西的戏剧大师及其作品。"元曲四大家"中,山西人就有三位。

解州(今运城)人关汉卿为元曲四大家之首。这位比英国戏剧家莎士比亚还早两个世纪的戏剧大师,以其精深的艺术造诣,极大地影响了中国戏曲的发展。他一生创作了66部杂剧,占全部有记载元杂剧作品的十分之一。其中《窦娥冤》《鲁斋郎》《蝴蝶梦》《救风尘》《拜月亭》《望江亭》《单刀会》等代表作,至今仍活跃在中国的戏曲舞台上。他的作品,有悲有喜,题材广阔,堪称折射元代社会的一面镜子。如果说巴尔扎克的《人间喜剧》是一部卓越的法国社会的现实主义概览,那么关汉卿的杂剧同样也是一部元代社会的现实主义史著。

河曲人白朴是另一位元曲大家。一生至少创作了16个剧目,但今除《梧桐雨》和《墙头马上》外,均已散佚。白朴的创作题材多出自历史传说,剧情多为爱情故事。但他善于利用历史题材敷演故事,因旧题创新意,词采优美,情意绵长。

洪洞广胜寺下寺龙王庙元代戏曲壁画

平阳襄陵(今襄汾)人郑光祖也是元曲四大家之一。他的剧作多以历史故事和爱情故事为主题,可考者有18种。现有《周公摄政》《倩女离魂》《三战吕布》等8种传世,而以《倩女离魂》最为著名。该剧描写了女主角张倩女为了追求爱情,不惜冲破封建礼教的束缚,执著地追随情人,最终同王文举结成姻缘的故事。词曲优美,引人入胜。

平阳人石君宝,亦为当时广有影响的剧作家。他以写家庭、爱情剧见长,著有杂剧10种,现仅存《秋胡戏妻》《曲江池》《紫云亭》3种。其中《秋胡戏妻》为其代表作。绛州(今新绛)人李潜夫,为元曲平阳七大家之一。他所做的《包待制智勘灰阑记》戏剧性很强,通过包拯断狱的故事,突出了包公明断是非的智慧,也对倚强凌弱、欺诈浇薄的社会风气以及吏治的黑暗作出了深刻的揭露。该剧被选入《世界戏剧》一书,德国现代戏剧家布莱希特的《高加索灰阑记》即根据李潜夫原作改编而成。西京(今大同)人吴昌龄,是元代前期山西北部杂剧作家的代表人物。他所著杂剧11种,今仅存《辰钩月》《东坡梦》和《西天取经》。他的《西天取经》是元代最早的较成熟的取经杂剧,对后世取经剧及小说影响巨大。他在开拓杂剧题材方面眼光独到,已散佚的回族杂剧《探狐洞》《赏黄花》等,直接反映少数民族生活风情,题材别具一格,在元杂剧发展史上占有一席之地。元代后期,还有太原人乔吉。他的作品以婉丽见长,精于音律,工于锤炼,取材多限于文人韵事,但曲辞清丽,立意新巧,雅俗兼备。今有《扬州梦》《金钱记》《两世姻缘》3种杂剧传世。《全元散曲》中还存有他小令200余首、套曲11首。此外,太原人李寿卿,作有《伍员吹箫》《斩韩信》等。他的作品雍容典雅,变化幽玄,流传一时,惜多数作品已散佚。

元代山西剧作家灿若群星,上述以外,于伯渊、赵公辅、狄君厚、孔文卿、张鸣善、刘唐卿等也都是有据可考的著名剧作家,显示出山西杂剧作家在元杂剧史上的整体实力。他们大多出身卑微,社会地位低下,因此作品多带有浓厚的现实主义色彩,代表着元代杂剧作品创作的时代主流与发展方向。

在乡间艺人和文人作家的共同创作中,戏曲从纸本中跃然而出,走入了市井勾栏、乡间村里。如今,遍布各地、形制各异的宋元戏台,古朴珍美的戏剧墓葬雕刻,精美绝伦、珍贵异常的戏剧壁画,无一不展示着三晋戏曲昔日的繁盛景象。其中尤以晋南、晋东南为最。运城稷山金墓墓室南壁雕刻有演员正在进行杂剧表演，有副净、副末、末泥、装旦、装孤五个角色。侯马牛村发现的“大金国大安二年”董氏墓，出土了中国迄今为止最早的砖雕舞台模型，在宽约60厘米、高约80厘米、进深约20厘米的砖雕戏台上有5个优伶砖俑，身着戏装，正在表演。演员后面还有“乐床子”与正在伴奏的大鼓、腰鼓、拍板、横笛等乐俑，形象地再现了当时戏曲演出的场景，折射出戏曲演出在民间浸染之深。

金元时期中国北方雕版印刷的中心

目前所见山西最早的印刷书籍，是宋太宗雍熙三年(986)绛州(今新绛)宋守贞捐施所刻的《佛说北斗七星经》，字体古朴，笔法严谨，印术亦精。与后来翻页的书不同，该书为卷轴装，卷首已残，共900多字。书的雕印者为“赵寓”。他大概是目前所知河东一带最早的“印刷行业”的技师。

金元时期山西雕版印刷业高度发展，其中山西南部的平阳即是当时中国北方雕版印刷的中心。平阳，以位于平水之阳而得名。金时曾置有平水县，故平阳刻本亦称平水刻本。平阳周围的洪洞、赵城、汾西以及解州、泽州的刻本风格与平水版非常相近，所以它们与平水本共同构成了“平水本系”。这些刻本所据多为宋代善本，雕刻精致，古雅遒劲，且题识牌记谨慎。每一刻本，或新刊补注，或图解校正，或重刊，都要一一标明，很是讲究。当时刻本，主要有官刻、家刻、坊刻三种。官刻主要印儒家经典和佛道经藏、类书；家刻多为经、史、文集等；坊刻则多为商人出资刻印，着眼于市井平民的兴趣与需要，多医书、类书和民间盛行的说唱话本或者诸宫调等。有学者统计，金元时期平水刻本传至今者近30种，15000卷，品种之多样、卷帙之繁富、缮刻之娴熟、技艺之精良、影响之深远，均称冠国内。

金代平水本系名品很多，流传至今的有：大定二十六年(1186)“平

水书轩陈氏”所刻 5 卷《铜人腧穴针灸图经》、大定二十九年（1189）李子文所刻 15 卷《重刊增广分门类林杂说》、明昌三年（1192）张谦所刻 15 卷《新刊图解校正地理新书》，正大六年（1229）音韵学家兼刻书家王文郁编撰并刊刻的 5 卷《新刊平水礼部韵略》，以及《刘知远诸宫调》《南丰曾子固先生集》《重编补添分门字苑撮要》等等。其中，《新刊平水礼部韵略》是金元以来诗韵的准绳，而《刘知远诸宫调》则是现存最早的金杂剧剧本。不过最著名的还是解州（今属运城）天宁寺于皇统九年（1149）至大定十三年（1173）历经 24 年刊刻而成的《大藏经》。这是我国古代卷帙最多、规模最大的一部佛教经典总汇。据考为潞州女子崔法珍在晋南、晋东南一带募化筹资而促成。成书后，元中统年间于燕京（今北京）印刷约 43 部，其中一部藏于赵城广胜寺，故近人又称《赵城藏》或《赵城金藏》。全书以《千字文》次第编目，凡 682 秩 7000 卷左右，6000 余万字。1942 年日本侵略者企图掠夺此宝，由力空法师协助八路军从广胜寺抢救出当时仅存的 4330 卷，后归北京国家图书馆珍藏。

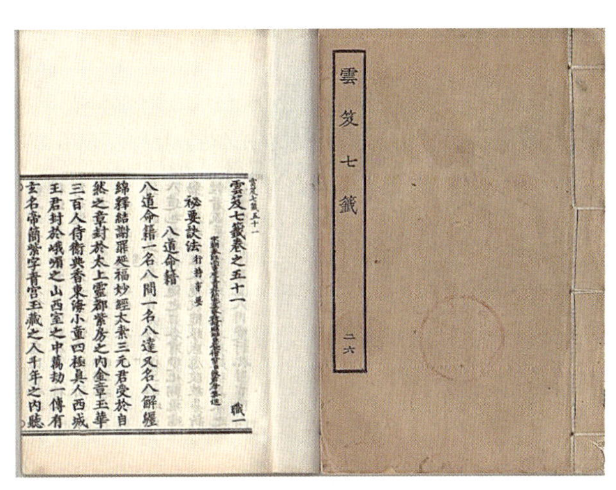
雲笈七籤
二六
雲笈七籤卷之五十一　　職一
秘要訣法
八道命籍
八道命籍一名八間一名八達又名八解纏
綿釋結謝罪延福妙經太素三元君受於自
然之章封於太上靈都紫房之內金章玉華
三百人侍衛典香東海小童四極真人西城
王君封於峨嵋之山西室之中萬劫一傳有
玄名帝簡紫字青宮玉藏之人千年之內聽

《云笈七签》书影

蒙元时期，平水刻书仍然盛况不衰。蒙古人占领平阳之后，中书令耶律楚材就奏请立经籍所于平阳，召名士主持，编刻经籍。平水刻书业得到了更大的发展，涌现出了张存惠堂、曹氏进德斋、王氏中和轩、平阳梁宅、尧都梁宅、平水徐宅、平水高昂霄、尊贤堂、平阳道参幕段君子成以及龙山赵氏国宝等刻书名家。其中，平阳玄都观所刻 7800 余卷的《道藏经》为元代刻书中最为宏大的作品。《道藏经》为活动于三晋的道教全真派首领宋德方与其弟子陵川人秦志安，以管州所藏经书为底本精心校刊，历时 8 年而完成。幸存《云笈七签》《太清风露经》二卷，今藏北京国家图书馆。

平水刻印的书籍不仅字迹精美，在图画刻印方面也具有高超的技艺，而且较早地刻印了民间招贴画，使平水成为我国版画艺术的发源地之一。清末，俄国探险家科兹洛夫在古西夏王朝黑水城遗址古塔中发现了两幅木版年画。一幅是平阳人姬氏所刻《四美图》（又名《随胡窈窕倾国之芳容图》），一幅是徐氏所刻《关羽图像》（又名《义勇武安王图》）。《四美图》中的四位中国古代美女王昭君、班姬、赵飞燕、绿珠风姿绰约。《关羽图像》的武圣关羽则勇猛刚毅，艺术价值很高。据考证，这两幅版画应是雕刻于宋末金初，是我国最早的人物像版画，标志着版画由雕绘佛像转为雕绘人物，是中国版画史上的转折点，开后世元刻平话、明刻传奇附图之先声。

中国营造技术的经典之作

我国现存的古代建筑，山西地区最多。其中宋辽金及其之前的地面木构建筑，占全国同时期同类建筑的 75%。这些保存下来的建筑多为寺院、道观，连同其中保留的大量精美绝伦的雕刻、塑像，展现了山西建筑鲜明的艺术特色和独特的文化韵味。

宋代山西最有代表性的建筑为晋祠主殿——圣母殿。宋天圣年间（1023—1031）建圣母殿，现存则为崇宁元年（1102）重建。圣母殿为双檐歇山式，殿高 19 米，依减柱法营建，宽阔而无柱，以廊柱和檐柱承托殿顶梁架。殿四周有围廊，是我国古代建筑中殿围廊的最早实例。殿周柱子均向内倾，形成侧角，平柱至角柱逐渐升高，致使屋檐曲线弧度显著，打破了以往建筑轮廓僵直的形制，增强了建筑造型的艺术美和稳固力。整个殿宇庄重而华丽，完整地保留了宋朝建筑的形制和结构，是宋式建筑的经典之作。

圣母殿内尚存 43 尊彩绘塑像，除圣母像两侧小像为增补外，其余皆是宋代原塑。42 尊侍从的塑像围绕 1 尊主像对称地分列于神龛两

侧。她们手中各有所执,在神情上也各有不同,性格形象丰富多彩。整堂彩塑强调了人的喜怒哀乐，摆脱了宗教造像的拘范。这是宋代彩塑史上的一大进步。

圣母殿与献殿之间有鱼沼飞梁。因沼中水原为晋水第二大源头,流量甚大,游鱼甚多,故取名鱼沼。沼内立三十四根小八角形石柱，柱顶架斗拱和梁枋,承托着十字形桥面。整个桥面东西宽广平坦，连接圣母殿与献殿,南北下斜至岸边,与圣母殿上翘的翼角遥相呼应，给人以一种展翅欲飞的感觉,“飞梁”之意,当在于此。事实上,飞梁还起着殿前平台的作用,是古代建筑利用地形的绝佳范例,也是我国现存古代建筑中的孤例。

太原晋祠圣母殿彩塑之一

太原晋祠圣母殿与周柏

山西现存辽、金、元时期代表性建筑，有辽代应县佛宫寺木塔和华严寺，金代崇福寺，元代洪洞广胜寺、芮城永乐宫等。这些建筑在继承传统的基础上，糅合了大量少数民族建筑风格，极富韵味。

应县木塔全名为佛宫寺释迦塔，兴建于辽清宁二年(1056)，全塔高67.13米，底层直径30.27米，比例敦厚，虽高峻而不失凝重。距今已有950多年，为我国现存最古老最高大的纯木结构楼阁式建筑。既是我国古代建筑中的瑰宝，更是世界木结构建筑的典范。木塔建造在四米高的台基上，呈平面八角形。第一层立面重檐，以上各层均为单檐，共五层六檐，各层间夹设暗层，实为九层。木塔的设计，大胆继承了汉、唐以来富有民族特点的重楼形式，充分利用传统建筑技巧，不用一砖一钉，全木卯榫结构，被世人称为“斗拱博物馆”，代表了我国古代建筑艺术的最高水平。木塔建成后，历经沧桑。元代至今，应县曾发生过十余次较强的地震，其中6级以上就有3次，房毁人亡，而木塔却安然无恙。

坐落于大同市内西南隅的华严寺，是辽代建筑的经典之作。华严寺分为上、下寺。下华严寺主体薄伽教藏殿，是国内现存辽代小型殿阁式建筑的典型。上华严寺主体建筑大雄宝殿曾毁于保大二年(1122)辽金战火，金天眷三年(1140)时，在故址重建，是我国现存最大的古代单檐木构建筑。

金代山西古建筑以朔州崇福寺为代表。该寺始建于唐高宗麟德二年(665),金皇统三年(1143)重修,并新建弥陀殿、观音殿。弥陀殿为崇福寺主殿,是中国现存辽金时代三大佛殿之一,也是寺院精华之所在。

元代最有代表性的建筑群为芮城永乐宫与赵城广胜寺。永乐宫又名大纯阳万寿宫,始建于大蒙古国时期,前后历经110多年,才建成了这个规格宏大的道教宫殿式建筑群。它是道教宫观建筑的经典之作,规模宏伟,布局疏朗。除山门外,中轴线上排列着龙虎殿、三清殿、纯阳殿、重阳殿等4座高大的殿宇。其建筑结构在借鉴宋代"营造法式"和辽、金时期的"减柱法"的基础上,形成了自己特有的风格。殿内四壁皆绘有精美的道教壁画,是道教艺术的重要宝藏。永乐宫原在永乐镇,因处于黄河三门峡工程的淹没区内,从1959年起,历经6年,永乐宫被全部迁移到芮城县城北。这是我国文物保护迁建古建筑的成功一例。日本汉学家称永乐宫的搬迁"不亚于埃及古代神壁的移筑"。

广胜寺坐落于山西省洪洞县东北约15公里远的霍山脚下,著名佛教典籍《赵城金藏》就出自广胜寺。广胜寺分上、下寺和水神庙三部分。上寺在霍山之巅,下寺在霍山之麓,水神庙位于下寺西侧,和下寺仅一墙之隔。三者相互连接,却又相互独立。下寺西侧水神庙中的元代戏剧壁画,更是中国现存壁画艺术的瑰宝。

朔州崇福寺

应县辽代木塔

第八章

全球变局中的辉煌与衰落

（明清时期）

概述

明清时期是中国历史大转折、中西文明大冲突的空前巨变时期，也是山西发展史上继先秦、汉、唐之后又一重大的历史变革转折阶段。这一时期中国封建政权所控制的疆域、人口都盛况空前。但从世界的角度看，人类已进入资本主义工业文明时期，全球的一体化逐步推进，古老的中国在西方文明的冲击下，封建自然经济逐步解体，资本主义萌芽出现。内陆山西在政治、经济、军事、文化、生态、宗教等方面都发生了一些新的变化。

首先是行政区划的调整。为防御北元侵扰，明政府在北方沿长城一线设置了九大军事重镇，山西即有太原、大同军镇的设立。明初，承元之制，在山西置行中书省。洪武九年(1376)改行省为承宣布政使司，与提刑按察使司、都指挥使司合称“三司”，互不统属。三司长官布政使、按察使、都指挥使，分掌民政财政、司法监察和军事，皆隶属中央政府。

清承明制，在山西设四级行政机构，即省、道、府、州县。顺治初(1644)，清廷在山西设巡抚部院(省衙)，为省最高行政机关。巡抚部院之下设冀宁、冀南、冀北、河东四道，分别由四名分守道员掌管,冀宁道衙与巡抚衙门同驻省城太原府城,管辖太原府。冀南道衙驻汾州,辖汾州府、潞安府及沁州、泽州、辽州3个直隶州。冀北道衙驻大同,领管大同府及平虏等城堡。河东道驻解州安邑县之运城,辖平阳府。全省为4道5府3直隶州。太原府辖平定州、代州、忻州、保德州、岢岚州及阳曲、太原、榆次、五台、崞县、河曲、交城、文水、阳曲、乐平等县,凡5州20县。平阳府辖蒲州、解州、绛州、吉州、隰州、霍州及临汾、洪洞、岳阳、汾西、安邑、平陆、河津、蒲县等县,凡6州27县。潞安府辖长治、长子、屯留、襄垣、潞城、壶关、平顺、黎城8县。汾州府辖永宁州及汾阳、孝义、平遥、介休、石楼、临县、宁乡等县,凡1州7县。直隶州中的泽州辖高平、阳城、陵川、沁水,凡4县;沁州辖沁源、武乡,凡2县;辽州辖和顺、榆社,凡2县。

其次,中外经济文化交流逐渐进入一个新的全球一体化阶段。明末,美洲高产作物玉米、番薯由福建和云南海陆两路传入中国。到清代,玉米经河南、陕西传入山西,极大地改变了山西传统的种植结构。到光绪三年(1877)大旱后,由于玉米产量高,适宜大面积种植,全省各地普遍推广,极大地解决了长期困扰人们的温饱问题。与此同时,民间宗教信仰多元化,信奉佛教、道教、明教、白莲教、天主教的都有。明末山西绛州人韩霖兄弟受老师徐光启的影响,在山西率先接触西学,信奉基督教。平阳人樊守义作为皇家特使随传教士艾若瑟前去罗马教廷交涉礼仪问题,回国后写成中国最早的旅欧游记《身见录》,这对于中国人认识了解西方世界,有很大的帮助。

第三,社会生产中出现了新的经济因素。明清时期,随着商品货币经济的发展,城市建设及其规模进一步拓展。洪武年间,永平侯谢成从东、南两面拓展太原城,为其女婿晋王朱棡修建了规模宏大的晋王府。随着明后期河东盐池采取招募盐工捞采、官商三七分成等一系列措施,到清代康熙、乾隆年间,河东盐池业中产生了资本主义的萌芽,晋商完成了商业资本向金融资本的飞跃,创办票号,实现了汇通天下、货通天下、足迹遍天下的大发展,山西成为海内首富。

明清时期,山西的科技、文化、艺术成就非凡,小说、诗歌、书画大盛,涌现出罗贯中、傅山、王文素、祁寯藻等众多以科技、诗文或书画成名的人物,为这个时期中国科技文化事业的发展,作出了重大贡献。

徐达北伐取山西与明王朝北部边防巩固

元朝承平近百年，山西不再是边关，而成了“腹里”，成为全国比较繁荣的地区之一。元末农民战争，山西战乱较少，也成为蒙古统治者退出中原前的最后堡垒。公元1368年，依靠农民起义起家的朱元璋在南京称帝，建立明王朝。之前，元至正二十七年（1367）冬，朱元璋在消灭江南的张士诚、陈友谅后，派大将军徐达、副将军常遇春率军25万北伐中原。次年秋，徐达、常遇春北伐军按计划攻下元大都，占领了河南、山东，并从东、南两个方向对山西形成了钳形包围之势。“取山西”战役由此开始。

徐达画像

当时盘踞山西的元将为扩廓帖木儿，拥有10万大军驻守太原。当徐达、常遇春率大军过井陉，攻克娘子关进抵平定时，元顺帝已北逃至元上都开平（今内蒙古自治区多伦县西），并命扩廓帖木儿收复大都。扩廓帖木儿率军北走大同，企图在徐达主力西征时而乘虚袭击大都。元军行至河北保安，闻徐达军奔袭太原，害怕退无归路，遂改变战略，急率精骑还兵太原。太原守将豁鼻马感到元亡在即，主动派人到徐达营求降，并表示愿为内应，与明军里应外合，偷袭扩廓帖木儿。明军在豁鼻马的配合下成功偷袭了扩廓帖木儿的大营。因事发突然，正在帐中燃烛起草军书的扩廓帖木儿一时不知所

常遇春画像

措，穿靴不及，慌乱中光着一只脚钻出帐篷，骑上一匹没备鞍辔的战马，仅率18名亲军护骑逃出阵地，前往大同。剩下的军队因失去统帅，无力组织反抗，被明军杀得七零八落。到次日清晨，豁鼻马派儿子将扩廓帖木儿出逃的消息告知徐达，并迎接明军。明军整队进入太原城，收降兵4万余人，战马4万余匹。徐达分遣诸将，扩大战果，不断派兵驱逐扩廓贴木儿在山西各地的残余势力，并设置地方官员，整顿社会秩序。

明初，承元之制，在山西置行中书省。洪武九年（1376）改行省为承宣布政使司，与提刑按察使司、都指挥使司合称“三司”。三司长官布政使、按察使、都指挥使分掌民政财政、司法监察和军事，皆隶属中央政府。明朝实行卫所兵制，以卫所作为军队基层组织。山西都指挥使司，其前身是太原都卫。洪武八年（1375）十月改为山西都指挥使司，领9卫、9个守御千户所。洪武六年（1373），明太祖派大将李文忠率军进驻山西，加强晋北的防御，并多次击退北元兵的骚扰行动。

为防御北元势力南下，明政府设立五军都督府，建立卫所军制，在东起鸭绿江、西至嘉峪关一线先后设置了辽东、蓟州、宣府、大同、太原、榆林、宁夏、甘肃、固原九大军事重镇，史称“九边”。各边驻扎大量的兵马，派总兵镇守。大同总兵驻大同，太原总兵驻偏头关，在太原以北形成了两大军事防区。同时不断地加修边墙，在山西境内形成内外两道长城。后来山西的大边、二边①即按此布局建筑和改造。大同在明代北部边防中具有重要的战略地位，是京师的重要门户，驻扎有13万马步军队，一直拱卫着北京。太原城在洪武九年（1376）也进行了扩建，墙包砖石，环以大濠，城周24里，气势非常雄伟。

明太祖为了维护统治，实行封王建藩的制度。他的26个儿子，封到山西的即有晋王、代王、沈王。晋王朱棡，洪武三年（1370）封，十一年（1378）就藩太原。代王朱桂，洪武十一年（1378）封豫王，二十五年（1392）改封代王，同年就藩大同。沈王朱模，洪武二十四年（1391）封，永乐六年（1408）就藩潞州（今长治）。这一系列举措极大地巩固了明时北部的边防。

①大边即大同以北的万里长城。二边即大同、太原之间以偏关、宁武、雁门三关为主要隘口的内长城。

洪洞大槐树移民

元末，频繁的战乱使中原地区民众死伤无数。河南、山东、江苏北部、安徽北部之民十亡七八；加之黄河、淮河多次决口，致使中原田地被淹，庐舍遭毁，死亡人口不计其数。明太祖朱元璋即位之初就提出：今日之急务便是辟田地、增户口。他先后采纳户部郎中刘九皋、国子监总监宋纳等人的建议，实行“移民垦荒”政策。

当时山西战事相对较少，经济未受大的破坏，人口繁衍较快。特别是平阳府一带，外省难民大量涌入，形成了“地狭人稠”的局面。山西成为移民的主要迁出区。山西移民的集散地在今洪洞县大槐树。其实，移民并不是只移洪洞县人，而是将山西各个地方的人都集中在这里，然后再迁往全国各地。因此许多移民后裔将迁出地“大槐树”作为祖籍的一个象征和标记。

明代移民有两种方式，一种是官方强迫迁出的，一种是自愿性的。由于迁徙之苦非同寻常，再加上山西民众历来受“安土重迁”思想的影响，故以强迫迁出者居多。每当诏书下达后，被迁之民从四面八方赶到洪洞大槐树下，广济寺里驻着的朝廷派员，为迁民登记造册，发放川资凭造（亦称迁移勘合，即迁徙的费用和证件），经户部重编户籍后，由军士押解送交迁入各州县。对那些不愿远离家乡的人们，押解的军士用“械系”（身带枷锁）的办法将他们押解上路。沿路尽是孤儿寡妇的哭泣呼号之声，其痛苦可想而知。因此，从某种意义上讲，政府的迁民屯垦活动，就是一部民众抛家别里的血泪史、艰苦创业的垦荒史。

对自愿迁徙的民户，明政府是极力支持鼓励的。永乐四年（1406），湖广、山西、山东等郡县李懋等 240 人上书自愿迁往北京，永乐帝命户部发给安置费用。洪武二十二年（1399）九月，又有山西沁州的张从整等116户自愿应募屯田，户部报闻，赏给钱钞田地。不过，这种情况并不多见。

洪洞县大槐树移民遗址

明代大槐树移民可分为两个阶段。第一阶段为洪武、永乐时期，其特点是规模大、次数多、范围广。从1373年到1417年的44年间，共组织移民18次之多，迁出约60万人。所迁之民多为无田无产者及马步官兵、流民、罪囚等贫苦民众。第二阶段为永乐以后，政府仍不时组织民户迁移。从大槐树迁出的民众，被迁往河南、北京、山东等11省277县（市）地广人稀之地。其中以河南省为最多，有63县；北京、河北次之，56县；山东52县。

移民主要是为了开垦荒地、发展生产。到达目的地后，当地官吏将移民编成里甲固定下来，以“屯”“营”为单位开展生产劳动。政府给予一定的优惠政策，耕种用的农具由政府提供，耕地由国家授给，甚至减免赋税。授田的原则是根据丁口数量多少授与，但各地有差别，50亩、80亩不等，也有的州县不限土地。这一长时间、有计划、大规模、大范围的移民，对促进明代的社会发展具有积极的作用。首先，它有利于明初社会经济的恢复和发展。其次，调节了各地区人口不均的状况，减少了因人口问题而造成的财力、物力的浪费，在一定程度上避免了某些地区行将出现的社会混乱问题。第三，移民还促进了地区间的经济文化交流，使先进的生产工具和技术经验得以广泛推广。对巩固边防、稳定社会、增强民族凝聚力也起到了重要作用。

“问我祖先在何处，山西洪洞大槐树。”洪洞大槐树移民是明政府组织的大规模官方移民，在中国移民史上占有空前重要的地位，对中国社会产生了深远的影响。

明末社会动荡与农民大起义

明中期后，以皇室为首的地主阶级大肆兼并土地，宦官专权，人民不堪剥削与压迫，流亡现象严重。天顺末年，由山西、河南逃往荆襄地区的流民达150多万人。嘉靖年间（1522—1566），山西农民举行了十多次小规模起义,同时发生了五次兵变。到崇祯年间(1628—1644),天灾人祸并发,社会矛盾激化,终于汇聚成汹涌澎湃的明末农民大起义。

嘉靖年间山西先后发生五次兵变。平阳的两次兵变分别发生在嘉靖七年(1528)和十五年(1536),太原兵变发生在嘉靖三十八年(1559),都很快被扑灭。只有大同的两次兵变影响较大。嘉靖三年(1524)的大同兵变是由巡抚张文锦引起的。张文锦在大同以北百里处增筑水口、宣宁等五座兵营堡,参将贾鉴督役过严,引起戍卒的不满。镇卒郭鉴、柳忠号召反抗,杀贾鉴裂其尸,释放狱囚,焚烧都御史衙门。张文锦逾垣逃出,被捉住杀死。镇兵又放火烧毁镇守总兵公署,围攻代王宫。事变后,朝廷以蔡天佑接任大同巡抚,以户部侍郎胡瓒统京军 3000 人赶赴镇压。不久郭鉴等 10 人被捕斩,城中逐渐安定下来。

嘉靖十二年(1533),大同总兵李瑾在天城(今天镇县)督役修濠过急,再次激起兵变,役卒王福胜、王保等杀死李瑾,推参将黄镇为帅,死守大同。朝廷命宣大总督刘源清率师前往镇压。刘源清百道齐攻,挖洞放毒烟,又引浑河水灌城,数月不下,大同城下死者相枕藉。不久,终于平息了这场兵变。

崇祯十七年(1644)正月,转战数年的李自成在西安建国,国号大顺,建元永昌,准备对明王朝发动最后的攻击。李自成渡黄河一路北上,势如破竹,在太原休整后率大军北上。途中,李自成发表了著名的《永昌元年诏书》,斥责明朝"臣尽行私比党而公忠绝少","征敛重重,民有偕亡之恨",号召和鼓励广大人民群众参加斗争。

明朝镇守宁武关的是山西总兵周遇吉。此人勇悍骁猛,先在代州凭城固守,与大顺军激战,食尽后退守宁武关。大顺军将宁武关团团包围,与周遇吉展开一场空前的大血战。大顺军用炮攻城,轰开缺口,攻破宁武城。周遇吉死不投降,巷战而死。宁武关战役是李自成进军北京途中遇到的最大抵抗,农民军伤亡数万人。

宁武关的攻克,给大同守军以极大的震动。大同总兵姜瓖遣人暗献降表。李自成、刘宗敏率大军继续北上,三月一日(4 月 7 日)到达大同,姜瓖开门投降。宣府(今河北宣化)守将总兵王承胤、监军太监杜勋,居庸关守将总兵唐通、监军太监杜之秩,都献城投降。李自成大军长驱直入,三月十七日抵北京,城外明朝三大营均溃降。三月十八日(4 月 24

日),太监曹化淳开彰义门(广安门),大顺军进占外城。三月十九日,明崇祯皇帝朱由检自缢于万岁山(景山)树上。当天大顺军破内城各门,李自成乘马入城,入承天门(天安门),登皇极殿,明朝灭亡。

明末农民大起义推翻了腐朽的明王朝。但是大顺军进北京后,它的领袖们应付不了复杂多变的斗争局面。山海关一战,形势急转直下。四月三十日(6 月 4 日),李自成被迫带大顺军撤离北京,五月一日清军占领北京。同年九月,清顺治帝从沈阳迁来,定北京为清朝首都。明末农民起义失败。

以于成龙为代表的明清山西廉吏贤臣

自古以来,山西就不乏励精图治的各类英才。他们为政以廉,心系民生,勤于政事,精于学问,影响当朝,垂范后世。明清时期,晋籍官员更是大量崛起,如同群星闪耀般活跃在政坛上。据粗略统计,仅明朝,晋籍官员中身为宰辅者有 5 人,官至六部尚书、侍郎、都御使、总督、巡抚、总兵者有 80 余人。

杨继宗(1428—1488),字承芳,山西阳城人。明朝中期的著名廉吏。他居官于天顺、成化、弘治三朝,历任知府、按察使、佥都御史等官职,始终以刚正清廉著称。成化年间,御史孔儒到嘉兴清理军籍,各里老人多被他鞭挞而死。杨继宗予以阻止,孔儒颇为忌恨。临行前,他突然闯入府衙之中,想搜寻杨继宗的把柄。结果打开杨继宗家的箱筐一看,发现里面只有旧衣数件而已,羞惭而去。明代中叶太监专权,作威作福。杨继宗进京入觐,大太监汪直想要见他,他坚决不见。明宪宗问汪直:“朝觐官员中谁最廉洁?”汪直回答说:“天下不爱钱的,只有杨继宗一个人。”明孝宗时,杨继宗改任湖广按察使,到达任所后,先让人打来上百斛水,把厅衙冲洗一番才办公,说:“我要清除污秽。”出任湖广按察使不久,杨继宗又以佥都御史巡抚云南。云南有许多旧日同僚,相见十分高兴。见面后他先离开座位向僚友揖礼，说：“明天要办公事，望诸君能给予谅解。”次日上堂，一举弹劾罢免了八个不称职的官吏。

被雁同、朔州地区的百姓尊称为“王阁老”的王家屏（1535—1603），山西山阴人。他博学多才，不畏权贵。执阁六年，秉公执法，垂范当朝。明后期，万历皇帝疏于朝政，贪图享乐。王家屏反复上书进谏，请求皇帝临朝听政。万历帝深居简出，毫不理会，王家屏愤而引咎辞职。万历十九年（1591），王家屏出任首辅。礼科给事中李献可因上书触怒了明神宗朱翊钧而受罚。为营救李献可，王家屏不惜自己的官位利禄，竟然封还御批，再次请求辞职，终被罢相。王家屏回归故里，仍关心国家大事，著有《王文端公集》14卷、《复宿山房文集》40卷传世。

于成龙（1616—1684）是山西永宁州（今吕梁市方山县）来堡村人，少有大志，受到过正规的儒家教育。清顺治十八年（1661），年已44岁的于成龙以不惑之年，到遥远的边荒之地广西罗城任县令。险恶的环境和艰苦的生活，没有吓退于成龙。他深入民间，“扶病理事”，兴利除害，改革陋规，减轻徭役负担。数年之内，罗城出现了百姓安居乐业的新气象。康熙六年（1667），于成龙被两广总督金光祖举荐为广西省唯一“卓异”，升任四川合州（今重庆合川区）知州。离开罗城时，他连赴任的路资都没有，百姓却夹道相送。

于成龙画像

身为“治官之官”，于成龙始终把整顿吏治放在工作的首位。针对官场贿赂公行、请客送礼之风盛行，他首先从行贿的官员开刀，惩一儆百。在制度上，他颁布了《兴利除弊约》，其中开列了灾耗、私派、贿赂、衙蠹、旗人放债等15款积弊，责令所管辖之地彻底革除。与此同时，又制定了以“勤抚恤，慎刑法，绝贿赂，杜私派，严征收，崇节俭”为内容的《新民官自省六戒》，作为地方官

方山县于成龙故居

的行为准则。

“盗”是清初一大社会问题。盗贼甚至白昼劫路伤命，严重影响了地方安定和人民正常生活。于成龙采取了“治盗省讼”的方法。在黄州府任同知之时，他总是以“微行”的方式亲自访察。在词讼、断狱方面铁面无私，排解了许多重大疑案、悬案，使错案得到平反，被百姓呼为“于青天”。由于在黄州府同知任上的突出政绩，于成龙深为湖广巡抚张朝珍器重，再次被举“卓异”。后在福州期间第三次被举为“卓异”。

于成龙为官为政，以民生为重。在执行公务时，他要求地方政府自行承办，减少招募民夫，减轻百姓劳苦。康熙十四年(1675)，水旱频仍，黄州大饥。于成龙连续上报，请求蠲免全年赋税。同时采取多种措施，广募输积，救济孤寡贫穷之人，而他本人更是捐出全部的薪俸用以救济灾民。

于成龙的职位虽越升越高，但生活却非常俭朴。为扼制官员的奢侈

阳城陈廷敬故里午亭山庄

腐化，他带头实践“为民上者，务须躬先俭朴”。在直隶，他是“屑糠杂米为粥，与同仆共吃”；在江南，他是“日食粗粝一盂，粥糜一匙，侑以青菜，终年不知肉味”。江南民众亲切地称他作“于青菜”。于成龙天南地北漂流，宦海20余年。所到之处，政声皆隆。尤其是他始终清廉自守，多行善政，深得士民爱戴。康熙二十三年（1684），于成龙死于任上，遗留下的财产只有一套官服，别无余物。康熙帝破例为其撰写碑文，对他廉洁清正的一生给予了很高的褒扬和表彰，誉之为“天下廉吏第一”。

上述几位贤达而外，身为帝王师的阳城陈廷敬，能够纳诲启沃，并身体力行，清廉正直；浑源栗毓美、沁州吴琠、兴县孙嘉淦、寿阳祁寯藻等，身为人臣，能够以国家和百姓为己任，躬亲力行，敢于直谏，体恤民众，政绩卓著。作为封建统治阶级的一员，明清山西这些政治精英们高尚的品行节操和清廉为民的优良传统，值得后人景仰和传承。

晋商的崛起与以万里茶路为纽带的国际贸易

晋商为中国十大商帮之首。有论者认为，晋商发迹于宋代，明时与徽商南北并峙，至清便独占鳌头。在明清两代，晋商辉煌五百年，实现了“货通天下、汇通天下”，不仅店铺遍设全国，而且远达日本、西亚和俄罗斯等地，控制了盐、铁、茶、丝绸等多个行业的贸易。清代对票号的经营更将晋商推向史上辉煌的顶点，在世界金融史上占有极为重要的地位。

明初燕王朱棣起兵，夺取皇位，迁都北京，国家的政治中心重新在北方确立。这对北方经济社会的发展产生了非常大的影响。晋商也正是从这时逐步兴起的。为防护北元袭扰，明政府在北部设立九边重镇，派驻了大量的军队及垦边人员。军需物资的供给成为一个非常重要的问题。明初，政府实行“开中制”，由政府给运送物资的商人发放“盐引”，然后这些商人凭盐引到指定盐场领盐，再销售。晋商得地利之便，抓住机遇往九边沿线运送物资，然后获取盐的销售许可，得到了快速发展。之后明政府退出盐业生产领域，山西商人利用这个机会，做大了以盐业为主的贸易，形成了以地域乡情为纽带的松散商业联盟。这就是我们说的“晋帮商人”。

明代中期，国家盐业政策转向“折色制”。大盐商迁到扬州，其余晋商开始多元化发展，寻找与北边少数民族的贸易机会。清统一全国后，清政府开发边疆的政策再次给晋商带来了机会。对俄贸易政策更推动了晋商走向持续繁荣。特别是茶叶贸易成为当时极为重要的经营项目。凡行商于恰克图一带的商人，须

祁县长裕川茶庄旧址

持有理藩部颁发的“信票”。这使得晋商的市场更加扩大，以茶叶为主的远距离贸易更加发达。

茶叶之路是继丝绸之路之后兴起于明清的又一条重要国际贸易通道，中国由此向蒙古、俄罗斯及其他欧洲国家输出茶叶、丝绸等物资。其中晋商扮演着最为重要的角色。明中叶，随着明朝和蒙古“封贡互市”的实现，双方进入了和平贸易状态。晋商看中蒙古游牧民族以食肉为主，有喝茶以利于消化的需求，开始从江南将茶叶贩运到边疆地区。进入清代，北部边疆得到了大规模的开拓，北方少数民族地区消费市场也得到空前扩大。山西商人开始从福建武夷山将茶叶源源不断运送到边疆，由此开辟了“万里茶路”。茶路穿越中蒙边境沿线，并进入俄罗斯，具体线路是从福建武夷山，及后来的湖南安化、湖北羊楼洞，途经鄱阳湖、汉口，或河南赊旗镇、洛阳，穿越太行山，过太原，出雁门关，沿东口（张家口）或西口（杀虎口），北上归化、库伦，直抵恰克图，然后远销莫斯科及欧洲诸地。万里茶路带动了中国边疆地区的开发和内地诸多城市，如武

祁县乔家大院

汉、张家口、天津及西伯利亚一带城市的发展。盛时每年都有数以百十万担计的茶叶、瓷器、大黄、丝绸、铁器、棉布、烟酒、糖碱和其他商品从中国内地输向莫斯科、欧洲。中俄《恰克图条约》签订后，恰克图便由中俄边境的一个小镇一跃成为亚洲腹地最大的国际商埠。以茶叶为主的中国内地商品源源不断地运送到恰克图。从 1692 年俄国第一支商队进北京，到 1905 年西伯利亚大铁路通车，恰克图市场繁荣了 200 多年。俄罗斯商人则在恰克图做茶叶转口贸易，将商品销往欧洲各国。而中国内地商人则把俄罗斯、蒙古等地的皮毛、银器、牲畜等返销内地各处。中俄在恰克图市场的贸易量在乾嘉盛时占到俄罗斯出口总额的 30%，开创了一个以茶叶带动中外贸易的新时代。

道光年间，由晋商首创的票号出现，中国的金融业发生了根本性创新。票号最初的客户是民间信贷，以商人为主。太平天国运动以及西方殖民国家入侵中国的第二次鸦片战争，对票号的发展产生了极为重大的影响，使其服务对象逐步转向与清政府合作，存款大多数变为各省官府机构的公款以及地方贵族显宦的积蓄。随着晋商对俄贸易的衰落，晋商将大量的资本转向蒸蒸日上的票号。其业务重点从办理国内商业汇兑转向存放款业务，其中又以承担清政府的官款汇兑和官吏存放款为大宗，从而造成票号的畸形发展并导致最终的衰落。

执中国金融牛耳的山西票号

明中叶之后，商品货币经济得到了很大发展，全国性的大市场逐步形成，国际贸易得到很大的发展。晋商的商业活动从明代的“半天下”发展为清代的“遍天下”。其商业网络已遍布大江南北，长城内外，并延伸到整个北亚地区。南起香港、加尔各答，北到伊尔库茨克、西伯利亚、莫斯科、彼得堡，东到大阪、神户、横滨、仁川，西达塔尔巴哈台、喀什噶尔等城市甚至远及阿拉伯等国家，都有晋商的商业机构。在商业组织形式

平遥日升昌门楣及内景

上，出现了“分号制”与“联号制”的运营方式。长期经营积累起来的大量资本为晋商开创票号奠定了雄厚的资金保障。晋商在经营中重信义，鄙利己，反对以卑劣手段骗取钱财，建立了非常好的信用基础。晋商早期经营的典当、银号、钱庄、账局等不仅为经营票号积累了大量金融经验，而且培养了大批专业人才。特别是商品经济的发展使货币流通量增大，依赖运送现银进行货款清算已远远满足不了经营的需求，不同地区债务清算和现金平衡方面的问题也迫切要求兴办汇兑和存放款业务的金融机构出现。在这样的条件下，票号出现了。

山西第一家票号是开办于道光三年(1823)的日升昌票号。其创始人是日升昌票号的首任经理雷履泰。巨额利润吸引大批拥有雄厚资财的晋商纷纷仿效，使山西票号迅速发展起来。从1823年前后到1852年，山西票号由一家发展到20多家，由平遥一县发展到祁、太、平三县，逐步形成祁、太、平三大帮票号。在光绪二十八年(1902)至三十二年(1906)，每年经山西票号汇兑的款项总额高达1000多万两白银，而当时清政府的赋税每年不过4000多万两白银。票号在促进社会资金流动、商品经济活跃以及资本主义萌芽的发展等方面发挥了极为重要的作用。

从同治元年(1862)至光绪二十年(1894)的30余年间，是山西票号发展的黄金时期。一是票号数量增多，资本雄厚，达到顶峰。除山西平遥、祁县、太谷三帮票号外，“南帮”票号开始出现。南北票号之间的激烈竞争形成整个票号业的繁荣局面。二是票号存放款业务有较大发展，盈利空前。光绪三十二年(1906)是票号汇兑款项最多的一年。仅日升昌14个分号每个分号平均即有230余万两白银。三是票号与商业的关系加强，实现了商业资本与金融资本的结合。票号的产生又促进了山西商业资本的繁荣。四是票号的繁荣极大地促进了城镇的发展。虽然山西票号的总号均设在祁县、太谷、平遥三地，但由于分号遍设于全国各通都大邑，甚至延伸到朝鲜、日本、俄罗斯和东南亚地区，因此极大地带动了乌兰巴托、恰克图、伊尔库茨克、彼得堡以及内地归化、张家口、天津、汉口、苏州等大中城镇的发展兴盛。五是制度创新，运行有序。在总结前人经验的基础上，逐渐摸索、制定出诸如“两权分离”“顶身股”“严格号规、精选培训”“合作互利”“抽疲转快”“密押暗码”等经营方法、原则和规章制度。六是形成了高度的信用文化与信用体系。

票号最初主要是民间信贷，客户以商人为主。到19世纪末20世纪初，山西票号的业务重点逐渐由办理国内商业汇兑转向存放款业务，其中又以承担清政府的官款汇兑和官吏存放款为大宗，从而造成畸形发展及导致最终衰落。到清末民初，票号垫借的政府公款与权贵私款便无人承担责任，各地政府的大量财政借款无法收回。外国在华银行林立，逐渐控制了中国的金融命脉，清政府也先后成立了大清、交通、通商等银行以及各地的官银钱号，从而使长期称雄商界的山西票号失去金融业的霸主地位。

薛瑄河汾讲学与北方理学的复兴

明代著名的理学家薛瑄在北方开创了“河东之学”，门徒遍及山西、河南、陕西、吴越等地，蔚为大宗。清人视薛学为朱学传宗，称之为“明初理学之冠”“开明代道学之基”。他在河汾地区的讲学活动极大地推动了明代北方地区理学的复兴。

薛瑄（1389—1464），字德温，谥文清公，山西河津县南薛里（今万荣县平原村）人，自幼聪颖，随父问学。明永乐十八年（1420），薛瑄中举，次年中进士，先后任御史、山东提学佥事、大理左少卿。他诚实地践行着心中的理学精神，一心一意为民解难、为国分忧，受到人们的称颂。因与权贵不合被诬，罢官还乡讲学。薛瑄把教书育人作为实践理学、倡导理学的重要事业，在家中接待求学者，答疑辨惑，传播理学。四方儒生仰慕他的声名，担囊负箧，跋山涉水来投，“而秦、楚、吴、越间来学者以百数”。薛瑄在讲学中，要求学生既要懂得儒圣的言论，更要懂得立言的基础和来源，教育学生以实践为本，注重观察周围事物的发生、发展，用实际生活的体验来领会圣贤言论的哲理，并在这个基础上有所发挥。明景帝继位，薛瑄被召回朝中，任大理寺右丞。由于与当朝者无法苟合，再次辞官还乡，继续讲学生涯，吸引来了四面八方的求学者。薛瑄将程朱的“天

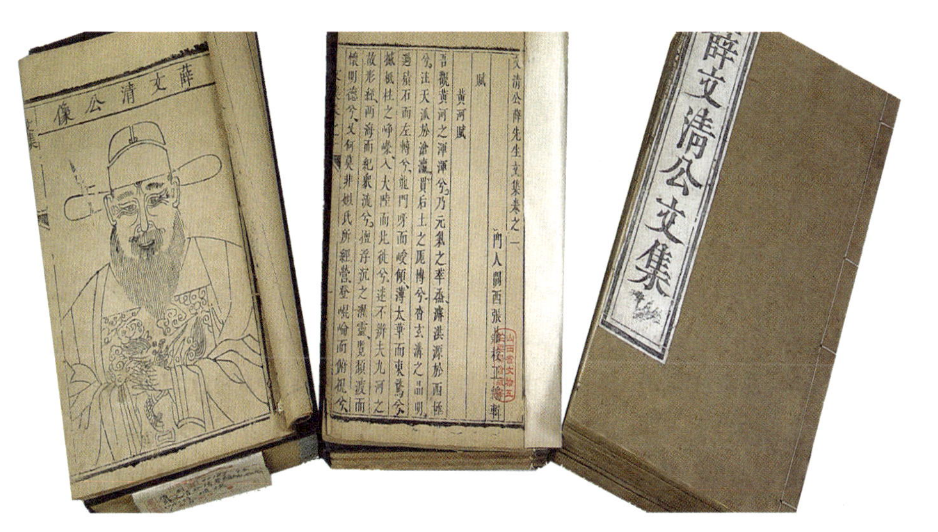

《薛文清公文集》书影

理”具体化、形象化，大到国家政务，小到个人饮食起居，都力求以“天理”来解释。凡是顺应社会、适应人与人之间正当关系的，就是合乎天理，是应该做的；反之，则是违背了天理，是不应做的。所著《读书录》记录了用天理解释具体事物的言论。在培育生徒的过程中，他把自己的实践体会传授给他们，使他们的行为规范逐步与“天理”汇通。

在薛瑄之前，有明代关中理学奠基者曹端曾任霍州（今霍州市）学正，传播理学。薛瑄之后，又有关中理学的继承者吕柟讲学于解州（今运城市辖）。他们提倡的重视理学实践的风气，当时不仅在关中、河东，甚至在全国都起到了规范社会伦理道德、扭转社会不良风气的作用，并且也为后世教育事业面向实践提供了经验。

启蒙思想家傅山及顾炎武在山西的活动

明清鼎革之际，阶级矛盾、民族矛盾交织，社会剧烈变动，出现了一批伟大的启蒙思想家。傅山就是这一时期的代表人物。

傅山（1607—1684），号朱衣道人，山西阳曲县（今属太原市）人，出生于官宦书香之家，家学渊源深厚，首就读于三立书院，受到山西提学袁继咸的指导和教诲，是袁氏颇为青睐的弟子之一。袁继咸是明末耿直之臣，提学山西时，不拘一格选拔人才，又极重视文章与气节的教育。傅山以学业精湛、重气节得意于袁氏门下。袁继咸因为官清廉耿直，得罪权贵魏忠贤，被关押在京师狱中。傅山为袁鸣不平，与同学薛宗周等联络生员百余名，上疏请愿，终使袁案得以昭雪，震动全国。傅山名扬京师。

袁案后，傅山返回太原，无意仕途，寻城西北一所寺庙，辟为书斋，悉心博览群书，后受聘于三立书院讲学。明亡，傅山拜寿阳五峰山道士郭静中为师，出家为道，道号“真山”。因身着红色道袍，遂自号“朱衣道人”。朱衣者，朱姓之裔也，作为傅山忠君爱国、抗清复明的寄托。

在学术思想上，傅山带有强烈的进步倾向，赞扬具有革新精神而被明朝统治者视作洪水猛兽的李贽的学术思想。他对明末的政治腐败、官场龌龊有清醒的认识。清军入关后，傅山一反清初一般学者以经学为中心的研究范围，独辟研究子学的途径，冲破宋明以来理学的羁绊，开拓了新的学术研究领域，成为清之后研治诸子学风的开山鼻祖。

太原晋祠傅山纪念馆傅山塑像

在诗、文、书、画诸方面，傅山皆善学妙用，造诣颇深。其知识领域之广、成就之大，在清初诸儒中无人能出其右。傅山的书法被时人尊为“清初第一写家”。其画也达到了很高的艺术境界，所画山、水、梅、兰、竹等，均精妙，被列入

逸品之列。他的字画均渗透着孤傲的品格和崇高的气节，流溢着爱国主义的气息，在中国古典书画艺术中博得后人高度赞赏。

太原兰村中华傅山园

傅山在医学上也有巨大的成就。他在内科、妇科、儿科、外科等方面均有很高的造诣，而尤以妇科为最。其医著《傅氏女科》《青囊秘诀》，至今流传于世，造福后人。傅山极重医德，对待病人不讲贫富，一视同仁。在相同情况下，他甚至优先贫人，而对于那些前来求医的阔佬或名声不好的官吏，则婉辞谢绝。

作为封建社会中的知识分子，傅山一生坚守“富贵不能淫，贫贱不能移，威武不能屈”的品格和气节，不愧为一代启蒙思想家、文化巨将。

明清之际的著名学者、诗人、思想家顾炎武，江苏昆山人氏，与山西有着不解之缘。从康熙元年（1662）起，顾炎武北游的踪迹扩展到河南、山西、陕西各地。这期间他除撰写大量的诗文杂著外，全部精力几乎都用于《日知录》的写作。他以友人所赠的二马二骡装驮书卷，攀山越岭，不辞劳苦，进行了大量的、艰苦细致的实地考察，并从历代史书、方志中辑录有关农田、水利、矿产、交通及地理沿革等材料，在旅行的间隙或在自己的侨居处奋笔写作。顾炎武游历山西时已年过半百，其足迹遍布五台、大同、祁县、永济、霍山等地，所到之处都有诗作纪行。

顾炎武和傅山是至交挚友，二人在太原有过三次亲密的聚会。康熙二年（1663），顾炎武与傅山第一次会面，地点在傅山当时的住处松庄。康熙五年（1666），顾炎武在幸免于文字狱的祸患后，由汾州来太原造访傅山。这时著名学者秀水朱彝尊、南海屈大均正来拜访傅山。他们情志相投，成为志同道合的朋友。康熙十年（1671），顾炎武坚辞大学士熊赐

顾炎武画像

履荐他参与编修《明史》的聘请，从北京到太原第三次拜访傅山。他们这次相聚时间较长，除了忧时伤世、谈政论文、诗歌唱和外，还创办了一些实业。甚至有人认为山西票号的规章制度也为顾炎武、傅山所订，推测是图谋为反清复明筹措资金。

康熙二十年（1681）八月，69岁的顾炎武由华阴往曲沃，县令迎他入城。十月他移寓进士韩宣家。第二年正月初四，“疾作，竟日呕泻”。次日，在山西与世长辞。

顾炎武学识渊博，在经学、史学、音韵学、金石考古、方志舆地以及诗文诸学上都有极深造诣，在明清学术史上有承前启后之功。顾炎武的学术以经世致用的鲜明旨趣、朴实归纳的考据方法、创辟路径的探索精神，以及他在众多学术领域的成就，宣告了晚明空疏学风的终结，开启了一代朴学之风，给清代学界以极为有益的影响。

西北史地学派的兴起与意义

有清一代，尤其是道光、咸丰以降，外患纷扰，边疆地区成为中华民族兴亡安危的焦点。其中，西北边疆地区由于战略地位的重要性、民族成分的复杂性、文化发展的多样性以及地形气候的特殊性，备受学术界的关注，兴起了以探究边陲史地、谋求保国固土为内容的西北史地学派。在此期间，名家辈出，著作如林，西北史地学逐渐成为当时的“显学”。近代启蒙思想家如龚自珍、魏源，也都涉其樊篱，有所论述。在这个领域里，山西籍名士阎若璩、祁韵士、张穆等人都做出了值得珍视的贡献，成为当时边疆史地学家中杰出的代表人物。

明清山西学界重视地理学研究之风气，当溯源于康熙时期的知名学者阎若璩。阎若璩（1638—1704），清初著名学者，山西太原人，寄籍江苏，是汉学（或考据学）发轫之初最重要的代表人物之一。阎若璩精通经史，常与京城的名流学者顾炎武、内阁大学士徐乾学等切磋学问，并应邀参加了《清一统志》《资治通鉴后编》等书的编撰。其学术成就的代表作是《古文尚书疏证》。在与地理学大家顾祖禹、黄仪的交往中，阎若璩对地理学产生了浓厚的兴趣。所著《四书释地》《四书释地续》《四书释地又续》《四书释地余论》等，考辨精审，校正了前人对古地名附会的许多错误，同时涉及四书中的人名、物类、训诂、典制等，被后人称为历史地理学中的佳作。

阎若璩画像

祁韵士（1753—1815），清代名臣祁寯藻之父，山西寿阳人，是清代西北边疆史地研究的开拓者和奠基者之一。他怀抱“经世致用”的宗旨，沿着明末清初学者顾炎武所开创的“实学”研究之路，通过检阅汗牛充栋的历史典籍以及亲自调查搜访的大量一手资料，呕心沥血，撰写出“足以信今而征古”的著述，在西北边疆史地研究领域中独树一帜。所著《蒙古回部王公表传》一书，是有清一代对西北边疆史地进行系统研究的发轫，被公认为“19 世纪西北边疆史地学研究的奠基之作”。嘉庆年间，祁韵士被发配伊犁，专心于西域史地的考察与研究。著有《万里行程记》，编定了《西陲总统事略》《西陲要略》《西域释地》等著作，奠定了西域舆地研究的基础，也因此而成为西北史地学的开拓者。

另一位张穆（1805—1849），平定人，以祁韵士的研究为基础，进一步发展和创新了边疆史地学。祁韵士在编撰《蒙古回部王公表传》的过程中留下大量底稿。经张穆等整理，以《皇朝藩部要略》为名出版，成为人们了解关于新疆和西藏等地区的具有开拓性的重要史著之一。张穆致力于西北边疆地理和蒙古史的研究，一生著述颇丰，有《蒙古游牧记》《俄罗斯补辑》《魏延昌地形志》《顾亭林年谱》《阎若璩年谱》等。其中《蒙古游牧记》史料丰富，考证精密，用地志体例变通创新，详细记载了蒙古各部落的历史沿革。就各部落所在地，辨方记事，考古鉴今。此外还涉及了前代北方各民族间的交往关系，填补了辽、金、元三史之缺漏。此书是中外研究蒙古史的权威性著作。19 世纪 60 年代后期，沙俄驻京的卡法罗夫率先译成俄文。英国蒙古史权威巴德利与法国汉学家伯希和都在其著作中高度评价了此书。

张穆画像

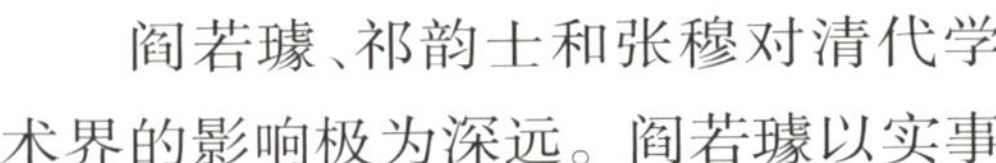

阎若璩、祁韵士和张穆对清代学术界的影响极为深远。阎若璩以实事求是之态度，治学精审，不迷信古代权威，大胆怀疑经典，去伪存真，给学术界树立了良好的榜样，推动了当时训诂、考据、校勘、历史地理学等学问的发展。祁韵士对西北边疆史地的研究具有历史和现实意义。他的著述确立了不同于朝贡体系的“藩部体制”，把蒙古、新疆、西藏等边疆地区作为“国史”书写，具有划时代意义，这奠定了中国多民族国家的基础，并在主权上进一步明确了这些地区的归属。正是受祁韵士的影响，张穆、何秋涛等学者开始了对蒙古、新疆等边疆地区进行实地考察与文献考据相结合的研究，不仅开西北边疆史地学研究的风气之先，而且以其丰硕的成果奠定了西北边疆史地学的基础。

西方传教士入晋与中国第一部欧美游记《身见录》

从 16 世纪中叶开始，一些欧洲传教士远渡重洋，相继来华传教。传教士进入山西的标志性时间，是明万历四十八年(1620)。当年，绛州(今绛县）乡试解元韩霖和绅士段衮二人及其家属在北京加入了天主教。随后，韩霖一行偕同意大利耶稣会传教士艾儒略来到绛州传教。这是明代以来山西最早的传教士入晋的记载。继艾儒略之后，比利时耶稣会传教士金尼格、意大利传教士高一志先后入绛州传教，并在此修建了山西的第一座天主教堂。

在西方基督教与中国文化交流的过程中，中西礼仪问题的差异始终是一个焦点。以利玛窦为代表的耶稣会采取适应于接纳中国文化的策略，容许入教的中国教民在信奉基督的同时，仍然可以祭拜自己的祖先，敬奉孔子。但是，方济各会的教士坚持基督教信仰的纯粹性，不允许中国信教人士祭祖敬孔。他们之间的分歧越来越大，礼仪之争愈演愈烈，最终由中国国内扩展至国外，由传教团体内部而扩展至罗马教廷与清廷的政治性对抗。康熙四十三年（1704），教皇克雷芒十一世发布了严厉的禁约，断定中国之礼仪实属异端，必须禁绝祭孔拜祖之礼，并派特使铎罗到中国面见康熙皇帝。

为解决中西礼仪之争，康熙帝派法国传教士艾若瑟神父出使罗马教廷，樊守义作为天文生陪同前往。樊守义（1682—1735），1682年6月13日生于山西省平阳府（今临汾市尧都区一带）。他皈依天主教后，成为在山西传教的艾若瑟神父的助手。艾若瑟是意大利耶稣会的传教士，长期在山西等地传教。

康熙四十六年（1707）10月，樊守义随同艾若瑟离开北京南下，并于康熙四十七年（1708）在澳门登上“耶稣基督号”前往欧洲。他们从澳门起航，经婆罗洲、马六甲、苏门答腊，入大西洋，航行三四个月，于9月到达葡萄牙里斯本。在葡萄牙期间，艾若瑟和樊守义被国王若昂五世召见了两次。葡萄牙国王若昂五世支持传教士在中国的文化融合与适应的传教策略，认为铎罗践踏了葡王室传教会被授予的特权。他希望罗马教廷“立即采取措施以向中国皇帝和该朝廷做出满意之解释”。但是，葡萄牙国王的努力显然没有产生积极的效应。

在里斯本停留四个月后，樊守义随艾若瑟于康熙四十八年（1709）正月继续启程，经直布罗陀海峡，于二月下旬抵达罗马，觐见了罗马教皇克雷芒十一世。他们将康熙帝关于铎罗来华、中国礼节问题和西洋教务问题的旨意，详细向教皇作了陈述。由于反对实行文化融合和适应策略的方济格会主教尼古莱坚持己见，他和艾若瑟神父没能实现沟通东西方文化的使命。康熙五十八年(1719)5月15日，在欧洲停留了十年的樊守义和艾若瑟神父，在无可奈何的情况下从里斯本登船返回中国。

在欧洲期间，樊守义访问了地中海国家，学习了意大利语，并在即将离开欧洲之前，被委任圣职，成为中国人中可能是第一个在欧洲担任教职的天主教牧师。艾若瑟神父在返回中国的途中去世。1720年2月，樊守义回到中国，受到了康熙帝的召见。从1707年底到1720年底，樊守义出使欧洲共历时13年。

康熙六十年(1721)，樊守义将其亲身经历著成《身见录》一书，介绍了沿途欧洲各国，如德国、荷兰、葡萄牙、意大利等的社会风俗，以及欧洲的宗教文化。《身见录》原稿最先藏在罗马图书馆内。山西学者五台人阎宗临(1904—1978)于1925年赴欧洲勤工俭学，致力于欧洲中世纪史研究。在1937年抗战爆发后归国时，阎宗临将《身见录》原稿照片带回国内。

《身见录》是中国第一部旅欧游记，是明末以来中西方实质性文化交流的宝贵文献，有着特殊的价值和意义。在早期到达欧洲寥若晨星的中国人及其著作中，樊守义及其《身见录》在中西方文化交流上的影响非他人所能比。樊守义不仅是山西历史上最早到达欧洲的人，也是有据可考的最早到达欧洲的中国人之一。

明清时期汉民族城市的杰出范例——平遥古城

平遥古城始建于西周，是一座具有2700多年历史的文化名城，也是中国目前保存最为完整的古城之一。1997年12月被列入《世界遗产名录》，成为目前我国唯一以整座古城申报世界文化遗产获得成功的古县城。据说平遥城最早建于周宣王时期。现存的古城是明洪武三年(1370)扩建后存留的形制。其城墙总周长6163米，墙高约12米。城墙

平遥城墙

内街道、铺面、市楼保留明清形制。

平遥古城是一座完全按照中国汉民族传统城市规划思想和布局程式修建的县城。在封闭的城池里，以市楼为中心，有四条大街、八条小街及七十二条小巷经纬交织在一起，功能分明，布局井井有条。城内古民宅为清一色青砖灰瓦的四合院，特别是砖砌窑洞式的民宅具有浓郁的乡土气息。全城现存四合院民居 3797 处，其中有 400 余处保存相当完好。此外，城池内还建有一些大大小小的庙宇，老式铺面亦鳞次栉比。这些古色古香的建筑，原汁原味地勾勒出明、清时期市井繁华的风貌。其城形如龟，城门六，南北各一，东西各二。城池南门为龟头，门外两眼水井象征龟的双目。北城门为龟尾，是全城的最低处，城内所有积水都要经此流出。城池东西四座瓮城，俩俩相对，上西门、下西门、上东门的瓮城城门均向南开，形似龟爪前伸，唯下东门瓮城的外城门径直向东开，据说是造城时恐怕乌龟爬走，将其左腿拉直，拴在距城二十里的麓台上。这个看似虚妄的传说，折射出古人对龟的崇拜之情。乌龟乃长生之

平遥中国票号博物馆

平遥双林寺

平遥清虚观

物，预示着借神龟之力，使平遥古城坚如磐石、永世长存。城墙上还有72个观敌楼，墙顶外侧有垛口三千个。传说它是依据孔子三千弟子、七十二贤人的寓意设计的。

平遥古城素有“中国古建筑的宝库”之称，文物古迹保存之多、品位之高国内罕见。其中有始建于西周，扩建于明洪武三年（1370），规模宏大、气势雄伟的国内保存最完整的古城墙；有始建于北齐武平二年（571），被誉为“中国古代彩塑艺术宝库”，现存宋元明清彩塑2052尊的双林寺；有始建于唐显庆二年（657），国内古建筑中罕见的“悬梁吊柱”结构的清虚观，观内20余尊木雕神像是研究中国古代木雕造像艺术和道教发展的稀有之物；还有始建于北汉天会七年（963）的镇国寺万佛殿，殿内的五代彩塑堪称珍品，是研究中国早期彩塑的样本。此外，还有宋金时期文庙的罕见实物例证——文庙大成殿；中国金融的开山鼻祖，被誉为“天下第一号”“汇通天下”的“日升昌”票号；有遍布古城内外的1000余通碑刻及年代不一、形式多样、色彩缤纷的各种琉璃饰物。

平遥文庙大成殿斗拱

平遥古城完整地体现了14—19世纪的历史面貌，为明清建筑艺术的历史博物馆，对研究中国古代城市变迁、人类居住形式和传统文化的

平遥双林寺彩塑像

发展具有极为重要的历史、艺术、科研价值。联合国教科文组织认为:“平遥古城是中国汉民族城市在明清时期的杰出范例。平遥古城保存了其所有特征，而且在中国历史的发展中为人们展示了一幅非同寻常的文化、社会、经济及宗教发展的完整画卷。”

雄伟奇险的明代山西内外长城

山西是全国长城遗迹最为丰富典型的地区。境内有历代长城约3500公里,分布在全省9个市40余个县。其中许多段落具有独特的历史文化内涵。大部分长城建在山脊上,远远望去,给人以绵延不绝之感。其中尤以代县雁门关、偏关县偏头关、宁武县宁武关、平定县娘子关长城最具特色。雁门关地理位置险要,关楼建筑宏伟,城墙雄峻挺拔,文化积淀深厚,号称九边尊塞第一关。偏头关烽堠林立,古堡密布,有“三关首御”之称。长城与黄河在此相会,是中华民族母亲河——黄河与中华民族的象征——长城相聚的地方。宁武关历史悠久,人文荟萃,是太原总兵驻守调度的重地。娘子关扼晋冀咽喉,有万里长城第九关之称。

明代为了防范北元蒙古势力南下侵扰,在东起山海关、西抵嘉峪关

山西古长城示意图

山西古长城示意图

的长城沿线设置九个边防军镇，每镇委派总督、巡抚、总兵统领数万以上兵马防守，史称“九边”重镇。其中山西直接屏蔽京师，地理位置重要，设有太原、大同二镇，修建有内外两道长城。外长城为防边御敌，内长城为拱卫京畿。因此，明长城是山西长城遗存中建设最完善、设施最齐备、保存状况最好的部分。它们如同两条神龙，蜿蜒盘伏在晋北大地，堪称人类建筑史上的奇迹。

明外长城全长约 450 公里，由河北怀安县延伸到晋北天镇县，沿西南走向，经今大同市阳高县、新荣区、左云县，朔州市右玉县、平鲁县，忻州市偏关县，直达黄河东岸。黄河边墙长城从偏关县老牛湾起，沿黄河东岸屈曲而南，至河曲县石梯子而止。在长城墙体上，有骑墙夯筑的方形敌台 800 余座。黄河岸边长城全长 90 余公里，多劈山为墙，墙体均为黄土夯筑。有些地段由于多年的风吹雨蚀和河水冲刷已经坍塌毁坏。

明代山西内长城全长约400多公里，现存敌台300多座。大致沿东西走向，由河北涞源县境伸入灵丘县上寨镇将峪门，至青羊口，再折向西南复入河北阜平县吴王口，由吴王口转向西北再入灵丘县独峪乡牛帮口，在此分成两路。一路沿恒山山脉，经繁峙、浑源、应县、山阴、代县、原平、宁武、朔城区、平鲁、神池，跨过管涔山，在偏关柏杨岭丫角山与外长城会合。另一路沿雄奇险秀的太行山东麓南下，经五台、盂县、平定、昔阳、和顺、左权至黎城东阳关。

山西长城体现了远古先民和当时军事家非凡的聪明才智。沿线除建有众多重要关隘外，还有各类屯兵的营堡以及众多的敌台、马面、烽墩等配套军事设施。明代山西长城防御体系由集军事、行政于一身的卫、所军事组织及以军垦民屯为后勤保障的生产自给组织组成。境内的关隘口子多为地形险要、易守难攻的咽喉要道、军事要塞。烽火台主要用于传递军情信息。古代有“昼点狼烟”“夜举火堆”的习惯。当以白天燃烟、夜间举火为号的烽火台火光冲天、狼烟四起时，千余座烽火台遥相呼应，信息便可直传京师。

长城是中国古代劳动人民勤劳、智慧和伟大力量的永恒载体，已经成为世界人类文明宝库中一项伟大的物质和精神财富。

山西境内的明长城

科技领域的重大贡献

明清时期山西的教育、科技、文化得到了长足发展，涌现出一批名垂青史、影响巨大的科技、文化名人。它们犹如一颗颗璀璨明珠，闪烁在中华文明发展进步的历程中。

王文素（1465—？），字尚彬，山西汾州（今汾阳市）人，出身于中小商人家庭。明成化年间随父亲王林经商于直隶（今河北省）真定府饶阳，遂定居。王文素自幼聪颖好学，涉猎书史，很小就练习记账码、打算盘，精心钻研算学。到嘉靖年间，年近六旬时，撰成《新集通证古今算学宝鉴》（简称《算学宝鉴》）10 册 30 卷，是我国数学领域具有开创意义的集大成者，特别是在应用数学方面，成就最为突出。王文素在全面继承前人成就的基础上，对许多数学问题进行了研究，总结出了具有创新意义的规律和演算方法。首先是将“身前因”改进为“身前乘”，发展了“归总还零”除法，创造了“众九相乘”“众九为乘”“实位相同”等新法，并改进了传统的开方法。在立体图形的插图画法上，率先采用了现代轴测图中常用的正等测图法等等。第二是校正了过去算学著作中的一些错误算法。其中的一些算法显然较过去的经典数学著作如《九章算术》等更为准确。第三是其数学理论深入浅出，通俗易学。第四是珠算内容丰富，算法新颖，堪与程大位的《算法统宗》比美，因此有“南程北王”之誉。《算学宝鉴》在明代数学领域具有极为重要的代表性。

汾阳王文素塑像

韩霖所著《守圉全书》是明末极为重要的一部军事学著作。韩霖,字雨公,号寓菴,山西绛州人。父韩傑,为富商。兄韩云曾任徐州知州、汉中推官等职;弟韩霞,字九光,亦为天主教徒。韩氏三兄弟均好读书、重学术,被称为“三韩”,其中尤以韩霖为最。韩霖家境虽富,但其科场不顺,后半生主要是讲学、著书。他一生著述颇多,其中《守圉全书》不论是从文献意义及史料价值上,还是在西学传播上,均为极重要的一部。该书内容广博,所讨论的主要为历代军事家及兵书中的有关守城之论,涉及军事工程的修建和传统兵器,如望楼、望远镜、绳梯、炮车、绞车等器械的制造。此外,还论及城防守卫的种种方法与制度等,特别是保存了李之藻等一批明末中西人士关于制造西洋火器的奏疏和文章,是一部专门论述防边守城的军事著作,亦为研究晚明社会极为重要的军事、经济、科技与社会文献。

明清时期,由于政府鼓励垦荒、兴修水利、引进美洲新的农作物,山西的农业得到了较快发展,也出现了一批著名的农学与水利著作。山西寿阳平舒村人祁寯藻(1793—1866),是19世纪中叶在多个领域均具有重要影响的人物。他为三代皇帝授过课,陪伴晚清三代帝王长达40余年,被称为“三代帝王师”。祁寯藻一生的政绩,主要是为帝王讲述如何治理国家的方略,参与国家重大军政事务的决策,特别在禁烟、用人和辅政等几个方面做出了积极贡献。祁寯藻擅长诗书,注重学问,在书法、诗词等方面均有很大的建树,特别是在近代学术史上有突出的贡献。他精通经书,提倡汉学与宋学并重,倡导经世致用之学。他的著作有《䂬䜭亭诗集》《祁大夫字说》《皇朝谥法考》《十三经断句考补》《京口山水考》及《勤学斋笔记》等20余部。特别是他撰写的《马首农言》,如实记录了以寿阳(古称马首)为中心的晋中一带农业生产和生活的状况。内容涉及地势、气候、种植、农田水利等各个方面,还记载了在不同地理、气候条件下所应采用的不同耕作技术和农业工具的使用,以及许多农业经济史的宝贵资料,是清朝后期一部重要的区域性农学著作。

明前期一百余年间,黄河决口频繁,河道变迁不定,水患严重。山西夏县人蔺芳,任工部都水主事,开通会通河,并提出编木为囤、填石其中、导河分流的治水理论,成为当时治河理论“分流论”的代表。山西沁水人刘东星,为明中后期水利专家,任工部左侍郎兼右佥都御史,总理河道与漕运，先后主持了开赵渠，通邵伯、界首二湖的河渠等重大水利工程。至清时，山西又出现了一批重要的水利专家。兴县人孙嘉淦提出以开“减河”引水的方略，即通过开分洪道以减轻水灾的思路。吉县人兰第锡，先后主持参与了许多重要的水利及河防工程，著有《永定河志》《治河摘抄》《南河成案》等水利著作。他提出的碎石护岸技术是河防史上的一大创举，至今仍然是黄河修防的重要方法。兴县人康基田，一生治黄20余年，先后在江苏、广东、河南等地主持各种水利工程，著有《河防筹略》《河渠纪闻》等重要的水利著作。他强调要正确把握河流的河势常态，提出“束水攻沙”“放淤固堤”等理论。浑源人栗毓美，多年主持黄河中下游的水利工程，著有《治河考》《砖工略》等多部治水著作，创造出“抛砖筑坝法”，是中国治河史上又一项重要的水利堤防技术，被认为是当时的“河臣之冠”。

此外，明清时期，山西还出现了诸如张慎言、于准、崔纪、刘秉恬、吴忠诰、乔松年等水利专家。他们为政清廉，家无余财，如刘东星、栗毓美竟累死在治水工地上，表现了山西人崇高的人格品质。

汾河流域的农田水利工程在清代也得到了较大的发展。如晋中、晋南一带都有不同规模的治汾水利工程，其中尤以榆次规模为大，全县共开凿渠道20多条。在一些山区也出现了灌溉工程，涉及防洪、灌溉、人畜用水、城市建设和航运等各个方面。20世纪初，山西朔县（今朔州市朔城区）人刘懋赏留日归来，与同道成立水利股份有限公司，在晋北大兴水利工程，修渠引水，筑坝拦河，灌溉农田，使晋北的盐碱地得到改良，农业生产状况大为改观。

“走西口”与北方的民族融合

明清时期山西人“走西口”，与山东人“闯关东”、江浙闽粤沿海商民“下南洋”一样，是中国历史上三次大规模的民间自发移民大潮之一，对

当时社会、经济、文化、习俗、民族融合均产生了巨大而深远的影响。

“走西口”发端于明中后期“封贡互市”，大兴于清代前中期，一直延续到民国年间。走西口的晋西北人多为农民，以山西雁北大同、朔平府，晋西北河曲、保德、偏关、忻州，晋中祁县、太谷一带贫苦农民、工匠、说唱艺人、小商贩为主，也有陕北府谷、神木、榆林乃至甘肃、河北靠近长城沿边的贫民。在蒙地，移民主要从事农垦、手工业、商业运输等各类服务业，或向蒙民租地垦种，或入大漠私垦。有春去秋归的“雁行客”，有到黄河码头搬运的脚夫，有到牧区放羊的，有到石窑掏炭的，有到河滩掏甘草的，有到后草地拉骆驼的，还有到归化与头道、二道营子当鞭杆子(埋死人)的，以及当各色毛麻皮柳匠、铁木铜银匠的。

走西口的人们，还把许多农耕文化及其习俗传播到了蒙古地区。如在农业生产过程中犁、耙、锄、锹等工具的使用技术，以及挖渠、打井、整田、划畦、引水、保墒、选种、育种、积肥、施肥、收割、储藏等农作技术，对粮食作物和蔬菜、瓜果等农作物的种植、栽培和管理技术等，都对当地农业生产的发展发挥了很大作用和影响。走西口的许多手工业者，凭借

代县雁门关

右玉杀虎口土堡

右玉杀虎口关楼

右玉杀虎口古城堡

自己娴熟的技艺,除打造各种农用的生产器具和生活用品外,还在豆腐、豆酱等豆制品的生产以及酿醋、酿酒、食品加工、各种调味品等的制作上也大显身手。同时,他们还根据当地畜产品和矿产品相当丰富的特点,把内地擀毡、皮革、熬硝、制盐以及打造金、银、铜、锡等器皿和工艺品的技术带到了这里,使当地的手工业更加繁荣。

晋人"走西口"传播的农耕文明,在一定程度上改变了口外的生产条件和经济结构,也改变着游牧民族的生产方式、生活方式和思维方式,有力地推动了蒙古地区经济的发展、文化的交流和民族的融合。

罗贯中的《三国演义》及文学与艺术的兴盛

明清时期,小说、歌舞、戏曲等各类民间文艺得到了极大的发展。三晋大地名人辈出,成就斐然。

罗贯中画像

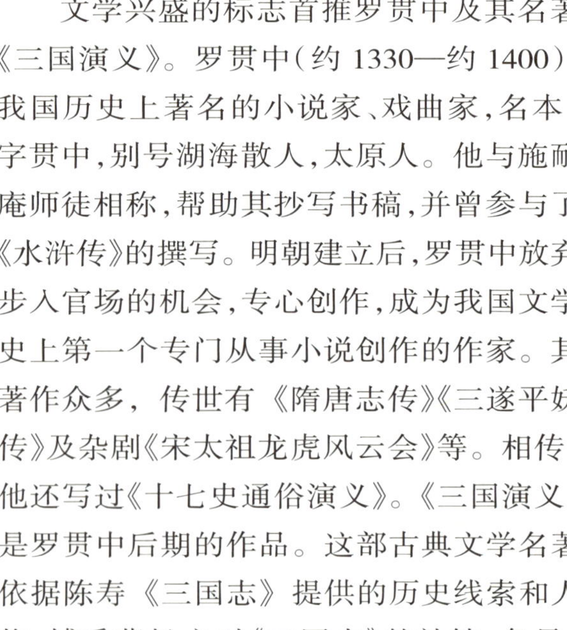

文学兴盛的标志首推罗贯中及其名著《三国演义》。罗贯中(约 1330—约 1400),我国历史上著名的小说家、戏曲家,名本,字贯中,别号湖海散人,太原人。他与施耐庵师徒相称,帮助其抄写书稿,并曾参与了《水浒传》的撰写。明朝建立后,罗贯中放弃步入官场的机会,专心创作,成为我国文学史上第一个专门从事小说创作的作家。其著作众多,传世有《隋唐志传》《三遂平妖传》及杂剧《宋太祖龙虎风云会》等。相传,他还写过《十七史通俗演义》。《三国演义》是罗贯中后期的作品。这部古典文学名著依据陈寿《三国志》提供的历史线索和人物,博采裴松之对《三国志》的补缺、备异、惩妄、论辩中保存的大量宝贵史料，汲取了西晋至元一千多年来民间传说的丰富营养，形象生动地描述了从东汉中平元年(18)的黄巾起义到西晋武帝司马炎太康元年（280）统一中国的将近一个世纪中魏、蜀、吴三国间的政治和军事斗争历史。罗贯中把我国章回体小说推向成熟的阶段。他的伟大成就，成为中国文学、世界文学宝库中的宝贵财富。《三国演义》，不仅在国内家喻户晓，妇孺皆知，而且被翻译成十多个国家的文字，风行全球，受到世界各国人民的喜爱，被誉为是“一部真正具有丰富人民性的杰作”。

民国年间汾阳籍晋剧名角王和齐（艺名“十三旦”)14岁剧照

山西是中国北方戏曲艺术的发祥地之一。明代以后，山西地区在元杂剧的基础上，先后出现了以蒲剧、晋剧、北路梆子、上党梆子等“四大梆子戏”为主的各种地方剧种。蒲剧因兴于山西南部的蒲州(今运城永济)，故称蒲州梆子、“乱弹”等，流布于山西、陕西、河南、甘肃、青海等地区。其特点是“满口疾呼很奔放，河曲野啸起回浪，生旦净丑有区别，悲壮激越音流畅”。在蒲剧艺术发展过程中，曾涌现出一大批优秀的剧目和演员，如临猗人郭宝臣(1856—1918)，世人赞其“声满天地”“无字不响”，有“慷慨悲壮之雄风”。晋剧产生并活跃于山西中部地区，人称“中路梆子”，也称“山西梆子”。晋剧是蒲剧北上后吸收了中部地区祁太秧歌和汾孝干板秧歌等艺术形式的腔调和打击乐等表演元素而形成的，在语音、唱腔等方面都进行了改良，变成了既高亢激越又清新委婉的风格。清中后期，晋商的发展壮大使晋剧沿着商路向外发展，在蒙冀陕甘宁青等地均有广泛的传播。北路梆子因形成和主要活动于山西北部地区而得名,省内称“北路戏”或“上路调”。早期的北路梆子和晋剧一样,是蒲剧北上与当地语言和民间艺术融合起来发展形成的新剧种,舒展刚健的风格是其特色。北路梆子形成时间约在明末,流布于晋北、内蒙古以及河北张家口、蔚县等地。清咸丰年间至20世纪30年代,是北路梆子的鼎盛时期,班社众多,名家辈出。上党梆子因产生和主要流布于晋东南古上党地区而得名,当地人称之为“大戏”,晋南人称之为“东府戏”,河北邯郸一带称之为“泽州调”,或“上党宫调”。关于上党梆子的起源,一般认为它也是受到蒲剧的影响,形成于清初泽州(今晋城市)。虽为梆子,实则是合昆曲、梆子、罗罗腔、卷戏、皮黄等五种声腔为一体的新剧种。上党梆子兴盛于清咸丰、同治年间,影响流布于河北、山东等地。在其发展过程中,上党梆子在晋城形成了委婉细腻、潇洒秀丽的“州底”派,在长治形成了孔武有力、刚强豪迈的“潞府”派。

山西地域南北狭长,各地语言千腔百调,民间艺术品种繁多。其中流传至今的较古老的锣鼓杂戏、晋北的“赛戏”和“耍孩儿”等,成为早期中国戏曲艺术原生形态的代表。此外还有十几种地方说唱和地方道情及上党落子、晋南眉户等各种民间小戏种。广泛流布于山西各地的秧歌戏是地域性极强、种类最多的戏曲家族。它们皆是清中叶以来由农村传唱的小曲儿、歌舞等踩街秧歌演变为的戏曲剧种。如晋中秧歌、太原秧歌、沁源秧歌、壶关秧歌、襄垣秧歌、武乡秧歌、繁峙秧歌、介休干板秧歌等,种类繁多。山西还有众多的民间舞蹈。它们同样源远流长,具有浓郁的地方色彩。其中鼓类舞有花鼓、转身鼓、扇鼓、威风锣鼓、牙鼓,以及狮子舞、龙舞等等。戏曲、歌舞艺术,是山西传统文化中最有特色的、乡土气息最浓郁、表达寓意最丰富的形式,因与生产、生活结合极为紧密,是人民群众在长期的农业生产生活过程中摸索和创造出来的。

第九章

融入时代
与世界的近代化步伐

（晚清与民国时期）

■ 概述

山西经历了明代社会经济的发展和清康乾时期的兴盛，步入清代中期以后，在欧风美雨的冲荡面前，逐渐与沿海地区拉开了距离。由于地理闭塞和思想保守，内陆山西的洋务运动和兴办实业整体上比东南沿海地区晚了近30年，山西的近代化步伐既沉重又迟缓。

近代时期的山西省管辖区域比现在广阔，省境范围呈长条形，东西宽有300多公里，南北长度达760多公里，总面积有20多万平方公里。据光绪《山西通志》卷23记载：省内辖冀宁、河东、雁平、归绥4道，太原、潞安、平阳、汾州、大同、朔平、宁武、泽州、蒲州9府，辽州、沁州、平定州、忻州、代州、保德州、解州、绛州、隰州、霍州10个直隶州，归化、萨拉齐、丰镇、清水河、托克托、宁远、和林格尔、武川、五原、兴和、陶林、东胜12个直隶厅(今内蒙古自治区境内)，91个州县(6个散州、85个县)。

近代以来，世界近代化的潮流不可阻挡，地处内陆的山西不乏具有开放、进步、维新思想的仁人志士。与魏源、林则徐等同时期的五台人徐继畬被誉为“开眼看世界的第一人”。他的不朽著作——

《瀛环志略》,客观地认识和正视世界的发展变化,对洋务运动、戊戌变法、辛亥革命等中国近代化进程中的中心事件产生了巨大的影响。"戊戌六君子"之一的闻喜人杨深秀积极参与变法,态度坚决,不惜以自己的生命去唤醒沉睡中的国人。在列强觊觎山西丰富的煤铁资源,企图强取豪夺之时,山西掀起了波澜壮阔的保矿风潮并获得胜利,在近代史上为中国人民保护本国资源、维护主权的爱国运动中书写了辉煌的一页。在辛亥革命当中,处于北方的山西是最早响应并成功光复的省份之一,为辛亥革命的胜利做出了重大贡献。

这一时期的山西,同样也经历了战乱和动荡,还受到了大灾荒的侵袭。北伐太平军在山西境内前后停留 25 天,总计攻占了 10 座城池。西捻军在山西也有 20 来天的停留。这给山西的政权和清军带来了很大的困扰。世纪之交的义和团运动,在短时间里就席卷了山西全省,团民们焚烧教堂,围攻教士和教民。山西巡抚毓贤还制造了震惊中外的"西辕门灭洋事件",对山西产生极大影响。光绪初年的"丁戊奇荒",山西人口损失三分之一左右,社会、经济所遭受的重创,空前绝后。

这一阶段的山西顺应时势,融入世界近代化的步伐。洋务运动后期,张之洞抚晋倡导洋务,胡聘之开始兴办近代工业,山西的近代工业开始起步并有所发展。作为义和团运动和"山西教案"赔偿产物的山西大学堂的诞生,是当时国内最早的三所国立大学之一,不仅开创了山西教育的新纪元,而且在近代中国高等教育发展史上也具有重要的意义。山西在这一时期咬牙修筑了正太铁路和京绥铁路山西段,将山西与北边的绥远和东边的直隶连接起来, 也为北方现代交通的发展做出了自己的贡献。

辛亥革命后,阎锡山主政山西,在 20 世纪 20 年代通过"六政三事"恢复与发展经济;利用"村本政治"拓展政治统治,成为全国乡村自治的典范与乡村自治制度体系的蓝本;大力发展国民教育,义务教育普及率达 70%以上,为近代教育的发展奠定了良好的基础。尽管受中原大战影响,经济建设一度中断,甚至陷入危机之中,但在 20 世纪 30 年代,再次集中力量进行"十年省政建设",形成了以省银行为主体,辅之以各种专业银行的金融新格局;修筑了贯通山西南北的同蒲铁路,成为山西南北交通的主动脉;创办的西北实业公司迅速崛起,在全国经济发展中具有重要的地位。

太平军与西捻军的入晋作战

两次鸦片战争，西方列强用坚船利炮轰开我国沿海地区的大门。但内陆地区山西，首先打破平静，使其泛起涟漪的是太平军、西捻军入晋。

洪秀全的太平军在南京建立政权后，开始发动北方地区的广大农民投入到推翻清朝统治的斗争中。咸丰三年（1853）五月，由于清军的内外夹攻，太平军改变原先由豫东取道山东，北上攻击北京的计划，转为沿黄河西进。由于清军在山西的防守非常薄弱，农历七月二十九，北伐的太平军占领河南济源县城，又经封门口、王屋山小径，顺利进入了山西天坛山等地。北伐军进入山西的第一个军事目标就是攻打地势险要的垣曲。由于有内应者在城内放火，清兵秩序大乱，不战而溃，太平军顺利占领垣曲。河东道张锡蕃、知县宴宗望、教谕韩澄、训导高一元等被杀。这是太平军进入山西取得的第一个胜利。随后，太平军继续向西北方向进军，沿途攻占了绛县、曲沃、临汾等地。太平军进入山西的半个月内，攻城夺隘，一路告捷，受到了沿途百姓的热情欢迎，他们送上粮食、马匹等军需物资，让太平军得到了及时的补给。随后，太平军顺利占领了屯留、长子、潞城、黎城。八月二十四日，北伐军继续东进，经过黎城的停河铺、东阳关、上湾等地进入涉县（今属河北），北伐太平军结束了在山西境内的征战活动。

北伐太平军与清军在山西境内战斗的时间有 25 天，总计占领过 10 座城池。由于清军防守薄弱，太平军在山西没有遭遇大规模阻击。在各府、县城，只有少量的守城官吏和团练散勇进行了抵抗，或者是官员组织当地的商民进行反抗。尽管时间较短，地域仅限晋南、晋东南，然而北伐太平军的影响是不容低估的。

与此同时，捻军作为太平天国时期北方最重要的一支农民起义军，与之响应，揭竿而起。他们与太平军联合作战，牵扯了清军大量的兵力。

太平天国失败后，捻军继续分布在中原、西北地区顽强地进行反清斗争。同治五年（1866），捻军在河南许州将部队分为东、西两支。其中在山西境内活动过的是西捻军的主力。西捻军在山西地区停留时间仅有 20 多天，战斗规模较小，但是其迅速勇猛的进攻势头，给山西的清政权和清军以很大的打击，使清军不堪一击的战斗力和地方官员的软弱无能充分暴露出来，对山西人民反抗压迫、反抗剥削的斗争产生了积极的影响。

开眼看世界的第一人——徐继畬及其《瀛环志略》

中国近代史上，有一部可与人尽皆知的《海国图志》媲美的著作，那就是《瀛环志略》。该著作的编撰者叫徐继畬，一位与林则徐、魏源齐名的少数几位率先“睁开眼睛看世界”的中国人。

徐继畬，山西五台人，生于乾隆六十一年（1795），卒于同治十二年（1873），历嘉庆、道光、咸丰、同治四朝。他出身于官宦世家，少年聪慧好学，曾辗转河南、顺天、直隶等地求学。道光六年（1826），已经 32 岁的徐继畬考中进士，成为当年山西籍考中进士的唯一一人。道光十七年（1837）秋，徐继畬调升福建延建邵道，开始了他生命中最为光辉的一个时期。鸦片战争爆发后，为防止英军入侵，徐继畬率领漳州士民“采集大木排椿塞镇门各港口，调集民兵扼险固守，敌知有备，即行退去”（《清徐松龛先生继畬年谱》）。徐继畬明确坚决的抗英态度，清正廉明的为官之道，忧国忧民的家国意识，得到了当朝的器重，授广东按察使，后再迁福建布政使。

在处理公事之余，徐继畬开始了《瀛环志略》一书的著述。道光二十八年（1848），已经升任福建巡抚的徐继畬，完成了系统介绍世界各国情况的拓荒之作《瀛环志略》。该书共 10 卷，与魏源的《海国图志》同为中国较早的关于世界各国历史地理的著作。这本书首先以地球为引子，介绍了东、西半球的概况，之后按亚洲、欧洲、非洲、美洲的顺序依次介绍了世界各国的地理、历史概况、风土人情，同时还介绍了西方史地、人文方面的突出优点，也介绍了当时以民主政体为主导的世界各国的各类政体。并且宣扬其制度和理念，对通过选民的选票取得合法性的各国民主制度的创新推崇备至。书中盛赞美国资产阶级革命民主制度的创始人华盛顿及其民主制度："华盛顿，异人也。起事勇于胜、广，割据雄于曹、刘。既已提三尺剑，开疆万里，乃不僭位号，不传子孙，而创为推举之法，几于天下为公，骎骎乎三代之遗意。其治国崇让善俗，不尚武功，亦迥与诸国异。余尝见其画像，气貌雄毅绝伦。呜呼！可不谓人杰矣哉！""米利坚合众国以为国，幅员万里，不设王侯之号，不循世及之规，公器付之公论，创古今未有之局，一何奇也！泰西古今人物，能不以华盛顿为称首哉！"这两段话在咸丰三年(1853)，被浙江宁波府镌碑赠送给美国，至今仍镶嵌在华盛顿纪念馆第十级的内壁。《瀛环志略》率先突破根深蒂固的天朝意识和华夷观念，平等看待环球各国，认为开放是大势所趋。在介绍印度文明、阿拉伯文明以及欧洲文明时，该书摒弃了以往士大夫们对于中国以外地区的偏见，尽可能地做到了客观真实。这些精辟的、开放的言论，在中国历史上前所未有，在当时可谓振聋发聩。

徐继畲画像

《瀛环志略》是鸦片战争时期继魏源《海国图志》后的又一部介绍世界地理及各国概况的图文并茂的专著，是近代西方资产阶级民主政治被介绍进入中国的标志。梁启超认为，"当时中国士大夫之稍有世界地理知识，实自此始"[①]。《瀛环志略》出版后被多次翻刻，对洋务运动、戊戌变法、辛亥革命等中国近代化进程的中心事件产生了巨大影响。从咸丰

①梁启超：《清代学术概论》，第 47 页。

九年(1859)起,《瀛环志略》在日本一版再版,风行东瀛,被日本有识之士当做窥探世界的指南,对明治维新产生了重要影响。徐继畲的开放思想与实践活动影响深远,已经成为中华文明宝库的一笔丰厚遗产。特别是他的《瀛环志略》,对近代以来中国人思想开放、正确认识世界和正确认识中国发挥过重要作用,在国际上也产生了重要影响。

洋务运动与山西近代工业的发轫

中国近代工业发端于1840年以后的洋务运动,比西方国家晚了约200年。作为内陆省份的山西,由于关隘阻隔,交通不便,近代工业企业的出现更晚,落后了沿海将近30年。

山西境内煤铁资源丰富,制造兵器的优势得天独厚,境内的武器制造业一直都比较发达。清代山西的枪炮制造业在全国占有相当重要的地位。道光年间,山西巡抚杨国桢将传统的抬枪、抬炮进行改造,减轻了重量,调到前线后深得清军士兵的欢迎。此后,山西开始大量生产轻便实用的枪炮。除本省自用外,还供应到全国各地。同治年间,为了防范甘肃回民起义,清政府命山西仿制炸炮,接济镇压陕甘回民起义的军队。在咸丰同治年间接连不断的战争中,山西的火药工业也有了一定发展,年产火药6万余斤。传统军事手工业的发展,为此后近代军事工业的发展奠定了一定的基础。

光绪六年(1880),洋务派重要代表人物张之洞出任山西巡抚,山西近代军事工业得到发展。光绪八年(1882),张之洞积极宣传倡导洋务,在省内设立洋务局,把洋务新风吹进娘子关内。光绪十年(1883),为了适应军事需求,张之洞在太原城东北隅建起新药局,从沿海引进先进的生产机器,实施“招募工匠”、“派员管理”的经营方式,制造洋枪所需弹药。不久,张之洞调任两广总督,新药局的规模没能进一步扩大。尽管新药局的规模很小,但却具备了近代工业的性质,标志着山西近代工业的发轫。张之洞则可以算是山西近代工业的拓荒者。

张之洞离晋之后，山西创办近代工业的进程一度停滞。光绪十七年(1891)十一月，胡聘之由京官外放为山西布政使，三年后升任山西巡抚。作为当时较为开明的官员，他在任内锐意进取，推行洋务，加大了山西近代军事工业的创办力度。从光绪二十年(1894)开始，胡聘之便积极筹建山西商务局。光绪二十四年(1898)，在太原北门外正式建起山西机器局。从国外购买蒸汽机、机床等现代设备，以蒸汽机为驱动、以金属切削机床为加工手段，以修理枪械为主，兼造大刀、戈矛、洋鼓、洋号等军用器械。此后，机器局还制造了少量口径25毫米的二人抬火枪、18毫米步枪、57毫米火炮。其建成和投产，标志着山西出现了真正意义上的近代机器工业。

与此同时，官办近代民用工业也在山西出现。光绪十八年(1892)，时任山西布政使的胡聘之动用资金2万元在太原城内三桥街设立火柴局，生产“双羊牌”火柴。光绪二十四年(1898)，山西地方政府在太原西羊市街兴办了综合性的工业机构——省工艺局，下设织布、织带、木工3个部门。到宣统三年(1911)，工艺局达到

太原火柴局外景老照片

太原双福火柴纪念雕塑

一定的规模，生产项目增加到织布、染色、毛毯、带子、木工、油漆、玻璃，制造的毛毯质量精美，所产的布匹、木器的销路也比较好。除了省城太原的工艺局外，忻州、绛州、祁县、襄垣、寿阳、盂县、洪洞、临汾、长子、闻喜等县也都设立了工艺局，但规模都比较小。

在官办企业的推动下，商办近代工业也开始在山西兴起。光绪二十八年（1902），商人渠本翘和乔雨亭接办了经营困难的官办火柴局，将其易名为双福火柴公司。民国初年，新绛县办起毓华火柴公司、燮昌火柴公司，平遥办起了金林火柴公司，汾阳办起了昆仑火柴公司等。光绪三十年（1904），祁县创办了以织染为业的益晋公司；三十二年（1906），榆次车辋常家创设敦睦工厂，用机器织布；三十三年（1907），汾阳濬源纺织公司诞生。宣统元年（1909），忻州创办了山西第一家针织厂——新兴加工厂。它们的出现，带动了全省纺织业的发展。光绪三十二年（1906），太原绅民创办了纯属商业性质的晋阳日报印刷所，山西濬文书局也开始用机器印书，开创了山西印刷史上的新时代。到辛亥革命前，全省已有 7 家小型印刷厂。光绪三十四年（1908），韩谦投资兴办了太原电灯新纪股份有限公司，后改名为太原电灯厂。第二年，刘笃敬投资在太原南肖墙创办太原电灯公司，供太原城内照明用电。同时，还在电灯公司下附设一个机器面粉厂。之后，山西出现了诸如晋丰面粉公司、大同面粉公司、榆次魏榆电气公司及面粉公司、太谷同记电灯公司、平遥晋生面粉厂、临汾发电厂和晋益面粉公司、运城面粉公司以及大同义记电灯公司等一批电力和面粉企业。

近代工业的兴起和发展给封闭的山西社会经济带来了新的活力，但是发展并不顺利。首先，山西近代工业的兴办较晚，资金匮乏，技术设备落后。其次，由于地处内陆封闭的环境，企业的经营受到旧体制的影响较大，管理不成熟，管理人员多数不具备近代企业的经营能力和竞争意识。第三，山西整体社会经济落后，思想保守，风气闭塞，不能为近代工业的发展提供良好的社会环境。山西的近代工业举步维艰，未能取得长足发展。

山西平民工厂纺织场

“六君子”之杨深秀与戊戌变法

中日甲午战争清政府惨遭失败，被迫与日本签订了丧权辱国的《马关条约》，中国面临瓜分的危机空前严重。为了挽救民族危亡，康有为等发起了维新运动。百日维新期间，深处内地的山西同样有杰出的人士参与其中。这就是“戊戌六君子”之一的杨深秀。

杨深秀（1849—1898），山西闻喜人，自幼聪颖好学，博闻强记，在经史、考据、音韵、地理、佛学、计算等多个方面都有很深造诣。光绪十五年（1889）考中进士，不久即授刑部主事，后累迁刑部郎中。杨深秀居官清廉，刚正不阿，十分关心国家和民族的命运。光绪二十三年（1897）十二月初七日，杨深秀升任山东道监察御史。第二天，他就向光绪皇帝上呈奏折：《时势艰危谨贡刍议折》，呼吁：“时势危迫，不革旧无以图新，不变法无以图存。”这是维新派最早的要求变法的奏折，也是光绪帝听到的最早的变法呼声，比康有为著名的《请大誓臣工开制度新局折》要早两

杨深秀像

个多月。戊戌变法之前，杨深秀与康有为等人频繁往来，过从甚密。由于他们政治主张相同，杨深秀利用身居台谏之便，多次代康有为递上书条陈。光绪二十四年(1898)四月十三日，杨深秀上《谨斟酌历代旧制正定四书文体折》，向光绪帝陈述八股取士的弊端，力主对那些“仍用八股庸滥之格，讲章陈腐之言者”绝不录用。同日，杨深秀还上书要求光绪帝明确表态宣布维新，并痛斥守旧之弊，对积极推行新政者嘉奖，对阻挠变法者统统罢黜。他认为如果不同守旧势力决裂，新法断无成功之日。四月十三日一日之内，杨深秀向光绪帝呈递的新政奏折多达5件，这在当时是绝无仅有的。

在光绪帝颁诏“明定国是”和废除八股之后，守旧派在慈禧太后等的指使下展开反攻。杨深秀和御史宋伯鲁连衔上书，弹劾顽固派大臣许应骙，并对礼部尚书怀塔布等反对变法的行为作了猛烈的回击。五月十日，杨深秀上《请惩阻挠新政片》，再次要求光绪帝大誓群臣，并请刑部定律，将“复言更易国是、规复八股者，科以莠言乱政之罪”。当顽固派依靠慈禧的支持大举反攻，维新派处境危急之时，杨深秀不避艰险，不畏强御。八月初六日政局发生逆转，康有为、梁启超出逃，光绪帝被囚禁瀛台，杨深秀仍将个人安危置之度外，连夜拟定奏稿，八月初八日上朝时将奏章递上，大胆质问光绪帝被废原因，并援引古意，陈述是非，要求慈禧太后撤帘归政。慈禧太后对杨深秀的这一举动愤恨至极，次日即将杨深秀革职，交步军统领解往刑部治罪。慈禧等深恐形势变化，在未经审讯的情况下，便以“大逆不道”之罪，于八月十三日将杨深秀与谭嗣同、杨锐、林旭、刘光第、康广仁等人押往北京菜市口斩首，制造了震惊古今的“戊戌六君子事件”。这一年，杨深秀年仅49岁。杨深秀勇敢地站在了时代发展的最前沿，他强烈的爱国之心和正义感、自强不息的进取精神、视死如归的献身精神，一直鼓励着后人奋进。

“山西教案”与慈禧流亡山西

鸦片战争以后，西方各国传教士依靠不平等条约的保护，纷纷深入内地各省，积极发展教徒，修建教堂。山西的基督教势力随之迅速扩展。至 19 世纪末，山西省内的基督教教徒就达到 3.5 万人左右是教会在山西活动的极盛时期。传教士们一般通过散发小册子和圣经等手段传播

建于 1905 年的太原解放路天主教堂

基督教文化，逐步对山西实行政治、经济和文化全方位的渗透和蚕食。此外，创办各类型的社会慈善事业也是传教士传教的重要策略，主要包括了帮助山西赈灾、开办禁烟局、开办医院和学校等。

光绪三年（1877），山西大旱成灾，土地绝收。基督教会共发放赈灾银10多万两，救济灾民数万人。进入20世纪，每当山西发生较大的灾荒，一些基督教传教士都会受教会派遣，或者组织救济团体募捐，或前往灾区进行救灾活动。山西不少灾民为了获得救济纷纷入教。传教士李提摩太认为，“赴晋赈灾，乃是耶教徒义不容辞之事。第一，为了饿肚子的人；第二，推开山西的大门，引进耶教的真理，以后为饥民提供精神粮食”。教会的赈灾活动，一定程度上对民众破除迷信、相信科学起到了重要作用，也对拯救民生，恢复生产，调和混乱的社会秩序起到了积极的作用。传教士还在各地设立诊所、药房和医院，“其目的是把医药事业作为福音的婢女，来博得人们的好感，从而扩大教会影响”。教会的这些活动，客观上对山西建立现代医疗制度和医学教育具有积极的作用。与此同时，外国教会在山西兴办了一些教会学校。清末山西兴办的近代学堂，很大程度上就模仿了教会学校的章程和教学法。浸礼会英国教士李提摩太于光绪二十八年（1902）在太原开办了中西大学堂，后改为西学专斋，这就是山西大学的前身。到1918年，基督教教会在山西各地共开办初级小学139所，高级小学26所。此外，教会还在山西开办了学前教育、神学教育、主日教育、畜牧学校、成人女校、英文补习班等各类学校。

基督教的快速发展也引发了频繁的民教冲突，教士和教民依托公使馆的势力，勾结政府官员，横行乡里，鱼肉百姓，掠夺土地，干涉地方政事，最终导致了山西义和团运动期间大规模的灭洋运动。特别是在山西巡抚毓贤的支持下，对外国传教士毫不手软，“山西教案”席卷全省，“晋省教案之巨”为“各省所仅见”。其中，以震惊中外的“西辕门灭洋事件”最为惨烈。义和团“灭洋”引发了西方列强各国的报复。

1900年6月11日，以解救被围困东交民巷的外国公使为理由，英国西摩尔中将率领英、俄、日、法、德、美、意、奥等八国联军约两万人发起了对北京的进攻。7月21日凌晨时分，慈禧太后携光绪皇帝慌慌张张地经由德胜门逃出了北京，开始“巡幸山西”。逃出北京城，经过在河北的几天奔波后，慈禧一行8月27日进入了山西天镇县。10月19日离开山西永济县，抵达了陕西潼关。流亡政权最终在西安暂时安顿下来。慈禧一行在山西停留的时间共计 53 天，沿途经过了 27 个府、州、县、村，其中在太原停留了 21 天。一路上担惊受怕的慈禧在太原城进行了一段时间的休整，对急需解决的事情进行了简单便捷的处理，特别是她向列强公开表明了剿灭义和团的决心。

20 世纪三四十年代太原天主教教众

尽管慈禧口口声声宣称“爱惜物力，廑念民难”，对路过地方的赋税进行了减免和缓征，但还是难以推卸其侵民、扰民的责任。为了应付“皇差”，地方官员和清兵把方圆几里的粮草搜刮一空，可谓是田禾荒芜，物价腾贵，人民怨声载道。官员乡绅还要出面征发民夫，兴动土木。慈禧太后与光绪皇帝西逃山西，八国联军统帅部放出风声，扬言要进攻太原和西安，威逼恫吓清朝皇室妥协退让，以索取更多的赔偿。八国联军先后增兵 10 万人，分两路进攻山西。一路从直隶的阜平县，经山西五台山的龙泉关、繁峙的倒马关和灵丘县的平型关入侵山西；一路从直隶的易州（今河北易县）、广昌县进攻，通过攻打紫荆关进入山西。在列强各国的重重压力之下，慈禧开始安抚外国“友邦”，以达到尽快议和之目的。

山西教案造成的后果十分严重，影响巨大。在和谈完成后，列强要求单独与山西议定条款，承担款项另作清算。山西各府、州、县，五年之内不得举行文武各等考试。毓贤被流放新疆，途中即被正法。新任山西巡抚岑春煊无奈之下许诺每年还款 100 多万两白银。举步维艰的山西，钱款从何而来？只有采取增加厘捐和征用粮食的办法进行筹款。这场深重的灾难，以赔款、停考和处置官员等各种方式，最终转嫁到了山西人民的头上。从此山西经济更趋萧条，民不聊生，人口锐减，山西经济和社会发展可谓雪上加霜。

山西大学堂的创办与中国近代高等教育的肇始

创办于1902年的山西大学堂，是与北京大学的前身京师大学堂、天津大学的前身北洋大学堂齐名的中国最早的三所大学堂之一。山西近代的高等教育发端之早，于此可见。

1870年，英国威尔士人李提摩太（1845—1919）受浸礼会指派来到中国，先后在山东烟台和青州传教，并在山西赈灾。光绪二十七年（1901）4月，李提摩太由上海到达北京，经与耶稣教各会代表商议后，拟定《上李傅相办理山西教案七条》，面交李鸿章。其中提出由山西出银五十万两，兴办中西大学堂。李鸿章当即表示赞同，并将学校筹办事宜交由李提摩太负责，电告山西巡抚岑春煊与各会教士商办一切。光绪二十八年（1902），岑春煊奏准成立了山西大学堂。李提摩太到晋之后，建议将中西大学堂并入晋省之山西大学堂，为西学专斋。经过官绅详细讨论，并遍询大学堂学生，多数赞成合并。

英国传教士李提摩太像

中西大学堂并入山西大学堂后，原山西大学堂改为中学专斋。中、西两斋各设总理一名，主持大学堂日常校务。两斋教务分离，总理之下设有总教习、副总教习和分教习。同时，从各县新旧生员中择优调入学员400人，两斋各占其一半。光绪二十八年五月二十四日（1902年6月26日），山西大学堂正式成立。光绪二十九年（1903）春，山西大学堂于太原侯家巷购得民地200多亩兴建校舍，次年秋天落成，两斋学生同时迁入。

山西大学堂中学专斋成立之初，课程

太原侯家巷山西大学堂西学专斋教学楼旧址

只有经、史、政、艺四科。西学专斋只设有预科，学习科目分英文、算学、物理、化学、博物、历史、地理等课，英文、算学为主要科目，没有国文。教学方法照搬英国模式，由外国教员讲授，中国人任翻译。光绪三十年(1904)，中学专斋除保留经学外，仿照西斋办法，增加了英、日、法、俄等国语言和数学、物理、化学、地理、历史、博物、图画、体操等新课程。由此，中西斋学生学习科目渐趋一致，也为后来的山西大学办成文理多科综合性大学奠定了基础。

山西大学堂的建立，为中国现代教育的发展做出了重要贡献。其成立后的前十年间，共培养毕业生 500 余名。其中中斋毕业高等科 36 人，高等预科 46 人；西斋毕业专门科 22 人，其余 313 人为预科毕业。为了解决教学所需教材和适应当时全国兴办学堂的要求，李提摩太于光绪二十八年(1902)在上海成立了山西大学堂译书院，先后聘请李曼教授和美国人窦乐安主持，由夏曾佑、许家惺、朱葆琛等人担任翻译，每年经费一万两白银，从西学专斋费用中拨出。译书院曾先后翻译和出版了数十种教学用书和西方名著。其中主要有《迈尔通史》《最新天文图志》《最新地文图志》《欧洲商业史》等，在当时产生了很大的影响。

山西大学堂成立后在全国很有名气。后来山西的武备学堂、师范学堂等在办学模式、开设课程、学校管理等方面都借鉴了山西大学堂的经验和章程。在山西大学堂的影响和带动下，山西境内又相继创办了一批

1905年，山西大学堂即将赴日的留学生合影

高等学堂，如山西农林学堂、山西师范学堂、山西政法学堂、山西实业学堂、山西省立工业专科学堂等。

山西大学堂中西合璧的办学模式和中体西用的立学宗旨也直接影响到中国近代学制的改革。作为中国现代教育的一面旗帜，山西大学堂以其较早引进和传播西方文化，点燃了中国现代文明之火，对于清末学制改革和新学体系的构建产生了巨大影响。

正太铁路与北方现代交通的发展

19世纪末20世纪初，山西开始筹建铁路。早在光绪二十二年(1896)，山西巡抚胡聘之便以省内煤铁蕴藏丰富为由，向清政府提出修筑正太支路的建议，以便连接京汉铁路，方便晋煤外运。但因资金困难等种种因素，工程迟迟未能上马。后山西商务局与俄国取得联系，由华俄道胜银行与山西巡抚并山西商务局合作，共同修筑正太铁路。经过勘测发现，沿线山多路险，铺设宽轨工程艰巨，耗资巨大，所筹经费远远不够，于是便改为铺设窄轨。

光绪三十年(1904)，正太铁路正式动工。经过 3 年多的艰难施工，光绪三十三年(1907)建成通车，成为山西境内的第一条铁路。干线全长约 250 公里，东起石家庄，西至太原，河北境内 80 公里，山西境内 170 公里，中途设有 30 多个车站。正太铁路的建成，将内地的山西与沿海的直隶紧密地联系了起来，方便了山西的煤铁等资源的外运，同时，省外的工业产品也可以通过铁路便捷地输入封闭的山西地区。该路的修筑与通车，也大大推动了山西以至华北现代交通的发展。

几乎在同时，山西境内的另一条铁路京绥铁路山西境内路段也付诸开工。京绥铁路东起北京，西至绥远归绥(今内蒙古呼和浩特)，横贯河北、山西两省的北部，是近代山西对外联系的第二条主干线。在历经 16 个春秋的风风雨雨后，此段铁路直到 1921 年才艰难完工。这条铁路沿途经过山西北部的天镇、阳高、大同等地，将山西北部商业中心城市大同与内蒙货物集散地归化城连接起来，对山西北部的经济发展起到了较大的带动作用。

光绪二十八年(1902)，山西民族资产代表人物刘笃敬为收回英国福公司在山西的路矿权，曾要求建立太原至蒲州的铁路公司，并提出由

太原食品街晋绥铁路银行(1911 年创办)旧址

山西自主商办铁路的计划。光绪三十三年(1907)成立了同蒲铁路公司。直到宣统三年(1911)清政府灭亡的这一年,同蒲铁路公司仅仅修建了从榆次到太谷的35公里路基,进行了榆次一带8公里的轨道铺设。同蒲铁路的修建在清末只是开了个头。民国初年,袁世凯强令推行“铁路国有”政策,并与法国、比利时签订修筑同成(大同到成都)铁路合同,但是并无实际进展。20世纪30年代,在阎锡山主持下,同蒲铁路才告开工。德国工程师认为山西地形复杂,工程费用浩大,建议修筑窄轨铁路。为此,山西设立兵工筑路总指挥部,阎锡山亲任总指挥,调动兵工筑路,直到抗日战争爆发才最后修成,初为窄轨,后改为标准轨道,成为山西纵贯南北的一条主要运输线路。

国际资本挤压中的保矿运动

光绪二十二年(1896),意大利人罗沙第来华考察,对中国内地的矿产资源分布有了初步了解。之后,他在伦敦注册了一个英意联合公司——福公司,资本金仅有两万英镑。不久,罗沙第来华,策划刘鹗和方孝杰成立晋丰公司,并向福公司借银一千万两,向山西商务局请求开采山西境内盂县、平定、泽州、潞安等地的煤铁矿产。随后,与山西商务局签订了《请办晋省矿务借款合同》5条和《请办晋省矿务章程》20条,期限为60年。合同规定,晋丰公司可以独资开办盂县、平定、泽州、潞安所属各地的矿务。但是,由于晋丰公司与福公司有巨额借款存在,山西矿权实质上完全转让给了福公司。在盈利分配上,规定清政府占25%,晋省商务局占15%,晋丰公司占10%,福公司占50%。这实际上是等同于把山西境内的矿权转卖给了福公司。

这种公然出卖资源的勾当一经公布,便受到了有识之士的坚决抵制。在京晋籍官员纷纷上本弹劾时任山西巡抚胡聘之。清政府不得不罢黜胡聘之,并将贾景仁、刘鹗也革职查办,永不叙用,同时将山西矿权的交涉事宜交与总理衙门直接办理。福公司一方面通过英国公使向清政府施加压力，一方面重金贿赂清政府官员。光绪二十四年(1898)四月初二，在总理各国事务衙门的主持下，山西商务局与福公司制订出了《山西开矿制铁以运转各色矿产章程》(简称《章程》)，由商务局转请福公司开采山西矿产，在矿务与开采工程中的一切事务均由福公司总理。《章程》规定：福公司开采范围为山西境内盂县、平定州、潞安府、泽州府、平阳府等地，开采期限为 60 年，全权委托福公司经营。在权益分配方面，抽 5 分作税款上缴国库，6 分作为本金利息，一成作为偿还资本准备金。余额为纯利润，除向清政府上缴二成半外，其余部分完全归福公司。同时，准许福公司以自己的资本修筑为转运矿产所必需的干线及分支铁路。福公司还可以在上述区地修路、造桥、开浚河道，以便于运输煤铁。这一《章程》把山西的矿权拱手送给了福公司。

光绪三十一年(1905)，正太铁路修筑到煤炭资源丰富的阳泉。福公司立即派人到平定等地勘查矿苗，并要求一律封禁民间煤矿，以便由其垄断开采。这一行动进一步激怒了山西民众。为了维护矿权，山西朝野各界人士、海外留学生和晋籍京官奋起抗争，掀起了声势浩大的收回矿权运动。被罢黜的原山西巡抚胡聘之心怀悔恨，返晋加入保矿运动。不久，山西知识界开始声援。万余山西留日学生向山西商务局和山西巡抚电询出卖矿权真相，并向晋籍京官发去电文，要求他们尽力帮助山西废约，自办山西矿务。山西大学堂的学生纷纷罢课抗议，进而组织游行示威。省城各中学堂、师范学堂也积极响应，罢课抗议。太原学界的举动很快波及全省各地各界，

1925 年山西保晋公司董事会合影

许多州县商、绅、学、官等纷纷集会，声援争矿。运动逐步由省内波及省外，由学界发展到绅、商各界，规模日益扩大。在东京政法大学留学的山西阳高籍学生李培仁，得知矿权丧失后，在二重桥蹈海自杀，希望以此来唤醒国人的自主意识。之后，在日的晋、豫、秦、陇四省留日学生分别在九月十一日和九月十八日两个星期天召开追悼会，参加者多达千余人。十月二十三日，在省城太原召开隆重的追悼大会，各界3000多人参加，纷纷表示不收回矿权决不罢休。这一事件将保矿运动推向了高潮。

由于害怕事态发展下去会引起国际干涉，已升任山西商务局总办的刘笃敬主张由废约保矿转变为赎矿自办，承认可以给福公司付出一定的赔偿。光绪三十三年(1907)春，保晋矿务公司正式成立，公推渠本翘担任第一任总理。公司成立后，加快了与福公司的谈判进程。光绪三十四年(1908)，在清政府外务部出面调停下，由山西商务局和福公司签订了《赎回开矿制铁转运合同》12条，福公司同意山西用275万两白银将平定、盂县、泽州、潞安、平阳等地的矿产权赎回自办，从而粉碎了英帝国主义染指山西矿权的美梦。

历时两年多的山西保矿运动的胜利，在中国近代爱国运动史上书写了辉煌的一页。在收回矿权的同时，山西绅商组织的保晋矿务公司成为近代山西最大的民营采煤企业，对推动山西的近代化做出了重大贡献。

太原首义：辛亥革命中的“南响北应”

1905年，孙中山领导的同盟会在日本东京成立。山西留日学生中的谷思慎、王荫藩、何澄、荣炳、王用宾、温寿泉、乔熙、张瑜、阎锡山、赵戴文等较早地接受了同盟会的政治纲领，相继入盟，成为中国早期同盟会会员。其中何澄、阎锡山、温寿泉、乔熙、张瑜等人还加入了同盟会内部组建的秘密纯军事性质的干部组织——“铁血丈夫团”。1906年至

姚以价像

阎锡山像

温寿泉像

1909年间，这些留日的山西籍同盟会会员相继返晋。他们创办了《晋学报》(后改为《晋阳白话报》)、《晋阳公报》等报刊，发行于省内各州县，宣传革命道理，扩大革命影响。温寿泉、阎锡山、张瑜等一批就读于日本士官学校的同盟会会员回国后，由于懂得军事，分别被安置到山西陆军督练公所和陆军小学堂。1910年12月，山西陆军的原任标统先后去职，黄国梁、阎锡山以教官身份相继出任第85、86两标标统，直接掌握了兵权，并在士兵中深入开展工作，宣传革命。到辛亥革命爆发时，驻防省城的军队主力已经基本掌握在阎锡山等革命党人的手中。山西同盟会会员从革命党人在南方发动的几次起义的失败中汲取教训，确定了“南响北应”的战略方针，即革命军一旦在南方举义，便从山西、陕西出手接应，山西出兵井陉，截断京汉铁路，陕西出关中攻击洛阳。

武昌起义爆发后，新上任的山西巡抚陆钟琦会同第43协协统谭振德以及督练公所总办姚鸿发等，紧急决定将黄国梁的第85标开往蒲州，协同巡防队防堵陕西革命军东渡，并拟将阎锡山的第86标调往代州。同盟会骨干阎锡山、温寿泉、赵戴文、南桂馨、乔煦等紧急会商于黄国梁家中，决定立即响应武昌革命，在太原发动起义。

经过一番秘密串联部署后，1911年10月29日凌晨，领到弹药的第85标两营在管带姚以价统领下，由南城外狄村营盘起兵，打响了起义第一枪。由于事发突然，从睡梦中惊醒的巡抚衙门卫队措手不及，四散逃逸。巡抚陆钟琦中弹身亡，义军很快便攻占了巡抚衙门。第86标统阎锡山派第二营排长陈锦文守护军装局，模范队队长张培梅等率队赶

孙中山太原演讲旧址（今太原文瀛公园内）

到抚署九仙桥，右队队官王瓒绪等率队到达抚署东，将驻扎在小二府巷守卫抚署抗拒起义部队的巡防马队打散。在新满城，第 85 标的攻击部队受到了驻防旗兵的顽强抵抗。阎锡山亲率 86 标一部赶往支援。守军逐渐不支，竖起白旗投降。新满城的攻占，意味着太原全城光复，清廷在山西的专制统治宣告结束。由于山西处于京畿附近，太原的光复对清廷触动很大，牵制了清军南下，为辛亥革命的进一步深入做出了巨大贡献。

太原光复后，晋南、晋北各地也发动了起义，一时间山西成为革命党的天下。清政府不能坐视不管，派第六镇统制吴禄贞进攻山西。素有革命志向的吴禄贞拟同阎锡山一起组织燕晋联军攻占北京，后因吴的被刺而失败。随后，袁世凯又派曹锟的第三镇进攻山西。由于抵抗失利，以阎锡山为首的山西民军采取了战略退却，收缩到晋北、晋南。1912 年，随着南北议和的达成，清帝退位，袁世凯就任中华民国临时大总统，任命阎锡山署理山西都督，省内秩序逐步趋于恢复。

1912 年秋，安定下来的山西迎来了孙中山先生。让位于袁世凯后的孙中山决心致力于经济建设，袁世凯授予其“筹划全国铁路全权”。孙中山专列抵达石家庄，山西同盟会会员景梅九等专程等候迎接，阎锡山派出卫队 200 名到石家庄护卫。各团体到车站迎接者多达 3000 余人，欢迎的队伍从火车站一直排到新南门大街。9 月 19 日上午，孙中山先生出席山西军政界在山西大礼堂举行的欢迎会，发表了热情洋溢的演讲，高度赞扬了山西响应南方起义、牵制清军南下的功绩。称“武昌起

义，山西首先响应，共和成立，须首推山西阎都督之力为最。今非享福之时，尚须苦心建设十年后，方可言享福”。孙中山先生一共在太原逗留了3天，除出席各界欢迎会外，还在阎锡山的陪同下会见了山西同盟会会员，游览了太原城，考察了实业情况。当他了解到山西的资源情况后，很有远见地提出：“在山西建设一大炼钢厂，制造最新武器，发展独立的军事工业，以供给全国扩张武备之用。”9月21日上午，孙中山结束了他的山西之行，乘车离开太原。

“造产救国”计划与山西近代工业的发展

1917年，阎锡山兼任山西省长，掌握山西军政大权，推行“六政三事”、“村本政治”、发展教育等措施，山西社会有了较大进步，实力也有所增强。1930年，阎锡山与冯玉祥等反蒋势力联合，与蒋介石展开中原大战，失败后被迫下野，离开山西。1932年2月，阎锡山被国民政府委任为太原绥靖公署主任，重掌山西军政大权，以“造产救国”相号召，提出“十年建设计划”，制定了《山西省政十年建设计划案》（简称《计划案》）。《计划案》分为总则、省建设之部和县建设之部三部分，从1933年开始实施。受益于《计划案》对公营事业的倾斜，山西的公营经济在原有基础上迅猛发展，先后设立了山西省银行、绥西垦业银行、晋绥地方铁路银号、晋北盐业银号“四银行号”，并设置了实物准备库，修筑了同蒲铁路，成立了西北实业公司等。

修筑同蒲铁路是十年省政建设中的重点工程。同蒲铁路全线长约850公里，以太原为中心，南段长500多公里，北段长约300公里。于1933年5月1日正式开工兴建。南段于1936年元旦提前完工并通车营业；北段由于地形复杂，进展较为缓慢，到1937年七七事变时才修到怀仁，距原计划的终点还差15公里。除了干线外，还修筑了总长180公里的5条支线。全线总长度超过1000公里。同蒲铁路的修筑，既没有向

太原府西街山西银行(民国年间创办)旧址

外国借款,也没有得到南京国民政府的拨款,完全凭借山西一省之力完成,可以说是一个奇迹。为了节省费用、降低成本,同蒲铁路采用窄轨,费用仅是宽轨的20%。

十年省政建设中的另一个巨大成绩是西北实业公司的创立和壮大。1932年1月,阎锡山复出之前便派人在太原设立了西北实业公司筹备处,开始进行勘察和规划。经过一年多的筹划,西北实业公司于1933年8月1日正式成立,阎锡山自兼经理,由协理彭士弘具体管理,下设总务、特产、矿业、化工、纺织5组。1934年9月,西北实业公司进行了改组,由此进入大发展时期。原有的厂矿分别组成西北铸造厂、西北机车厂、西北农工器具厂、西北水压机厂、西北机械厂、西北铁工厂、西北汽车修理厂、西北电气厂、西北枪弹厂、西北育才炼钢机器厂、西北化学厂等11厂。与此同时,新建的西北煤矿第一厂、西北窑厂、西北洋灰厂、西北皮革制作厂、西北印刷厂、西北制纸厂、西北毛织厂、西北火柴厂、西北石化厂,以及西河口铁矿采矿处、静乐锰矿采矿处、宁武铁矿采矿处等厂矿相继建成投产,规模宏大的西北炼钢厂也开始动工兴建。到七七事变前,短短四年之中,公司所辖的工矿企业便发展到33个,拥有员工2万余人。

1932年开始的以"造产救国"为主题的十年省政建设,虽然在计划案中政治、经济无所不有,但真正实施的主要是经济建设。这一省政建设使得山西经济从中原大战的沉重打击中摆脱出来,进而抵制日货倾销,增强自身实力,并且对促进近代工业的大发展起到了不可忽视的作用。

第十章

走向新中国

（从五四运动到解放战争）

概述

五四运动的爆发和马克思主义的传播，促进了山西党团组织的成立，使得中国共产党的力量在山西开始发展和壮大。抗日战争开始后，山西成为华北敌后抗战的立脚点、出发地和主战场，作为敌后抗战的战略支点，支持了整个中国的抗日战争。抗战前夕，红军东征播撒了革命火种，绥远抗战开启了中国人民抗战的先声。山西是全国率先形成抗日民族统一战线的省份，在抗战前夕就形成了团结抗战、全民抗战的良好氛围，成为群英荟萃的敌后抗战中心。红军改编入晋和创建三大抗日根据地后，开辟了晋东北、晋西南、晋西北、晋东南等抗日根据地。在山西这块土地上，八路军、晋绥军、中央军共赴国难，先后进行了忻口战役、百团大战、中条山战役等影响全国战局的战役。

八年抗战，山西为全国抗战做出了重大贡献，付出了巨大牺牲。八路军驻晋办事处、八路军总部、中共中央北方局、牺盟会、山西新军、第二战区战地总动员委员会（简称“战动总会”）、民族革命大学、抗大分校等军政机构和文化教育团体，还有在山西抗战中牺牲的刘志丹、左权、张友清、郝梦龄、武士敏、梁鉴堂、姜玉贞、何云、李林、陈光华等，用史诗般的事实记载了山西抗战的苦难与辉煌。

抗日战争胜利后，阎锡山加紧对山西各地的控制，留用日军人员，剥夺民众地产，强抓民夫，乱派捐税，为消灭共产党及其武装力量做准备。解放战争爆发后，山西成为全国解放战争的战略基地。上党战役的胜利，为实现中共中央“巩固华北，争取东北，坚持华中”的战略开了个好头。随后，山西境内的解放军及广大解放区民众在党中央的统一领导下，以一系列内线攻势配合外线作战，发动了晋北战役、大同战役、吕梁战役、汾孝战役、晋南攻势、正太战役。刘邓大军和陈谢部队南征后，又发动了运城战役、临汾战役、晋中战役，大量歼灭国民党军队的有生力量，为贯彻“以主力打到外线去，将战争引向国民党区域”这一战略方针作出了贡献。为策应平津战役的部署，太原的解放推迟了好几个月。山西各解放区为此承受了巨大的负担，以局部的、暂时的牺牲换来全局的、长远的利益。

山西是全国解放战争的后勤基地，又为全国输送了大批军政干部。从 1948 年 11 月到 1949 年 6 月，山西各解放区南下的区级以上干部达 1 万余名，连同随军南下的其他干部及后来由部队转业的干部有两万名以上。这两万余名干部，以天下为公的精神和四海为家的胸怀，离土别乡，在战火纷飞的斗争中跟随部队前进，克服艰难险阻，奔赴全国新解放区，和当地干部密切配合，团结一致，在接管政权、剿匪反霸、土地改革、民主建设以及新中国成立后的社会主义建设事业中，付出了艰辛的劳动，取得了卓越的成绩，发挥了极为重要的作用。

五四运动与山西党团组织的建立

五四爱国运动在北京爆发后，迅速波及全国。消息传到山西，全省人民立刻沸腾了。在五四运动的巨大浪潮中，山西的青年学生一致行动了起来。

高君宇像

1919 年 5 月 7 日，山西省城太原 11 个大中学校的学生两千余人，在海子边中山公园集会。大会宣布太原市大中学生联合会(亦即山西学生联合总会)成立，并组织了集体示威游行。山西省学联发表《山西学生联合罢课宣言》，随后省内各地的大中学校纷纷罢课，支持北京学生的斗争。6 月 6 日，太原大中学校 5000 余人和许多市民、店员、工人游行示威，声援北京学生运动。6 月 28 日，中国代表团拒绝在《巴黎和约》上签字，五四爱国运动的直接斗争目标得以实现。这一胜利的取得，无疑是全国民众的胜利。作为整个爱国洪流中的一部分，山西的爱国运动自然功不可没。

王振翼像

五四爱国运动的浪潮，使山西的青年学生经受了风雨，得到了锻炼。1919 年 8 月，原省立一中学生高君宇与省立一中学生王振翼、贺昌等人创办山西第一个宣传马克思主义的报刊《平民周刊》。此后，太原 10 多所大中学校和部分县中学的进步师生纷纷组建宣传新思想、反对封建专制的进步社团，筹建书社，创办进步刊物。这些宣传新思想、新文化的书刊对青年知识分子进行启蒙

贺昌像

山西省立第一中学旧址(今太原文瀛公园内),中共太原支部1924年5月在此成立。

教育,为中国共产党和中国社会主义青年团地方组织在山西的建立准备了思想与组织条件。

1921年5月1日,继北京、上海等地之后,实际具有一省性质的青年团组织——太原社会主义青年团宣告成立,王振翼当选为团的负责人。1921年7月,中国共产党在上海宣告成立,这是改变中国历史进程的大事件。共产党组织的出现,进一步激励了各地社会主义青年团的工作。在太原团地委的领导下,山西社会主义青年团的工作有了很大程度的发展。经过3年多革命斗争的实践,在马克思主义的传播和组织建设方面已臻成熟,并涌现出一批斗争坚决、觉悟较高的无产阶级先进分子,为中国共产党山西地方党组织的建立奠定了基础。1923年,高君宇受中共北京区委的委托,陆续批准贺昌、李毓棠等一批社会主义青年团员转为中国共产党党员。为适应国共合作形势的要求,1924年5月底,高君宇受李大钊的委托,在省立一中秘密召集李毓棠、张叔平等人开会,成立了山西第一个中共党支部——中共太原支部,隶属中共北京区委领导。

中国共产党太原地方组织刚一成立，就致力于推进山西的国共合作。1924 年 5 月 31 日，山西的 60 余名党、团员以个人身份加入国民党。1926 年 4 月至 5 月，山西的国共组织协商，决定共同组建国民党山西临时省党部执行委员会，决定两党共同一致反对帝国主义、反对封建军阀。山西共产党与在山西的国民党左派一起，与国民党右派进行斗争，促进了山西第一次国共合作的顺利进行。从此，山西现代历史翻开了新的一页。

山西地区最早的红军队伍

1927 年大革命失败后，中国共产党的活动重新转入地下。1930 年中原大战后，阎锡山下野。1931 年 5 月，中共山西特委决定抽调在高桂滋部中秘密发展的一部分共产党员，在拓克宽、阎红彦的领导下，到晋西山区开展武装斗争，组建中国工农红军晋西游击队第一大队，共 30 余人。晋西游击队是中共山西地方组织领导的第一支工农武装。根据中共山西特委的指示，一个时期之内活动于汾（阳）、孝（义）、中（阳）、离（石）边地区。他们学习中央红军的“三大纪律六项注意”和游击战战术，经常化整为零，发动群众，打土豪、除恶霸、分粮食、分牛羊，深受广大群众的拥护和支持，不少青年纷纷参加游击队，不到一个月的时间，队伍扩大了一倍多。5 月下旬，驻汾阳县永安镇的政府军一个排起义，游击队发展到 90 多人，长短枪 80 多枝。到 8 月间，在吕梁山区的汾阳、中阳、离石、孝义之间建立起东西 40 余公里、南北 60 余公里的一块游击根据地。8 月下旬，在新任山西省政府主席

谷雄一像

赫光像

徐永昌调集重兵的"围剿"下，晋西游击队西渡黄河，与陕北刘志丹、谢子长领导的游击队会合，组创红二十六军，成为陕北红军的骨干。

在组建晋西游击队的同时，中共山西特委的兵运计划以高桂滋部为目标开始实施。高桂滋部原属冯玉祥国民第二军，官兵多为陕西人，第一次国内革命战争时期驻扎河南。中原大战参加反蒋联合阵线，战败后退入山西，驻在平定一带，归正太护路军司令孙楚节制。在中共山西特委的努力下，驻平定的高桂滋部队伍中，中共党员已发展到五六十人，且大多是营、连、排长等中下级军官。1931 年 7 月 4 日晚，在专门负责兵运工作的中共山西特委委员兼军委书记谷雄一的具体部署下，高桂滋部第一团 8 个连 1200 余人在平定宣布起义，史称"平定起义"。经过激烈战斗，一度攻占县政府，随即撤出，到盂县清城村整编。7 月 5 日，起义部队打出"中国工农红军第二十四军"的旗帜。中共山西特委领导下的又一支工农武装宣告诞生。

根据中共山西特委的决定，红二十四军以赫光为军长，窦宗融为副军长，谷雄一为政治委员。部队临时编为两个纵队，北上五台一带建立根据地。11 日到达五台县柏兰镇。因五台境内有重兵驻防，谷雄一改变在五台山建立根据地的计划，决定在晋冀交界的阜平一带建立根据地。7 月 17 日，红二十四军攻克阜平县城。之后，与中共阜平县执行委员会在县城召开全县劳苦群众代表大会，80 多个村镇的代表参加了大会，选举产生出中华苏维埃阜平县政府。

平定起义、红二十四军的组建以及阜平苏维埃政府的成立，在山西乃至整个华北地区引起了极大的震动。有鉴于此，当年 8 月，原属石友三部的新编陆军第一师师长沈克奉坐镇北平的张学良之命，诱捕了红二十四军的主要领导人谷雄一、窦宗融、赫光等。失去领导骨干的红二十四军被迫撤离阜平。余部跨越晋北，转战至陕北。部分战士参加了陕北刘志丹、谢子长领导的红二十六军，继续战斗。

红军东征播撒革命火种

红军长征到达陕北后，为挽救民族危亡，决定渡过黄河，开赴山西，实现对日直接作战，同时完成扩红、筹款、赤化等任务。1936 年 2 月，中华苏维埃中央政府和西北革命军事委员会组织了中国人民红军抗日先锋军，下辖红一军团、红十五军团和红二十八军，以毛泽东为政治委员、彭德怀为司令员。17 日，发表东征宣言。20 日夜，红军以迅速的动作，东渡黄河，在中阳南三交和石楼辛关渡一举突破晋绥军的河防工事和碉堡封锁线，直捣晋西军事重地三交镇。紧接着主力部队陆续过河。进入山西境内后，红军分兵三路，迅速拓展。徐海东部直逼太原近郊。

面对突然而至的东征红军，阎锡山一面命令抢占中阳县属的关上村，作为阻击红军前进的阵地；一面命令"中阳石楼两县长督饬团队及民众固守待援"。同时，迅即召开"剿共"会议，调整军事部署。3 月 6 日，阎锡山下达了总攻击令，晋军发起汾孝会战。面对红军的凌厉攻势，阎锡山急请蒋介石派兵"协剿"红军。三路援军先后入晋。一路由风陵渡过河，经洪洞、赵城向隰县"进剿"；一路由平汉路转正太路入晋，经汾阳向中阳方面"进剿"；一路由道清路入晋，经晋城北上。3 月中旬，蒋介石再调中央军汤恩伯部等入晋，又派空军一队进驻太原，配合地面部队作战。是时，中央军入晋部队已达 12 万之多。面对晋军和中央军的合力围攻，红军已经失去了顺利作战的机遇和开赴河北等抗日前线，实现直接对日作战的可能性。从保存国家国防力量的大局出发，中共中央决定于 4 月底 5 月初撤回陕北。

东征期间，红军与晋军、中央军进行了激烈的战斗。红二十四军军长刘志丹等壮烈牺牲。红军击溃了晋军 30 多个团的围追堵截，歼敌 13000 余人，俘虏 4000 余人。同时，东征红军广泛开展群众工作，建立地方组织与民主政权，发动群众参加抗日斗争，组建妇救会、农会等基

石楼县城东郊岔沟村红军东征纪念馆

层组织，使在阎锡山军阀统治下的山西民众认识到了中国共产党是真正抗日救国的力量，红军是为天下老百姓求翻身得解放的人民军队。广大民众的觉醒及基层组织的建立，为日后建立抗日根据地奠定了坚实的组织基础与群众基础，动摇了阎锡山的统治。东征红军从 2 月 20 日渡河到 5 月 5 日回师，历时 75 天，转战山西 50 余县，扩充红军 8000 余人，筹款 50 余万银圆，基本实现了战略目标，并为其后与阎锡山地方政权首先建立抗日民族统一战线埋下了伏笔。

可以说，红军东征奏响了中国共产党领导下的人民军队奋起抗击日本侵略者的序曲，为在山西建立抗日民主根据地奠定了坚实的基础，是中华民族实现独立、中国革命走向胜利极其重要的里程碑。

绥远抗战：中国人民抗日的先声

1936 年夏初，被日军扶持的内蒙古苏尼特右旗札萨克王位的继承者——德穆楚克栋鲁普（德王）在日本特务机关的指使和操纵下，多次

犯绥，日军也从空中予以配合。时任绥远省（今内蒙古自治区中部，简称绥）主席傅作义，在蒋介石、阎锡山支持下，坚决抵抗日寇势力的进犯。1936 年 10 月 11 日，晋绥抗战的中国军队编成。傅作义为总指挥。11 月 15 日，伪军 5000 余人，在日本驻察北特务机关长田中隆吉的指挥下，由日本飞机掩护，从商都出发，向绥远门户——红格尔图发起进攻。驻守红格尔图的晋绥骑兵赵承绶所部根据事先部署奋起反击，是为红格尔图保卫战。绥远抗战由此正式拉开战幕。经过 3 日激战，伪军败退，结集于百灵庙。

11 月 23 日夜，晋绥军傅作义部孙兰峰旅、赵承绶部孙长胜旅经过大约 150 公里的长途行军，抵达百灵庙外围。午夜，发起总攻。经过十几小时的激战，于次日上午胜利收复百灵庙，日本特务机关长田中隆吉乘飞机逃脱，残敌败溃。整个战斗共毙伤日伪军 500 余人，俘获日伪军 200 余人，并缴获大量日伪文件和弹药辎重。此后，傅、赵两部又乘胜出击，孙长胜骑兵部队一举收复了百灵庙以东日伪盘踞的另一个重要据点——大庙。此战基本肃清了绥远境内的日伪军。绥远抗战以打退日伪进攻、收复百灵庙等地的胜利载入史册，被誉为“中国人民抗日的先声”。

绥远抗战的胜利在山西乃至全国引起强烈的反响。一时间，以舆论为导向，以募捐为主要形式的援绥抗日运动遍及长城内外、大江南北。中共中央首先发出贺电，随即又密派南汉宸携带锦旗赴绥慰问。接着，国内各大小报纸纷纷载文，称颂绥远抗战是“不平常的战役，揭开民族历史上的新页”。“不仅取得中华民族史上光荣地位，且已作为中华民族史上重要的转折点，史迹昭垂，万世不磨。”[①]战役期间，各界人士纷纷以实际行动支援绥远前线。为集资援助绥远的抗日将士，北平学生发起绝食一日活动。著名爱国华侨陈嘉庚捐赠大量医药物资给绥远前线部队。上海的民族资本家王晓

傅作义像

①全国政协文史资料研究委员会编：《傅作义生平》，第 451 页。

籁、著名民主人士黄炎培等甚至亲赴绥远慰问。晋绥军将领亦纷纷解囊捐助。太原市各学校还成立学生救国会，停火节食，开展募捐。募捐活动由学校遍及于商界。一时间，在全省掀起了抗战御侮的热潮。

山西率先形成抗日民族统一战线

九一八事变后，太原出现了各类抗日救亡群众团体。1936 年九一八事变 5 周年纪念日，山西牺牲救国同盟会筹备委员会在太原市海子边召开万人宣传大会。10 月 18 日，山西牺牲救国同盟会（简称牺盟会）在太原国民师范正式成立，阎锡山亲任会长。牺盟会成立后，保守有余，进取不足。阎锡山认为要使牺盟会真正发挥抗战救国的作用，还得靠善于发动群众的共产党人中的山西能人来帮忙。于是，他派郭挺一请刚刚出狱的薄一波返晋。10 月下旬，薄一波带着中国共产党的统一战线使命，与中共中央北方局的杨献珍、韩钧、董天知、周仲英等人陆续来到山西。

薄一波到山西后，迅速对牺盟会进行了改组，一批中共秘密党员进入牺盟会的各级领导岗位。改组后的牺盟会仍戴着山西“帽子”，但其性质已经发生了变化，它已由山西国民党地方政权的官办团体变为具有抗日民族统一战线性质的组织。

1936 年 10 月，中共与山西地方政府之间的统一战线取得突破性进展，双方商定在太原建立中共和红军驻晋秘密联络机关，由彭雪枫负责。1937 年初，联络处成立后，与薄一波领导的公开工作系统及张友清领导的中共山西工委密切配合，首先促使被阎锡山关押的中共领导人王若飞无条件获释。随后，关押在太原陆军监狱和太原第一监狱的共产党员及其他革命者 200 余人、东征期间被俘关押在训导院的 200 余名红军战士也相继获释。

改组之后的牺盟会承担了“训练 30 万武装民众”的任务。1936 年 12 月，牺盟会开始训练 1000 名“临时村政协助员”的工作，给山西的救

长治市城区牺盟会旧址

亡运动“尽了一个开辟荒原的任务”①。村政协助员3个月下乡工作结束之后，牺盟总会按照预定计划，从60万牺盟会员中挑选出两万名招收为国民兵军官教导团的成员。从1937年4月开始，分别集合在崞县、忻州、祁县、太谷、寿阳、平遥等处，组成10个团进行训练。教导团的军事干部出自晋绥军，政治干部则由军政训练委员会派出。政治部主任都由共产党员和左派人士担任。教导团实行政治化、主义化的训练，并建有系统的政治制度，团设政治部，营与连队均设政治指导员，排设工作员。

与此同时，牺盟会还接办了军政训练班，成立了民训干部团，成员主要是来自北平、天津、上海、河南与湖北等22个省市的青年和海外华侨青年，其中有不少共产党员和进步青年，人数达到4500人。此后，又设立了政治工作人员训练班、冲锋士士训练班、妇女运动训练班、寒假或暑假训练班、牺盟干部训练班。抗战开始后，还开办了游击干部训练

①薄一波：《七十年奋斗与思考》上卷，第215—218页。

太原国民师范学校旧址

班。这些侧重点各不相同的训练班，不仅在全面抗战爆发前的山西形成了牺牲救国抗日图存的火热政治局面，而且为日后持续 8 年的敌后抗战做了人才的准备。特别是国民兵军官教导团 10 个团的建制，为抗战爆发后的紧急关头组建的抗日武装“山西抗敌决死纵队”起了奠基的作用。牺盟特派员训练班则为牺盟会县以上组织的建立做了干部的准备。其他各种形式的训练班都为抗战动员准备了各个方面的干部。

与大规模的民众训练相伴随，山西的抗日救亡运动很快就走到了全国的前列。牺盟会的成立、红军驻晋秘密联络处的建立、国民兵军官教导团的组建及各类训练班的设立，使抗战前的山西各个阶层得到了充分的发动，在全国率先建立了特殊形式的抗日民族统一战线。抗战爆发后，随着中共与阎锡山合作组织的，以续范亭为主任委员的、具有政权性质的第二战区民族革命战争战地总动员委员会的正式建立，山西的抗日民族统一战线形式和内容更为完备，在全国独树一帜。

红军改编入晋与三大抗日根据地的创建

抗战爆发后，红军多次发表通电，向国民政府要求开赴抗日前线。1937年7月14日，中国共产党(简称中共)宣布红军实行自我改编。7月15日，中共代表向国民政府递交了《中共中央为公布国共合作宣言》。8月22日，国民政府军事委员会宣布红军主力部队改编为国民革命军第八路军。8月25日，中国共产党中央革命军事委员会正式发布红军改编命令，将中国工农红军第一、第二、第四方面军和陕北红军改编为国民革命军第八路军。9月11日，按照全国统一战斗序列，改成第十八集团军，以朱德为总指挥，彭德怀为副总指挥，叶剑英为参谋长，任弼时为政治部主任。下辖一一五师(师长林彪，副师长聂荣臻)、一二〇师(师长贺龙，副师长萧克)、一二九师(师长刘伯承，副师长徐向前)3个师，全军共计46000人。与此同时，还由各主力部队抽调部分部队组成八路军后方留守处，担负保卫陕甘宁边区的任务，萧劲光任主任。

红军主力改编为八路军后，立即开赴山西抗日前线。按照原定部署，八路军应部署在以恒山山脉为中心的晋、察、冀交界地区，向沿平汉路南进和沿平绥路西进之敌实行侧后的游击战，袭扰、牵制和打击日军。随着华北战局的急剧变化，中共中央和毛泽东决定，将八路军3师主力由原来的集中配置改为分散配置，展开于山西各战略要地，进行独立自主的游击战争。

1937年9月中旬，第一一五师到达晋东北，开始创建山区抗日根据地。10月初，在政委聂荣臻率领下，以五台为中心，分别向察南、冀西、五台、定襄、平山和盂县4个地区展开，配合地方党组织、牺盟会、战动总会，迅速打开了晋东北、察南和冀西一带的抗日局面。由杨成武率领的独立团则收复了广灵、灵丘、蔚县、阳原、浑源、易县等县城，开始向平西、平绥和平汉路北段挺进，在晋察冀边区的北部打开了局面。由赵尔陆率领的工作团和部分部队开辟了晋察冀边区西部的游击区。由王平率领的工作团和刘云彪率领的骑兵营，使以阜平为中心的晋察冀边区的腹心地区局面逐步稳定。由刘建屏和刘道生率领的工作团和小部队活跃在正太路以北的山地，并在井陉、获鹿、正定、平定、阳泉、寿阳等地农村组织游击队，使晋察冀边区的南部也出现了新的局面。晋东北、察南、冀西一带抗日游击区的顺利开辟，为创建晋察冀根据地创造了条件。

1938年1月，晋察冀边区抗日民主政府正式成立，全边区统一的工救会、农救会、妇救会、青救会相继成立。到1938年3月，边区已组织起来的群众达80余万人。群众抗日积极性空前高涨，不仅平汉路以西、平绥路以南、同蒲路以东、正太路以北的广大地区成为边区政府管辖和活动的范围，冀中亦成为晋察冀抗日根据地的重要组成部分。这样，晋

武乡砖壁八路军总部旧址

察冀边区就从一个游击区扩大转变成为了一个巩固的抗日根据地。

第一二〇师于1937年9月下旬到达晋西北后，在神池、五寨、宁武、崞县、保德、河曲、偏关、岢岚、静乐、忻县、临县、兴县等地，组织起游击队和自卫队1万余人。其在五台山地区的第三五九旅则深入冀西平山、井陉地区，组织抗日游击队。在晋西北的第三五八旅派出大批工作团，帮助各县建立起自卫队和游击队。在大同日军南下、雁北敌军兵力较为空虚的情况下，第一二〇师在北起左云、右玉、清水河，南至汾（阳）离（石）公路的广大晋西北区域内，与中共晋西北临时省委、战动总会、牺盟会、新军密切合作，开展游击战争。太原失守以前，晋西北的广大地区变成了游击区，打开了中共中央和敌后各战略根据地的通道，为晋西北抗日根据地的形成创造了基本条件。

第一二九师到达晋东南后，开展创建太行太岳抗日根据地的斗争。1937年冬季，由第一二九师派出的八路军工作团在宋任穷率领下，到达沁源、沁县、屯留、安泽地区。在这之前的9月底，山西青年抗敌决死第一纵队在薄一波带领下，进抵沁县、沁源、安泽为中心的太岳北部山区。薄一波利用山西第三行政区政治主任的合法身份，放手发动群众，委派县长，组织大批工作队，到以沁县为中心的第三行政区13个县组织人民抗日救国会、自卫队，推行合理负担，扩大部队，建立游击队。11月，中共晋冀豫省委在沁县建立了以安子文为首的太岳工委，负责领导同蒲路以东，襄垣、高平以西，曲沃、高平以北的党的工作。这几支力量携手合作，扫除了退居此地的国民党第三、第十七、第九十三、第九十八军溃兵的骚扰，逐步地派遣共产党员和进步分子到各县担任县长。到太原失守前夕，初步打开了抗日局面。

太原失守后，第一一五师师部率第三四三旅进至赵城、洪洞，经汾西、双池镇，到达汾阳、孝义地区，开创吕梁山抗日根据地。一面派出游击支队，在文水、交城、太原等地展开活动，一面组织工作团，深入汾西、灵石、孝义、石楼、永和等地，与中共山西省委、牺盟会、决死第二纵队密切配合，发展地方抗日武装，扩大八路军部队，建立群众组织，重建、改造县级政权，开创了吕梁山抗日斗争新局面，晋西南抗日根据地初步建立起来。各抗日根据地的创建，为山西成为敌后抗战战略支点奠定了基础。

敌后抗日战争的战略支点

抗日战争时期，在山西这块土地上，八路军、晋绥军、国民党中央军联手，先后发动了平型关伏击战、忻口战役、百团大战、沁源围困战、中条山战役等影响全国战局的战役，山西成为中国抗战的战略支点。

平型关位于山西灵丘和繁峙交界处，地势极为险要，历来为兵家必争之地。1937 年 9 月 25 日凌晨，日军板垣师团第二十一旅团后勤辎重部队进入八路军第一一五师伏击圈。第一一五师将“口袋”紧紧扎住，居高临下，突然向敌人发起猛烈进攻。日军虽有飞机、大炮等现代化装备，

灵丘平型关战役遗址

平定八路军七亘大捷纪念碑

但在这沟壑纵横的平型关却失去了威力。除少数日军企图攻占平型关阵地的制高点——老爷庙外，大部分日军只能在山路上被动挨打。八路军战士的步枪、刺刀、手榴弹发挥了巨大的威力。经过整日激战，八路军将士把被包围在小寨村至老爷庙山沟公路上的敌人全部歼灭，取得了歼敌1000余人的胜利。平型关伏击战是八路军出师抗战以来的第一个大胜仗，也是全国全面抗战以来的第一次较大规模的对日作战。它打破了当时弥漫全国的"日军不可战胜"的神话，振奋了民心，鼓舞了士气，有力地配合了国民党正面战场，扩大了共产党和八路军的政治影响。

忻口，位于原平与忻县之间，是晋北通向太原的门户，也是保卫太原的最后一道防线。忻口战役历时21天，从1937年10月13日开始至11月2日结束。战役中第二战区投入兵力17万人，日军投入兵力9万人。这是抗战初期华北战场规模最大、战况最激烈的一次战役。八路军发动的平型关、雁门关、阳明堡、七亘村伏击战，对正面战场起到了积极

忻口战役纪念碑

的配合作用。忻口战役中，我军伤亡5万人左右，歼敌2万人左右，全体将士不惜牺牲，英勇顽强，以惊天地、泣鬼神的大无畏英雄主义气概，与日军精锐主力进行了一场场恶战。虽然由于种种原因，没有取得最后的胜利，但其意义却是不可低估的。它迟滞了敌人对华北的进攻，有力地消耗了敌人，打击了日军“三个月即可解决中国事件”的幻想，粉碎了日军由西北而西南的迂回包抄，为实现全国范围的持久抗战做出了重大贡献，为日后两党两军团结抗战提供了示范。

武汉失守后，随着日本最高统帅部侵华方针的改变，国民党加紧了对日妥协投降和反共防共的步伐。1939年1月，国民党五届五中全会召开，大批国民党军队从对日作战正面战场的前线转向华北、华中，不断制造反共摩擦。日军则把战略进攻重点指向华北各抗日根据地，对这些地区进行轮番的大“扫荡”，对抗日根据地形成分割、封锁和网状压缩式包围。中国抗战形势处于“空前投降危险与空前抗战困难”之中。在这

种困难的情况下，中共中央和八路军总部考虑利用日军交通线空虚、守备薄弱的特点，决定发动“百团大战”。

“百团大战”的时间为1940年8月到12月。这次战役的主要目标是对正太路的破袭，同时对平汉路、同蒲路、津浦路等铁路、公路进行广泛的破袭。参战部队有105个团共22万余人，袭敌目标5个师团，9个独立混成旅团，约15万人的兵力。整个战役分3个阶段。第一阶段重点是以正太路为中心的交通总破袭战，第二阶段作战重点是摧毁交通线两侧和深入根据地内的日伪据点，第三阶段作战重点为粉碎日军报复性进攻的反“扫荡”作战。在整个战役中，八路军等参战部队共进行大、小战斗1842次，击毙日军20 645人（内含大队长以上军官18人），击毙伪军5155人，俘虏日军281人，俘虏伪军18 407人，日军投诚者47人，伪军反正者1815人。扫除日伪据点293个，收复县城26座。正太路3个多月未能修复，华北日军交通一度全部瘫痪。“百团大战”粉碎了日军对华北抗日根据地的报复性扫荡，直接影响了日军在华中、华南的作战，大大提高了抗日根据地和游击战争的地位，检阅了根据地抗日军民的伟大力量，提高了中国共产党在全国的威望，巩固和发展了中国共产党在抗日民族统一战线中的领导地位，使中国共产党与其领导的八路军得到了全国人民的更大拥护和支持。

抗日战争爆发后，中条山地区划归第1战区卫立煌管辖，这一地区成为国民党在华北唯一的抗日基地。国民党军队驻扎在该地的两个集团军，共约25万人。“百团大战”后，日军统帅部认为，对中条山地区的打击，是日军在华北实施“治安强化运动”的一部分，也是对国民党进行政治诱降、军事打击的一部分。为了发动中条山战役，日军调集了6个师团3个旅团，约10余万人的兵力，集结在豫北、晋南地区。

1941年7月5日，日军经过充分准备，突然一齐出动，由东、西、北3面，向国民党军驻守的阵地发起进攻，中条山战役打响。国民党军队虽然在中条山地区驻有重兵，但对日军的进攻没有充分的准备。遭到日军的进攻后，被动挨打，最终惨败。在整个战役中，国民党军队牺牲4.2万人，被俘3.5万人，投降日本2万人，失踪近2万人，而日军死伤仅为9902人。中条山战役之后，刘戡之第九十三军的3万之众在太岳根据地八路军的帮助下得以越过塔儿山，跨过同蒲路，摆脱尾追之敌，顺利

百团大战纪念碑

沁源县城关镇闫寨村太岳军区司令部旧址

转进临汾，直插晋西，取道西渡，入陕西境内。同一时期，李铁军之第七十六军也在太岳区支援下，顺利通过白晋线，向东转移至河南境内。第九十八军则在武士敏军长率领下，继续留在太岳根据地南部，同根据地军民一起坚持抗战。

沁源是太岳抗日根据地的首府，是华中、华东、华北各抗日根据地通往延安的一条重要交通线，具有重要的战略地位。日军华北方面军司令官冈村宁次为了除掉这块“心头之患”，选定要在沁源建立华北“山岳剿共实验区”，并于 1942 年 10 月出动万余人的兵力，分 7 路向沁源城发动了第 6 次“扫荡”，占领了沁源城。沁源军民从 1942 年 12 月至 1945 年 6 月，在两年半时间里，对占领沁源的日军进行长期围困。中共沁源县委和当地驻军组成沁源围困指挥部，将全县划分为 13 个区，以主力部队、民兵和基干队组成 13 个游击集团，对日军进行全方位的围困。在英勇的围困斗争中，全县有 3100 多名军民献出了生命，4 万多间房屋被焚烧，3400 多头牲畜被抢走。部队、民兵作战 2700 多次，毙伤日伪军 4700 多人，解救被俘群众 1700 多人，夺回牲畜 2000 多头。沁源围

困战的胜利，是“历史的奇迹”①。坚强的沁源，“是太岳区抗日民主根据地的一面旗帜，是敌后抗战中的模范之一”②。

上述重要战役战斗与山西各敌后抗日根据地的游击战争交相辉映。山西成为全国敌后抗战的主战场。

根据地建设：为新中国成立奠定政权基础

山西各抗日根据地，是抗战爆发后中共最早建立起来的根据地。因而，这些根据地也就成为最早实施新民主主义政治的地方。

抗战初期，为了适应战时形势的变化，山西国民党地方当局将全省划为7个行政区。1938年初，又增加了第8、第9行政区。在9个行政区共105个县中，共产党员及进步人士掌握了5个行政区共70个县的政权，并在上述区域内初步实行了民主政治，改造了区、村政权，废除了苛捐杂税，推行了合理负担和减租减息，建立了工、农、青、妇等抗日救国团体。

在共产党领导下，抗日根据地进一步实施民主政治。在晋察冀边区，颁布了各类组织法和选举法，组织了民选运动；参加区选的选民在80%以上，参加县选的选民达到91.1%，妇女选民占全体妇女人数的83.6%，并在全边区建立起系统的民意机关。在晋冀豫边区，1940年成立了边区最高行政机关“冀太联办”，颁布了《施政纲领》，提出了“彻底实现民主政治，建立廉洁政府”的目标。

1941年至1943年间，山西各抗日根据地的民主政治建设取得进一步发展。大规模的村选运动与“三三制”政权普遍建立，在此基础上的新民主主义政体的法律化和制度化是这一时期的显著特点。晋察冀边区参议会驻会参议员共7人，其中共产党员2人，国民党和无党派人士

①《沁源人民的胜利》，《新华日报》（太岳版）1945年4月21日社论。
②《向沁源人民致敬》，《解放日报》1944年1月17日社论。

兴县蔡家崖晋绥边区革命纪念馆

5 人；边区行政委员会委员共 9 人，其中共产党员 3 人，国民党员 2 人，无党派民主人士 4 人。晋绥边区各级民意机关和政府中共产党员占三分之一，其他各抗日党派及无党无派的人士占三分之二。在边区监参会的 145 名参议员中，共产党员 47 人，占 32%；国民党员和无党派民主人士 98 人，占 68%。在晋西北行政公署委员中，共产党员占 33.8%，党外人士占 66.2%。在晋冀豫边区的太行、太岳抗日根据地，参议员 134 人中，中共党员 46 人，国民党员及无党派人士 88 人。据统计，在 1941 年 1 月的村选中，昔（阳）东县 29 个村，参加投票的人数占到村民总人数的 80%，有的村高达 95%以上。太行根据地辽县、黎城、武乡、和顺、榆社、襄垣等县，均先后建立起符合“三三制”原则的政权。武乡、榆社和襄垣 3 个县的 598 个村政委员中，贫、雇农占 35.1%，中农占 43%，富农占 15.4%，地主占 6.5%。[①]这样，在各抗日根据地普遍推行了民选制度，实施了“三三制”政策，建立和健全了各级民意机关和行政机关，公布和实

①魏宏运、左志远主编：《华北抗日根据地史》，档案出版社，1990 年，第 209 页。

施了一系列法令、条例和政策，在事实上把广大劳动人民推上了当家做主的地位，巩固和扩大了以工农群众为主体的抗日民族统一战线，创造了坚持敌后抗战和夺取最后胜利的稳固基础，为新中国政权建设积累了宝贵的经验。

群英荟萃的敌后抗战文化中心

抗战期间，山西吸引了大批文化艺术界人士和追求进步的青年学生，成为群英荟萃的敌后抗战文化中心。

1937 年 11 月，阎锡山率山西省政府到达临汾，之后成立了山西民族革命大学(以下简称民大)，并自兼校长。民大是一个抗日的统一战线性质的进步学校。除民大本校外，还设有 1 个分院和 4 个分校，学生共约 5000 多人。民大的学生来自全国各地，文化程度从小学到留学生都有，组成人员除学生外，还有工人、农民、军人、商人以及其他自由职业者。从政治信仰来说，有共产党员、国民党员、三青团员以及无党派人士。民大的教师中，有许多进步民主人士和著名学者，如李公朴、江隆基、何思敬、陈唯实、施复亮、侯外庐等。1938 年 2 月 28 日，临汾失陷后，民大结束了第一期的教学。大部分学生奔赴各抗日根据地，另有千余人转战于大宁、永和一带，剩下的千余人有一部分随第二战区长官司令部渡过黄河，到陕西宜川继续学习，另一部分则去了延安。

山西敌后抗日根据地的教育事业可分为干部教育、群众教育和学校教育几个方面。干部教育和群众教育，以延安中国人民抗日军政大学在各根据地设立的分校为主，包括太行区的抗大总校和 5 个分校，太岳区的抗大一分校和太岳分校，晋绥边区的抗大七分校和北岳区的抗大二分校。另外还有根据地的各类干部学校，如北岳区有华北联合大学、抗战建国学院、蒙藏学校等；晋绥边区有晋西北军政干部学校、晋西北抗战学校、晋西北师范学校、边区新民主主义教育实验学校等；太行区

八路军太行纪念馆展出的生产生活用具

有太行联中、晋冀鲁豫边区行政干部学校等；太岳区有山西民族革命大学第一分校和第一、第二、第三、第四分院及医学院，八路军晋南军政干部学校，决死第三纵队教导大队等。群众教育主要采取农闲冬学的形式。冬学遍及根据地的山庄窝铺，成为颇具特色的根据地教育形式。

在各根据地，学校教育得到了大规模发展。如北岳区，到 1938 年，晋东北的小学全部恢复，原来没有小学的村庄也建立了小学，并普遍推行了儿童义务教育。1941 年 1 月，晋察冀边区行政委员会发布《关于普及国民教育的指示》，规定学龄儿童为 7 岁至 10 岁的男女儿童，要求入学儿童平均入学率应达到 60%；在小学内建立半日随习制度，并在每所高级小学设一定数量的公费生，以吸收贫苦子弟入学。在晋绥边区，至 1940 年 9 月底，据对 19 个县的统计，有完全小学 26 所，初级小学 1393 所，共有学生 61938 人。到 1941 年 5 月，据对 20 个县的统计，共有完全小学 28 所，初级小学 1761 所，共有学生 74959 人。1944 年 8 月，晋西北区共有小学 676 所。到 1945 年 7 月，又增至 1096 所，其中民办小学

449 所。民办、公办的小学都不收学费，一般初小学生的课本由学校发给，高小学生贫寒者实行公费或半公费。许多过去没有入学机会的农民子弟绝大部分走进了学校。

赵树理像

山西各抗日根据地在开创伊始就创办了许多报纸、杂志，出版了大量反映抗战内容的图书。北岳区作为晋察冀边区的腹心地带，出版了众多报刊，其中《抗敌报》是根据地最早的一份报纸，由邓拓任编辑部主任。1944 年，中共中央晋察冀分局出版了《毛泽东选集》5 卷本，这是中国革命出版史上的第一部《毛泽东选集》。在晋绥边区，《抗战日报》是中共中央晋绥分局的机关报，《晋绥大众报》是山西抗日根据地创办的唯一的通俗化报纸。从 1940 年到 1945 年，晋绥边区发行的马恩列斯著作和毛泽东的著作有 66 种，编印出版的政治、军事、经济、文艺等各类读物有 123 种，发行总数达 100 余万册。边区行署翻印小学课本 38 种，编印通俗读物和各类参考书籍 37 种，教师参考资料 28 种，共计 14 万余册。从 1940 年到 1944 年，太行区共出版发行图书 160 余万册。太行区是晋冀鲁豫边区政府所在地，又是中共中央北方局、太行分局所在地，因此成为报刊最集中的地方，达数十种，如《先锋报》《中国人报》《胜利报》《黄河日报》《晋冀豫日报》《新华日报》（华北版和太行版）等。《新华日报》是中共中央北方局机关报，由何云任社长兼总编。

抗战时期，山西各抗日根据地的文学艺术团体，除中华全国文艺界抗敌协会在当地的分会外，北岳区有晋察冀边区文化界抗日救国会，太行区有晋东南文化界救国联合会，晋绥边区有晋西文化界抗日救国联合会和边区文社，太岳区有沁河文艺协会等。1938 年冬，由延安到达晋察冀边区的抗大文艺工作团和西北战地服务团，在北岳区掀起了街头诗运动的热潮。当时主要的报告文学作品，有陈荒煤的《刘伯承将军会见记》《陈赓将军印象记》，黄钢的《我看见了八路军》，卞之琳的《晋东南麦色青青》，宋之的《长子风景线》，吴伯箫的《潞安风物》，丁玲的《一二九师与晋冀鲁豫边区》，李公朴的《华北敌后——晋察冀》，周而复的《诺尔曼·白求恩片断》，周立波的《战地日记》，沙汀的《随军散记》等。当时创作的小说主要有赵树理的《小二黑结婚》《李有才板话》，蒋弼的《我要做公民》，孙犁的《丈夫》，马烽、西戎的《吕梁英雄传》等。戏剧方面，各根据地成立了许多戏剧团体，创作出很多具有时代特色和浓郁乡土气息的剧目。主要有《九·一八前夕》《动员起来》《小二黑结婚》《我们的乡村》《中国的夏伯阳》《王德锁减租》等。音乐方面，1939 年和 1940 年，中华全国音乐界抗日救国协会在各根据地的分会相继成立，有组织地推动了群众性歌咏活动的大发展，涌现出《黄河大合唱》《在太行山上》等大型经典作品，传唱至今。美术方面，在抗战初期，以墙头画为主要形式。到抗战中期，大批美术工作者进入根据地，各边区大都设立了美术院校。各根据地创办有《抗敌画报》《晋察冀美术》《晋察冀画报》《新华日报(增刊)》《敌后木刻》《火线画报》《大众画报》等。

白求恩等国际主义战士在山西

1937 年七七事变后，日军大举侵略中国，引起了国际社会的广泛关注，许多主持正义的国家和人民采取各种方式援助中国。

诺尔曼·白求恩，1890 年 3 月 3 日出生在加拿大安大略省格雷文赫斯特镇。1937 年，白求恩组成了一个 3 人援华医疗队来到中国，后辗转抵达晋察冀军区所在地——山西省五台县金刚库村。到达后的一个星期内，他们就为 521 名伤员做了检查，接着又用一个月时间对伤员进行了 147 例手术。1938 年 8—9 月，白求恩带领医疗队和当地军民创建了军区模范医院，并亲自担任院长。[①]在日军对晋察冀边区的秋季“大扫荡”中，白求恩在十分艰苦的情况下医治伤病员 142 名，进行手术 105

①《中共党史人物传》第 9 卷，第 306 页。

五台县松岩口村白求恩模范病室旧址

例。11 月 28 日，接到八路军三五九旅打伏击战的消息后，白求恩立即赶往前线，在两天两夜中做了 71 例手术。1939 年 11 月 1 日，白求恩在为一名重伤员做手术时，受到致命的丹毒感染。12 日，这位伟大的国际主义战士的心脏停止了跳动。

白求恩大夫逝世不久，印度援华医疗队的柯棣华大夫来到晋冀鲁豫抗日根据地。柯棣华，1910 年 10 月 9 日出生在印度原孟买省的绍拉普尔村。1938 年 8 月，柯棣华加入印度援华医疗队，于 1939 年 12 月来到山西抗日前线。1940 年初，日军对晋东南根据地“大扫荡”，柯棣华大夫连续工作 46 个小时。4 月，柯棣华被派往晋察冀根据地，来到白求恩大夫曾经工作过的地方，决心以实际行动向白求恩学习。百团大战期间，柯棣华向上级申请到晋察冀战况激烈的南线去工作，坚持在火线设救护站，收治伤员。在一次为时 13 天的激烈战斗中，柯棣华医疗组竟收治了 800 多名伤病员，并为其中 558 人做了手术。1941 年 1 月，军区任命他为白求恩国际和平医院院长。1942 年 12 月 9 日凌晨，柯棣华因癫

白求恩像

柯棣华像

痫病发作，在河北唐县逝世，年仅32岁。

朝鲜义勇队是在华北敌后抗日根据地参加抗日斗争的外国友人组成的武装部队。1919年，朝鲜“三一独立运动”失败后，大批爱国志士和革命青年流亡中国，继续进行谋求朝鲜独立的爱国运动。1938年7月，在国民政府批准下，流亡中国的朝鲜人成立了朝鲜义勇队。1941年初，朝鲜义勇队进入太行山抗日根据地。1942年，以朝鲜义勇队为基础成立了华北“朝鲜独立同盟”和“朝鲜义勇军华北支队”，配合八路军打击日本侵略者。他们经常组织和派遣武装宣传工作队宣传动员群众，开展游击战和破袭战，反击日军“扫荡”；与民兵、村自卫队埋设地雷，发动对敌政治攻势；深入敌后向日军进行反战宣传，“发挥了特殊重要的作用”[①]。他们还乔装成日本人，到碉堡里活捉日本兵。1945年抗战胜利后，他们开赴东北，返回了祖国。

此外，一些国外著名的记者，如美国记者安娜·路易斯·斯特朗、美联社驻北平记者霍尔多·汉森、合众社记者薛立登、《时代》杂志记者白修德等也在抗日战争全面爆发后，来到山西抗日根据地。他们冒着极大的危险深入抗战前线进行采访，报道了敌后抗日根据地的真实面貌，提高了中国共产党的国际形象，使世界更加真实、具体地了解了中国的抗战情况。

①《太行革命根据地史稿》，山西人民出版社，1987年，第130页。

山西军民为抗战最后胜利做出巨大贡献

山西是敌后抗战的主战场。在八路军总部和中共中央北方局的指挥下先后实行了3次战略展开。第一次是在1937年11月太原失守前后，八路军3师主力，分别开辟了晋东北、晋西南、晋西北、晋冀豫等抗日根据地，从而使山西成为坚持北方游击战争的战略基地。第二次是在1938年4月至5月间，八路军3师主力各分兵一部，分别向冀东、冀南、冀鲁豫、冀热察、大青山扩展。第三次是在1938年底至1939年初，3师主力再次实行全面战略展开，分别挺进冀中、冀南、山东湖西（微山湖）地区及鲁西。从此全面打开了华北敌后抗战的局面，并以此为基础，逐渐形成了晋察冀、晋绥、晋冀鲁豫和山东等四大块抗日根据地。

从1937年全面抗战开始到1944年7月攻势作战，以山西为中心

潞城市石窟乡北村八路军总部旧址

的晋察冀、晋冀鲁豫、晋绥三大抗日根据地军民共进行大、小战斗6万余次,毙伤俘日军48万余人。到抗战胜利时,晋察冀边区军民歼灭日、伪军35万人,太行、太岳区军民歼灭日、伪军18万人,晋绥边区军民歼灭日、伪军近13万人。其中在山西境内仅由八路军主力兵团和地方武装进行的70余次著名的战斗中,歼灭日军达7万人。

以山西为中心的敌后各抗日根据地,在人力、财力、物力上支援了华北抗战和全国抗战。在各抗日根据地的扩军运动中,广大群众踊跃参军,迅速壮大了八路军的力量。抗战8年间,八路军主力部队和地方武装都有了很大发展。第一二九师从初渡黄河时的9000余人发展到近30万人,第一二零师由8000余人发展到8.5万人,第一一五师晋察冀军区部队由3000余人发展到32万人。而各地游击队、自卫队、民兵等地方武装的发展更为惊人。在整个战略反攻阶段中,以山西为中心的敌后各抗日根据地随军出征的民兵、自卫队员即达100万人左右。仅太行区1945年8月后半月就有3万余人参军入伍,45万多民兵、自卫队员开赴前线。各地民众源源不断地供应了战争所需的大量粮食、被服和军用物资,担负了繁重的战勤任务。在战略反攻阶段中,以山西为中心的各抗日根据地组织民兵、自卫队编成担架队、运输队、警戒队,负责运送物资、救护伤员、打扫战场、维持地方治安等。老人碾米磨面,妇女赶制

士敏县(今属沁水县)群众欢送新兵入伍

军鞋，儿童站岗放哨，男女老少齐动员，使八路军及地方武装的军需供应和战勤服务得到了充分保障。

黎城县黄崖洞兵工厂弹药库洞口

八年抗战中，山西人民也做出了巨大的牺牲。据不完全统计，在晋绥边区晋西北的24个县，被杀群众达12.7万人，被抓及失踪者9万余人，被烧毁房屋10万余间，被抢粮食3057万石、牲畜104万余头。在晋察冀边区冀晋区的31个县，被杀群众9万余人，被抓及致伤、致死者13万人，被烧毁房屋100余万间，被抢粮食650万石。在晋冀鲁豫边区的太行、太岳区，被杀群众16.9万人，被烧毁房屋22.6万间，被抢粮食120.6万石。在艰苦卓绝的对敌斗争中，大批抗日将士前仆后继，血洒疆场。晋绥军区指战员牺牲1.3万余人，伤3万余人；晋察冀军区指战员牺牲7.1万人；在太行区和太岳区，我军将士牺牲1.3万余人，伤3.2万余人。仅太行区中级以上干部牺牲即达1334人。八路军副总参谋长左权、中共中央北方局秘书长张友清、《新华日报》（华北版）总编辑何云、归国女英雄李林、朝鲜义勇队华北支队政委陈光华等都血染三晋大地。

抗战期间，在山西境内的国民党军队也付出了很大牺牲，仅忻口战役就牺牲了5万余人。一些国民党高级将领如军长郝梦龄、武士敏、王凤山，师长刘家祺，旅长梁鉴堂、姜玉贞、郑廷珍等也都血洒疆场。他们的英名与无数英雄一起，永远记载着山西人民在八年抗战中的悲壮与辉煌。

上党战役拉开了解放战争的序幕

抗日战争胜利后，国民党不断制造摩擦争端，抢占胜利果实。1945年8月中旬，阎锡山指令其第十九军、第六十军主力各一部进犯以长治为中心的上党地区。下旬，阎锡山军队侵占了八路军从日伪手中夺取的长子、屯留、襄垣、潞城、壶关、长治等县城，企图分割太行、太岳两个解放区，消灭晋冀鲁豫军区主力。

为配合重庆谈判，中共中央和中央军委指示晋冀鲁豫军区司令员刘伯承、政委邓小平“集中太行、太岳优势兵力首先歼灭阎伪进入长治军队”。“阎部进占我长治周围六城，乃心腹之患，必须坚决彻底全部歼灭之。”[①]上党战役从1945年9月10日发起，至10月12日结束，共计33天，战役分为3个阶段。

第一阶段，孤立长治守军。晋冀鲁豫军区野战兵团在地方部队和民兵的紧密配合下，于9月12日攻克屯留，17日攻占潞城，19日解放长子和壶关。在短短的9天时间内连克4城，歼敌6000余人，长治阎军已完全陷于孤立。

第二阶段，歼灭太原来援之敌。9月下旬，晋冀鲁豫军区野战兵团将长治重重包围，开始攻城。晋绥军第十九军军长史泽波迭电阎锡山请求增援。阎锡山急派第7集团军副司令彭毓斌率第二十三军、第八十三军及两个炮兵团约2万余人前往救援。9月28日，援军进抵沁县。晋冀鲁豫军区野战军除留置一部吸引敌援军南下，并准备歼灭由长治出城接应之敌外，集中太行、太岳和冀南纵队的主力兼程北上。同时，襄垣、屯留等县的独立营、游击队和县大队等也积极行动，配合作战。10月2

①乔希章：《上党战役综述》，见山西省政协文史资料研究委员会、山西文史研究馆编《山西文史资料》第37辑，山西人民出版社，1985年第6页。

上党战役主战场之一——长治屯留县老爷山

日，阎军先头部队在襄垣县关上村与晋冀鲁豫军区野战军主力相遇。阎军在关上村及屯留县老爷山、磨盘岭、余昔镇筑起工事，晋冀鲁豫军区野战军部队主力向阎军发动猛烈攻击，敌军伤亡惨重。阎锡山急令驻沁县的省防第三军等部前往救援，被晋冀鲁豫军区野战军和当地武装拦击，损失惨重。7 日，阎军开始撤退，各部夺路而逃。除 2000 余人逃脱外，其余 2 万人全部被歼，数十名高级军官被活捉，彭毓斌自杀身亡。

第三阶段，乘胜追击，取得彻底胜利。困守长治的史泽波部待援无望，遂于 10 月 7 日夜趁大雨浓雾弃城西窜，企图横穿太岳区逃回临汾、浮山和翼城。为力争全歼逃敌，全体参战军民总动员，于 11 日下午将逃敌主力全歼于沁河东岸的将军岭和桃川一带，史泽波被俘。至此，上党战役胜利结束。

上党战役的胜利，给蒋介石和阎锡山以沉重打击，加强了中国共产党在重庆谈判中的地位，鼓舞了解放区军民的胜利信心，巩固了晋冀鲁豫解放区后方，为解放全中国取得了第一个胜利。之后，解放战争全面展开。

南下干部成为建设新中国的重要力量

动员组织大批干部随军南下，是党中央、毛泽东主席“打过长江去，解放全中国”的一项重要战略部署。作为老解放区，山西从1948年下半年到1949年下半年，成建制地抽调大批地方干部随军南下，主要分为3部分，分别是太行太岳干部南下福建，晋中干部南下湖南，晋绥干部南下四川、西康。

1948年12月，中共中央华北局决定太岳、太行两个区党委选调一批得力干部南下。1949年初，共4100多人的南下干部到达河北省武安县，组成南下区党委，对外番号为“中国人民解放军长江支队”（简称长江支队）。7月，长江支队到达浙江江山县兴塘边，与张鼎丞率领的华东干部汇合在一起。长江支队南下干部均归由张鼎丞为书记的中共福建省委统一领导，分别赴建瓯、南平、福安、闽侯、晋江、龙溪等地区开展工作。长江支队进入福建时，人地两生，语言不通。在省委领导下，他们和当地干部、华东干部、转业干部、南下服务团干部，共同征粮、征款，支援前线，剿匪、反霸，一道完成减租减息、土地改革等各项任务，使福建的社会秩序开始好转。

1949年2月前后，辽沈、淮海、平津三大战役胜利结束，中共中央发出《关于调度准备随军渡江南进干部的指示》。中共中央华北局决定以晋中区党委为主，动员组织大批干部成建制南下，支援新区政权建设和生产恢复建设。晋中南下工作团即晋中南下区党委书记武光，副书记兼宣传部长周小舟，行政公署主任牛荫冠，副主任张干丞。区党委共配备了6个地委、36个县委和200多个区级班子，各级均配备了工会、农运、青年、妇女和武装干部，还有医务、炊事、通信和警卫人员，共计3000余人。

晋中南下区党委于1949年3月在石家庄集结。在石家庄，南下工

作团学习了党的七届二中全会文件；进行了组织动员和整编；参观了炼焦厂、纺织厂、小型铸锅厂，使每个干部对城市和产业工人有了一个直观的认识。为了适应战争环境和便于行军，南下工作团在南下途中实行军事编制，各队实行了番号制。5 月初，南下队伍开始分批出发。经过艰难的长途行军，分别于 8 月、9 月和 10 月进入湖南。

湖南是一个革命老区，有着光荣的革命传统。由于国民党长期盘踞，这里的形势十分复杂。当地老百姓称这里有“三多”：一是土匪多，二是国民党特务多，三是国民党的退伍兵多。面对这一情况，南下干部没有畏惧。进入新区后，他们首先着手建立各级政权，迅速恢复生产，为支援两广和大西南前线服务。同时抓紧清匪除霸，维护社会治安，建立正常的工作秩序。从此，他们扎根湖南，担负起巩固新政权、建设新湖南的光荣任务。

1949 年 3 月，中共中央作出从秦岭进军四川的决定，从晋绥解放区抽调地方干部等人员组成南下工作团，配合二野从北线进入大西南，开辟川康新区。到 7 月初，从各地调到晋绥分局的干部达 3600 多人，其中以县级干部为主，他们是南下入川接收新区的骨干力量。在晋绥分局党校的统一安排之下，南下干部在培训中学习了党的重要文献和接管城市的政策。1949 年 10 月下旬至 11 月初，晋绥南下干部告别根据地，分批向四川进发。南下入川的干部和干部学校的学员，按系统分别编为 5 个梯队，加上 3 个警卫团，总人数约 15000 人，统称为“中国人民解放军西北南下工作团”（简称西北南下工作团），直接受贺龙、李井泉等领导同志指挥。后来“中国人民解放军西北南下工作团”改称“中国人民解放军西北入川工作团”（简称西北入川工作团）。西北入川工作团的同志进入四川后，先后被分配到川北、川西地区、成都市及西康省工作。他们战斗在城市接管、恢复生产的第一线，发扬艰苦奋斗、密切联系群众的优良传统，很快安定了社会秩序，恢复和发展了生产。

南下干部作为革命战争年代产生的一个特殊群体，为人民解放战争的胜利，为新中国建立之后的各项建设事业作出了不可磨灭的贡献。

老区土改：新政权治国方略的初步实践

1946年5月4日，中共中央发出"五四指示"以后，山西老解放区开展了大规模的土地改革运动，直到1949年8月才基本结束。

"五四指示"，即《关于清算减租及土地问题的指示》。这项指示充分肯定农民的土地要求，将减租减息政策改变为没收地主土地、消灭封建土地所有制。"五四指示"传达到山西各解放区之后，得到了广大农民的热烈拥护，规模空前的群众性的土地改革运动（简称土改运动）很快就席卷各地农村。土改运动初期，基本上是按照"五四指示"，"从反奸、清算、减租、减息、退租、退息等斗争中，从地主手中获取土地，实现耕者有其田"。除对敌伪奸霸的土地没收后重新分配外，对一般地主的土地，采取清算方式收归农民所有。经过一年多时间贯彻"五四指示"，到1947年7月，山西各老解放区的土地问题基本上得到解决。比如在晋东南地区，地主的土地减少了85%以上，富农的土地减少了60%以上。在山西各解放区新区中，部分群众没有发动起来，土改存在不够彻底的问题。

1947年7月到9月，以刘少奇为书记的中共中央工委在河北省平山县西柏坡召开了全国土地会议。会议通过了《中国土地法大纲》（简称《大纲》），明确规定："废除封建半封建剥削的土地制度，实行耕者有其田的土地制度"，"废除一切地主的土地所有权"，"废除一切祠堂、庙宇、寺院、学校、机关及团体的土地所有权"，"废除一切乡村中土地制度改革前的债务"，将农民从对地主的累累债务中解放出来。《大纲》还规定了以乡为单位按人口平均分配土地的办法。这次会议虽然以空前的规模推动了土地改革运动的发展，然而，也促进了以后解放区"左"倾错误的发展。

山西各解放区都派出以党的主要负责人为团长的代表团，参加了全国土地会议。会议中间，一种以片面的贫雇农路线代替党的依靠贫雇

农、团结中农、限制富农、消灭地主阶级的阶级路线，主张“群众要怎么办就怎么办”的极“左”思想影响到与会者。会后，这种极“左”思想被会议代表带到了各地区。[①]在山西各解放区，根据全国土地会议精神重新发动土地改革运动，随后又开展“三查”“三整”的整党运动，“左”的错误越来越严重，影响到土地改革运动的健康发展。

毛泽东主席和中共中央发现这一情况后，于1947年12月25日在陕北杨家沟召开会议，研究了土改和整党中出现的“左”倾偏向，制定了纠偏的具体政策。1948年4月1日，毛泽东路过晋绥兴县时，发表了《在晋绥干部会议上的讲话》，反复告诫全党“土地改革的总路线，是依靠贫农，团结中农，有步骤地、有分别地消灭封建剥削制度，发展农业生产”，并批评了侵犯工商业者、中农利益的行为和提倡绝对平均主义的错误。从1948年春起，山西各解放区全面开始纠偏。凡是“左”的错误严重的地区，都是过分强调了平分土地，或者是划错了阶级成分。晋西北、晋东北、晋东南的太行和太岳区很快进行了纠“左”工作，随后又转入了以村为单位调剂土地的阶段。调剂土地主要是为了更好地解决土地分配中不够公平合理的问题，是土地改革运动即将结束时的一个重要步骤。山西老区土改运动虽然发生了“左”的偏差，但老区土改的成就是主要的，而且是伟大的。一是解决了广大农民无地少地的问题。二是农民分到了一批果实，基本上解决了除土地以外的其他生产、生活资料问题。三是广大农民的阶级觉悟和思想觉悟得到空前提高，充分激发了革命和生产积极性。四是通过土改培养了大批农村干部，充实和纯洁了各级党政机构。五是冲破“男尊女卑”的封建观念，提高了广大妇女的社会和政治地位。六是激发了广大农民参军、参战和支前、保卫土改胜利果实的积极性。

土改之后，各根据地阶级关系发生了明显变化。贫农的经济地位普遍上升，地主、富农的经济地位大大下降。中农成为农村人口的大多数，一般由土改前占农村人口的20%至30%上升为70%至80%，贫雇农占到15%至25%，地主、富农占到5%。土改消灭了封建的阶级关系，取而代之的是个体农民土地所有制和其相互之间的平等关系。

---

①赵效民：《中国土地改革史》，人民出版社，1989年，第310页。

1948 年秋冬，山西各解放区的土地改革陆续进入了确定地数、颁发土地证的最后阶段。1949 年 5 月，各解放区在完成土改的地区发放土地所有证，标志着土地改革工作最后完成。全省 400 多万户农民获得了土地，从而废除了两千多年来中国封建社会极端不合理的土地制度，使山西老区真正实现了“耕者有其田”的土地制度，解放和发展了农村生产力，极大地推动了人民解放战争的进程，特别是积累了中国共产党对广大农村的管理经验，成为新中国政权建设的重要财富。

解放山西的重大战役

抗日战争胜利后，阎锡山在国民党中央政府的支持下，抢夺胜利果实，从政治、经济、社会各个方面加紧了对人民群众的控制、压榨。老百姓生活在水深火热中，失地失产，可谓民不聊生。解放战争爆发后至 1947 年春，山西战场敌我力量对比迅速向有利于人民的方向发展，山

文水县刘胡兰烈士纪念馆

西成为人民解放军大规模歼敌的战场。文水县女英雄刘胡兰和寿阳县女英雄尹灵芝就是在这一残酷的斗争中被阎锡山匪军杀害的。

1947 年 4 月，解放军先后解放了晋南地区除运城、安邑、夏县以外的 19 座县城以及广大地区，残余的国民党军队纷纷集结运城。4 月 26 日，中央军委和毛泽东指示：“应乘胜相机夺取运城，彻底解放晋南三角地带。”5 月 7 日至 10 日，解放军扫清了登城障碍，总攻在即。胡宗南从西北战场抽调 4 个旅驰援运城。为了避免重大伤亡，保存实力，中央军委下令撤围，休整待命。“一打运城”结束。

1947 年 7 月，刘邓、陈谢两路大军先后横渡黄河，挺进鲁西南和豫西，转入外线作战。为配合外线我军作战，晋冀鲁豫军区决定第二次围攻运城。10 月 8 日，第二次攻打运城的战斗打响，运城守军被团团围困。胡宗南急派钟松师 4 个旅由河南陕县出发，从三门峡地区北渡黄河，增援运城。运城前线指挥部立即作出决定，放弃对运城的总攻，除留少数部队在外围继续包围运城外，其余部队全部撤围打援，在平陆杜马垣上进行阻击战。

“二打运城”之后，广大指战员一致要求再攻运城。经中央军委批准，解放军 4 万多人，开始“三打运城”。战斗于 12 月 17 日打响。27 日

“三打运城”战前动员

下午5时开始发动总攻，至28日晨，战斗结束，运城解放。运城攻坚歼灭战，不仅动摇了山西境内阎军固守城市的信心，而且积累了人民解放军攻打坚城的宝贵经验。

运城战役后，晋南大部分地区均已解放。阎锡山、胡宗南不得不加强对临汾这座孤立据点的防守。守城部队除阎锡山部外还有胡宗南部第三十旅。1948年2月，晋冀鲁豫军区组成了以徐向前为首的前方指挥所，确定1948年春季攻势的第一个战役计划，就是攻打临汾。解放军自3月7日发起临汾战役至5月10日，60余天的作战中虽然已伤亡约9000至1万人，但部队情绪仍旧高涨。5月16日，经过指战员们的奋勇拼搏，在城东开挖两条长100余米的破城大坑道，终于越过外壕，挖至又高又厚的古城墙地下。东城城墙被炸开了两个大豁口，攻城部队冒着浓烟飞尘，冲入城内，进行巷战。从3月7日至5月17日，解放军经过72个昼夜顽强奋战，伤亡1.5万人，歼敌2.7万人，终于取得了临汾攻坚战的彻底胜利。5月18日，临汾宣告解放。晋冀鲁豫野战军第八纵队第二十三旅被“前指”授予“临汾旅”的光荣称号。临汾战役不仅拔除了蒋阎在晋南的最后一个据点，还锻炼了一支善于攻坚的部队，为解放晋中和太原创造了条件，有力配合了全国的战略反攻。

临汾被攻克后，阎锡山以太原为中心进行布防，总兵力约13万人。同时组建“闪击兵团”进行机动作战。人民解放军华北军区遵照中央军委命令，为保卫晋中麦收、削弱阎锡山的有生力量，于6月18日发起晋中战役。至7月21日，晋中战役胜利结束，共歼灭阎军7.5万人，连克县城14座。[①] 除太原外，晋中地区全部解放。龟缩在晋中各城乡的阎锡山军队纷纷逃至太原。

晋中战役后，阎锡山向蒋介石请求增兵太原，由陕西战场空运来国民党整编第三十师万余人。同时，强迫部分市民和郊区农民入伍，勉强恢复其被歼部队的番号，总兵力达10万余人。在此基础之上，阎锡山又对太原周围的防线进行了重新部署。在抗战后置留日军的指导和帮助下，修筑了形形色色的碉堡5000多个。1948年10月初，阎军出动7个师的兵力，沿汾河以东、南同蒲铁路以西向南进犯，企图突破我军前沿

①徐向前:《历史的回顾》(下)，解放军出版社，1987年，第776页。

阵地抢劫粮食、抓捕壮丁、破坏我军战役战前准备。解放军发起进攻，太原战役提前打响。先后歼灭了阎军第四十四、四十五师。紧接着，攻占了武宿机场和北营火车站以及太原东南之石咀子阵地，打开了东山碉堡防线的南侧门户。激战至 11 月 13 日，四大要塞均被我军占领。

为牵制平、津、张、唐地区国民党傅作义部不致南逃西窜，中央军委于 11 月 16 日发出暂缓攻占太原的指示。解放军加紧对太原守敌的政治攻势。国民党中央军第三十军军长黄樵松起义失败牺牲。

平津战役结束后，中央军委调解放军第十九、二十兵团和第四野战军炮兵第一师开赴太原作战。1949 年 4 月 20 日至 22 日，解放军全歼城郊外围守敌。24 日 10 时，将敌全部歼灭。太原解放标志着阎锡山在山西 38 年的军阀统治彻底结束。

1948 年 11 月下旬，解放军晋察冀、晋绥部队奉命向大同挺进，揭开了解放大同的序幕。驻守在大同的阎军总兵力约 17000 人。虽已陷入解放军的包围之中，但阎军总指挥于镇河和行政督察专员孟祥祉等人还存有幻想，不肯投降，妄图负隅顽抗。1949 年 4 月 21 日，毛泽东主席和朱德总司令发出向全国进军的命令。23 日，解放军攻克南京，24 日解放军攻克太原。大同守敌感到大势已去，于镇河和孟祥祉派阎军暂编第三十八师师长田尚志出城找解放军领导人谈判，表示服从解放军提出的和平解放大同的各项条款，并保证这些条款顺利执行。谈判结束以后，国民党守军当天即撤出北关，由围城部队接防。1949 年 5 月 1 日，大同宣告和平解放。至此，解放军彻底推翻了国民党在山西的反动统治，解放了山西全境。

毛泽东与中共中央机关过山西

1947 至 1948 年间，中共中央领导机关及主要领导人先后分 3 路从陕北向河北转移。他们在途经山西解放区的短暂时间里，对各地政治、

临县高家塔毛泽东东渡黄河纪念碑

经济情况的发展变化进行了调查，与当地基层领导人进行了谈话。同时，还向全国各地的党组织及军队发布了重要命令和指示，解决了解放战争战略反攻阶段中出现的一些问题。

首先进入山西的是以叶剑英为书记的中共中央后方工作委员会（简称后委）。1947 年 3 月下旬，叶剑英、杨尚昆率中央机关后勤人员等 4800 余人携带大批物资陆续东渡黄河，进入山西，到达晋绥边区的临县三交镇，并在那里设置办公处。1948 年 3 月至 4 月间，部分后委人员相继跟随毛泽东、周恩来、任弼时等一起转移华北，与中央工作委员会汇合。

第二批进入山西的是以刘少奇为书记的中央工作委员会（简称工委）。工委从 1947 年 3 月 31 日由陕北到达山西，途经柳林、离石、临县、兴县、静乐、宁武、崞县（今原平）、五台等县，于 4 月 26 日出山西进河北，总共历时 26 天，行程千余里。在此期间对晋绥边区的土地改革工作进行了大量调查研究，为《中国土地法大纲》的制定打下了坚实基础。

第三批进入山西的是以毛泽东为首的中央机关人员。1948 年 3 月

21日，毛泽东、周恩来、任弼时率领留在陕北的中央机关人员由米脂县的杨家沟出发，23日到吴堡县川口村南的园则塔渡口，东渡黄河进入山西境内。毛泽东一行过黄河后，来到山西临县，并于当晚在寨子山村过夜。3月24日，毛泽东、周恩来、任弼时等人来到三交镇双塔村中央后方工作委员会办公地。毛泽东在与后委副书记杨尚昆的谈话中，主要谈了两个问题。其一，批评了晋西北土改工作中出现的过"左"现象。其二，对全国的解放战争作了一个估计。[①]当晚决定，毛泽东、周恩来、任弼时、陆定一、胡乔木等率一百多人乘汽车向兴县蔡家崖晋绥军区所在地先行；杨尚昆等人率领后委和其他中央机关人员，徒步向河北省平山县西柏坡前进。

3月26日上午，毛泽东一行分乘数辆吉普车和卡车离开双塔村，并于当天到达晋绥军区司令部驻地兴县城西约7公里的蔡家崖村。毛泽东一行在蔡家崖一共停留了8天。在这期间中央主要领导人用3天听取了基层的各项工作汇报，其余时间召开了5次座谈会。4月1日，毛泽东在贺龙主持的晋绥干部会议上作了重要讲话。他指出，无产阶级领导的、人民大众的，反对帝国主义、封建主义和官僚资本的革命，就是中国共产党在当前历史阶段的总路线和总政策。在谈到土地改革工作时，毛泽东说："依靠贫农，团结中农，有步骤地、有分别地消灭封建剥削制度，发展农业生产，这就是中国共产党在新民主主义革命时期，在土地改革中的总路线和总政策。"4月4日，毛泽东一行乘车离开兴县，取道雁北地区向东行进。傍晚，车队抵达岢岚县。晚上，任弼时邀请县委书记丛一平和县委组织部长王富元来座谈，听取了土改、整党等项工作情况的汇报。第二天清晨，毛泽东一行乘车离开岢岚。4月6日抵达代县。在代县，毛泽东接见了县委书记兼县长苏黎等人，听取了他们的工作汇报，并指示他们，土改工作团应该和农村党支部一起，共同领导当地的土改运动，要团结95%以上的干部群众，纠正"左"倾偏向。

4月7日，车队在晋察冀军区迎接人员的引导下离开代县向五台山前进。傍晚，因天降大雪，车队路居繁峙县伯强村。在伯强村停留期间，毛泽东等人邀请了村党支部书记、村长和贫农团主席座谈村里的土

①杨尚昆：《对毛泽东的几点回忆》，《中共党史风云录》，人民出版社，1990年，第2页。

改工作、农业生产以及人民生活等方面的问题。4 月 8 日，毛泽东在伯强村为中共中央起草了《致解放军洛阳前线指挥部电》，对解放军攻占城市后的政策问题作了指示。[①]4 月 11 日，毛泽东一行离开伯强村，当晚队伍进入台怀镇，借宿于杨林街的塔院寺。4 月 12 日，毛泽东及其所率中央机关人员到达晋察冀边区河北阜平境内。4 月 23 日，周恩来、任弼时率随行中央机关离开阜平县前往平山县西柏坡村，与刘少奇、朱德、叶剑英等人汇合。5 月 26 日，原计划赴苏联而未能成行的毛泽东，也由阜平到达西柏坡。至此，中央工委和中央后委完成了自身使命，中共中央由陕北途经山西向河北转移的任务全部完成。

新时代的到来

1949 年 5 月 1 日山西全境解放，从此山西进入了一个历史新纪元。弥漫三晋大地、历时 12 年之久的大规模战争硝烟就此散去，阎锡山统治山西 38 年的历史宣告结束。山西人民翻身做了主人。

1949 年 5 月中旬，中共中央华北局、华北人民政府刚刚成立，就立即着手进行原根据地行政区划的撤销、山西省建制的恢复和中共山西省委、省人民政府等省级机构的筹建工作，并于 1949 年 7 月 4 日成立了山西省级机关筹备处。经过近两个月的工作，筹备事宜大体就绪。

1949 年 8 月 1 日，华北人民政府发布重新调整行政区划的通令，决定除将原雁北 13 县划归察哈尔省管辖外，其余所有原属晋西北、晋南、太行、太岳、太原 5 个行政区建制之各县、市，均恢复原山西省建制，以适应大规模经济建设的需要。恢复后的山西省按照适当照顾经济、地理、工作条件及群众愿望、历史关系等原则，共划为忻县、兴县、阳泉（后改为榆次）、汾阳、长治、临汾、运城等 7 个专区、92 个县和 1 个太原直

①《毛泽东选集》（一卷本），第 1218 页。

辖市。总面积12.89万平方公里，人口约1084万。

第一任中共山西省委书记、山西省人民政府主席程子华

1949年9月1日，中共山西省委、山西省人民政府正式宣告成立，程子华任省委书记、省政府主席、省军区司令员兼政委。当日，《山西日报》发表了《为新山西的建设而奋斗》的社论。9月4日，太原市各界群众7万余人在杏花岭体育场集会庆祝。会后全省各地也先后举行了庆祝大会，同声欢呼山西的统一和新生。

山西省委、省政府成立不久，就把召开各级各界人民代表会议作为重要工作来抓。1950年3月12日，山西省首届各界人民代表会议在太原隆重举行。出席会议的各党派和各界群众代表共401人，候补代表48人，特邀代表28人。其中，共产党员189人，占代表的47%；各界各党派代表共212人，占代表的53%。与会代表具有极其广泛的代表性。

根据中央人民政府政务院1949年12月通过的《省各界人民代表会议组织通则》的有关规定，山西省第一届各界人民代表会议行使人民代表大会的职权。会上，程子华作了《山西省人民政府1950年施政方针与任务的报告》，王世英作了《关于山西省首届各界人民代表会议筹备经过的报告》，裴丽生作了《关于山西省人民政府六个月来的工作报告》和《1950年山西省财政收支概算报告》。会议听取、审议和通过了上述报告并做出相应的决议，选举产生了山西省第一届省人民政府委员会。程子华当选为山西省人民政府主席，裴丽生、王世英、邓初民为副主席。

从此，山西人民步入了迅速医治战争创伤，全面恢复国民经济，进行社会主义建设的新时代。古老的三晋大地掀开了历史的崭新篇章。

参考文献

史料

(清)阮元:《十三经注疏》,中华书局 1980 年版。
杨伯峻:《春秋左传注》,中华书局 1990 年版。
杨伯峻:《论语译注》,中华书局 1980 年版。
方诗铭、王修龄校注:《古本竹书纪年辑证》,上海古籍出版社 2005 年版。
(清)徐元诰:《国语集解》,中华书局 2002 年版。
(汉)司马迁:《史记》,中华书局 1982 年版。
(汉)班固:《汉书》,中华书局 2007 年版。
(宋)范晔:《后汉书》中华书局 2005 年版。
(晋)陈寿:《三国志》,中华书局,年版。
(唐)房玄龄等:《晋书》,中华书局 1974 年版。
(北齐)魏收:《魏书》,中华书局 1974 年版。
(唐)李百药:《北齐书》,中华书局 1972 年版。
(唐)李延寿:《北史》,中华书局 1974 年版。
(后晋)刘昫等:《旧唐书》中华书局 1975 年版。
(宋)欧阳修等:《新唐书》中华书局 1975 年版。
(宋)薛居正:《旧五代史》,中华书局 1979 年版。
(宋)欧阳修:《新五代史》,中华书局 1974 年版。
(元)脱脱等:《宋史》,中华书局 1985 年版。
(元)脱脱等:《辽史》,中华书局 1974 年版。
(元)脱脱等:《金史》,中华书局 1975 年版。
(明)宋濂等:《元史》,中华书局 1976 年版。
(清)张廷玉等:《明史》,中华书局 1974 年版。
赵尔巽:《清史稿》,中华书局 1998 年版。

(宋)司马光:《资治通鉴》,中华书局 1956 年版。
(宋)李焘:《续资治通鉴长编》,中华书局 1979 年版。
(汉)桑弘羊:《盐铁论校注》,中华书局 1992 年版。
(汉)应劭:《风俗通义校注》,中华书局 2010 年版。
(梁)释慧皎撰,汤用彤校注:《高僧传》,中华书局 1992 年版。
(北魏)郦道元注,陈桥驿校证:《水经注校证》,中华书局 2007 版。
(唐)杜佑撰,王文锦等点校:《通典》,中华书局 1988 年版。
(宋)徐梦梓:《三朝北盟会编》上海古籍出版社 1987 年影印许涵度刻本。
(宋)叶隆礼:《契丹国志》,上海古籍出版社 1985 年版。
《明实录》,台北“中研院”历史语言研究所校勘本。
《光绪朝东华录》,中华书局 1984 年版。
《新安县志》,1938 年石印本,台北成文出版有限公司 1983 年影印本。
《修武县志》,1931 年铅印本,台北成文出版社有限公司 1983 年影印本。
王齐:《雄乘》,上海古籍出版社 1981 年影印本。
(清光绪)《故城县志》,1921 年重刊本,台北成文出版社有限公司 1983 年影印本。
(明嘉靖)《隆庆志》,上海古籍出版社 1981 年影印本。
《晋乘蒐略》,山西古籍出版社 2006 年版。
(明成化)《山西通志》,影印文渊阁《四库全书》本。
(清光绪)《山西通志》,中华书局 1990 年版。
刘大鹏著,乔志强校注:《退想斋日记》,山西人民出版社 1987 年版。

学术专著

翦伯赞主编:《中外历史年表》(校订本),中华书局 2008 年版。
丁山:《古代神话与民族》,江苏文艺出版社 2001 年版。
李济:《中国早期文明》,上海人民出版社 2007 年版。
钱穆:《黄帝》,生活·读书·新知三联书店 2004 年版。
傅斯年:《民族与古代中国史》,上海古籍出版社 2012 年版。
苏秉琦:《中国文明起源新探》,辽宁人民出版社 2009 年版。
苏秉琦:《华人·龙的传人·中国人——考古寻根记》,辽宁大学出版社 1994 年版。
袁珂:《中国古代神话》,华夏出版社 2013 年版。

李学勤:《走出疑古时代》,长春出版社 2007 年版。
李学勤:《李学勤讲中国文明》,东方出版社 2008 年版。
李学勤主编:《中国美术全集·青铜器》,文物出版社 1986 年版。
袁行霈等主编:《中国地域文化通览》(山西卷),中华书局 2014 年版。
袁行霈等主编:《中华文明史》,北京大学出版社 2006 年版。
沈福伟:《文明志》,上海人民出版社 2013 年版。
许宏:《何以中国》,生活·读书·新知三联书店 2014 年版。
孙志明编著:《华夏文明之源》,暨南大学出版社。
方鹏:《中国人的起源》,江西人民出版社 2010 年版。
王克林:《华夏文明起河东》,三晋出版社 2012 年版。
刘毓庆:《上党神农氏传说与华夏文明起源》,人民出版社 2008 年版。
刘毓庆主编:《华夏文明之根探源》,学苑出版社 2008 年版。
李孟存、李尚师:《晋国史》,山西古籍出版社 1999 年版。
刘绪:《晋文化》,文物出版社 2007 年版。
冯宝志:《三晋文化》,辽宁教育出版社 1991 年版。
顾颉刚:《史林杂识初编》,中华书局 1963 年版。
赵瑞民主编:《拂去历史的尘埃——考古寻踪》,山西人民出版社 2003 年版。
赵瑞民、韩炳华:《晋系青铜器研究——类型学与文化因素分析》,山西人民出版社 2005 年版。
李元庆主编:《三晋文化学术研讨会论文专集》,山西古籍出版社 1999 年版。
李元庆:《三晋古文化源流》,山西古籍出版社 1997 年版。
宋镇豪、宫长为主编:《中华傅圣文化研究文集》,文物出版社 2010 年版。
北京大学考古学系商周组、山西省考古研究所:《天马—曲村(1980—1989)》,科学出版社 2000 年版。
山西省文物工作委员会:《侯马盟书》,文物出版社 1976 年版。
邹衡:《夏商周考古学论文集》,科学出版社 2001 年版。
李伯谦:《中国青铜文化结构体系研究》,北京科学出版社 1998 年版。
白国红:《春秋晋国赵氏研究》,中华书局 2007 年版。
宋玲平:《晋系墓葬制度》,科学出版社 2007 年版。
杨国勇主编:《华夏文明研究——山西上古史新探》, 中国社会科学出版社 2002 年版。

中国社会科学院考古研究所:《中国考古学·两周卷》，中国社会科学出版社2004年版。
太原市文物考古研究所:《太原赵卿墓》,文物出版社2004年。
童书业:《春秋左传研究》,中华书局2006年版,第56页。
马保春:《晋国历史地理研究》,文物出版社2007年版。
史念海:《河山集》(一至五),生活·读书·新知三联书店1963年版。
张大英:《汉代财政史》,中国财政经济出版社1983年版。
王子今:《秦汉交通史稿》,中共中央党校出版社1994年版。
王子今:《秦汉社会史论考》,商务印书馆2006年版。
张丕远:《中国气候与海面变化及其趋势和影响——中国历史气候变化》,山东科学技术出版社1996年版。
陈文华:《中国农业通史·夏商西周春秋卷》,中国农业出版社2007年版。
金景芳:《中国奴隶社会史》,上海人民出版社1983年版。
陈振中:《先秦手工业史》,福建人民出版社2008年版。
周伟洲:《汉赵国史》,山西人民出版社1986年版。
严耀中:《北魏前期政治制度》,吉林教育出版社1990年版。
张金龙:《北魏政治制度史》,甘肃教育出版社1996年版。
陈爽:《世家大族和北朝政治》,中国社会科学出版社1998年版。
李凭:《北魏平城时代》,社会科学文献出版社2000年版。
毛汉光:《中国中古政治史论》,上海书店出版社2001年版。
汪波:《魏晋北朝并州地区研究》,人民出版社2001年版。
杜士铎主编:《北魏史》,北岳文艺出版社2011年版。
(日)前田正明:《平城历史地理学研究》,书目文献出版社1994年版。
罗宗强:《隋唐五代文学思想史》,上海古籍出版社1986年版。
唐长孺等编:《汪篯隋唐史论稿》,中国社会科学出版社1981年版。
罗元贞:《武则天传》,山西古籍出版社1995年版。
卢渝:《王维传》,山西人民出版社1989年版。
王振芳:《大唐北都》,北岳文艺出版社2009年版。
张庆捷:《胡商、胡腾舞与入华中亚人》,北岳文艺出版社2010年版。
牛志平:《唐代社会生活论丛》,山西人民出版社2001年版。
费省:《唐代人口地理》,西北大学出版社1996年版。

尹协理、魏明:《王通论》,中国社会科学出版社 1984 年版。
柴俊泽:《柴俊泽古建筑修缮文集》,文物出版社 2009 年版。
瞿大风:《元朝统治下的山西地区》(政治、经济、军事卷),辽宁民族出版社 2005 年版。
瞿大风:《元朝统治下的山西地区》(文化、教育、宗教卷),辽宁民族出版社 2006 年版。
黄竹三主编:《宋金元戏曲文物图论》,山西人民出版社 1987 年版。
钟叔河:《走向世界——近代中国知识分子考察西方的历史》,中华书局 2000 年版。
费赖之:《入华耶稣会士列传》,法文本,第 1 卷。
高春平:《晋商学》,山西经济出版社 2009 年 4 月版。
高春平:《国外珍藏晋商资料汇编》,中华书局 2013 年版。
王正道、赵荣达:《太谷基督教公理会的六十六年》,《山西文史资料全编》第二卷,山西省内部图书准印证(98)字第 34 号。
任复兴主编:《徐继畬与东西方文化交流》,中国社会科学出版社 1993 年版。
方闻编:《清徐松龛先生继畬年谱》,台湾商务印书馆 1987 年版。
梁启超:《清代学术概论》,上海古籍出版社 2005 年版。
刘大鹏著、刘贯文主编:《徐继畬集》(一),山西高校联合出版社 1995 年版。
徐继畬著,宋大川校注:《瀛寰志略校注》,文物出版社 2007 年版。
(英)李提摩太著,李宪堂、侯林莉译:《亲历晚清四十五年》,天津人民出版社 2005 年版。
(清)岑春煊:《乐斋漫笔》,《近代笔记史料丛刊》,中华书局 2007 年版。
中国史学会编:《洋务运动》,上海人民出版社 1973 年版。
《五四爱国运动档案资料》,中国社会科学出版社 1980 年版。
中共山西省委党史研究室编:《中国共产党山西历史大事记述》, 中共党史出版社 1994 年版。
山西财经学院、中国人民银行山西省分行编:《阎锡山和山西省银行》,中国社会科学出版社 1980 年版。
徐向前:《历史的回顾》(上下),中国人民解放军出版社 1988 年版。
赵效民:《中国土地改革史》,人民出版社 1989 年版。
赵正楷:《徐永昌传》,台北山西文献社 1988 年版。

太行革命根据地史总编委会编:《太行革命根据地史稿》, 山西人民出版社 1987 年版。

中共山西省委党史办公室编:《中国共产党山西历史》, 中共党史出版社 2013 年版。

杨尚昆:《对毛泽东的几点回忆》,《中共党史风云录》,人民出版社 1990 年版。

山西省史志研究院编:《山西通史》(10 卷本),山西人民出版社 2001 年版。

山西省史志研究院编:《山西通志》,中华书局 1997 年版。

山西省地图集编纂委员会:《山西省历史地图集》,中国地图出版社 2000 年版。

李元庆、孙安邦主编:《三晋一百名人评传》,山西人民出版社 1992 年版。

杜学文主编:《山西历史文化读本》,山西教育出版社 2012 年版。

郝树侯:《太原史话》,山西教育出版社 1992 年版。

王怀中、魏填平:《上党史话》,山西人民出版社 1981 年版。

李孟存、张之中:《平阳史话》,山西人民出版社 1987 年版。

崔洪勋、傅如一主编:《山西文学史》,北岳文艺出版社 1993 年版。

山西省政协文史资料编辑部:《山西文史资料全编》第二卷,山西省内部图书准印证(98)字第 34 号。

后　记

《三晋史话·综合卷》是《三晋史话》丛书中的一卷，主要从全省的角度叙述山西地区的历史文化及其贡献。杜学文、王灵善、高春平同志起草了编撰纲目初稿，并审阅了书稿。在经过前后九次研讨修改后，基本确定了编撰内容。学术顾问组的专家全面参与了编撰纲目的讨论与书稿的审定修改。胡苏平同志审阅了全部书稿。崔力、武献民、谢振中、高小勇同志参与了书稿的编撰工作与组织工作。全书的撰写者分别为：

概　论　杜学文；

第一章　华夏文明的摇篮：杜学文；

第二章　从方国到中原霸主：郭永琴；

第三章　三家分晋揭开历史新篇章：董永刚；

第四章　大一统格局中的山西：董永刚；

第五章　民族融合的舞台：朱林芳；

第六章　盛世下的辉煌：王灵善；

第七章　多元文化的汇聚：秦艳；

第八章　全球变局中的辉煌与衰落：高春平、卫永红、陕劲松；

第九章　融入时代与世界的近代化步伐：陕劲松、赵俊明；

第十章　走向新中国：刘晓丽、张文广。

《三晋史话·综合卷》编写组

编后记

2014年初，中共山西省委宣传部决定编撰《三晋史话》丛书，系统梳理山西地区及所辖各市的历史文化，从历史的、文化的、哲学的层面对山西的历史文化以及文明贡献进行回顾总结。为此，山西省委宣传部组织动员各市委宣传部及各地历史文化学者组成了百数十人的工作团队，力求在较短的时间内高质量地完成这套丛书。

为与已出版的通史类著作、地方志类著作有所区别、互不雷同，我们首先在编撰思路上进行了较大的调整。特别强调在基本勾勒出山西地区及各地历史文化发展基本脉络的同时，突出其在文明发展进程中的重大贡献。思考研究问题的视野不能满足于仅仅说清一时一地一事，还要联系文明发展的大历史进行分析对比，以突出其重要价值与意义。在文体上，既强调可读性，更注重严谨性；既要满足一般读者的阅读需求，做到通俗好看，又要具备历史学科的学术品格，言出有据，并使二者较好地结合起来。为此，特别聘请我省的专家担任学术顾问，全面参与到撰写工作之中。各地也高度重视，组织了本地具有较高学术水平的学者专家承担本地史话的撰写任务。

这套丛书的编撰，从提纲的设定开始就进行了反复研究讨论。首先由各卷的编撰者提出初步纲目，再组织丛书的学术顾问与大家一起讨论，提出修改意见，反复数次才基本确定编撰纲目。仅《三晋史话·综合卷》一书的提纲就修改了九次之多。编撰纲目基本确定后，各卷分头撰写。初稿出来后，由学术顾问组的专家进行审阅，提出修改意见，大部分书稿进行了三次以上修改。编撰工作完成后，再次请学术顾问组的专家进行审读。同时出版社进入审稿程序，以期能够最大可能地消灭不准确、不正确、不严谨的问题。

尽管我们付出了极大的努力，但是这套丛书仍然存在一些问题。首先是撰写风格不够统一。其次是由于同一事件涉及不同地区，各地在编撰中均有涉及，难免有重复叙述的现象。三是限于我们的水平、能力，还有许多地方分析得不够、不准。所以，希望读者能够提出批评指导意见，以期在日后进行修改调整。

胡苏平同志主持了丛书的编撰工作。杜学文同志具体负责丛书的组织工作。王灵善、高春平同志具体负责丛书的审读、出版协调事务。渠传福、李书吉、赵瑞民、王灵善、降大任、高春平、巨文辉同志为学术顾问，负责各卷纲目与书稿的审读研讨。崔力、武献民、谢振中、高小勇同志参与了纲目与书稿的审读，负责组织协调工作。各市委宣传部组织协调了本市分卷的编撰工作与图片提供工作。

《三晋史话》丛书编委会

图书在版编目（CIP）数据

三晋史话.综合卷／杜学文主编.--太原：三晋出版社，2016.5
ISBN 978-7-5457-1216-2

Ⅰ.①三… Ⅱ.①杜… Ⅲ.①山西省—地方史 Ⅳ.①K292.5

中国版本图书馆CIP数据核字（2016）第094319号

三晋史话·综合卷

主　　编： 杜学文
责任编辑： 赵　玉
印装监制： 赵宏生　李佳音

出 版 者： 山西出版传媒集团·三晋出版社（原山西古籍出版社）
地　　址： 太原市建设南路21号
邮　　编： 030012
电　　话： 0351-4922268（发行中心）
0351-4956036（总编室）
0351-4922203（印制部）
网　　址： http://www.sjcbs.cn

经 销 者： 新华书店
承 印 者： 山西臣功印刷包装有限公司

开　　本： 787mm×1092mm　1／16
印　　张： 23
字　　数： 340千字
印　　数： 1-6000册
版　　次： 2016年5月 第1版
印　　次： 2016年5月 第1次印刷
书　　号： ISBN 978-7-5457-1216-2
定　　价： 98.00元